哲學研究叢書・學術思想叢刊

船山易道思想研究

林柏宏　著

自序

這本是我的博士論文，準備修訂出版時我才體會到已畢業好久，很多記憶淡了，很多熱情淡了，很多對問題的深究也沒那麼執著了，明明還年輕，但心態卻老很多。我沒法確定這些年自己是成長還是倒退，但我確定仍還在觀察這人世間，仍在試圖理解，理解人的定位，理解人的潛能，理解人的限制。與以前不同在於，以前做事毫不保留，義無反顧，燃燒生命，現在則是，對任何事都帶些保留，然後隨遇而安，順其自然。

回首過往，我感謝林安梧老師，對我的提攜與指導，老師真的給了很正確的方向，讓我少走冤枉路，同時也示範著如何誠懇正直，努力不懈地去看待學術問題，老師的年紀越來越大，但很多時候我卻覺得他動力一直很強，比我強，比誰都強。跟老師學習的這些歲月，常讓人覺得要追上老師是一件很困難的事，學問上如此，人品上如此，胸襟上更是如此。不過，儘管追不上，仍勉勵而為之，很慶幸能遇到林老師。

我也感謝我的家人，長久以來對我的照顧與包容，在家人眼裡，我是個個性執拗的任性小孩，在人生的規劃上很常不照父母的安排，讓他們傷透腦筋，但他們仍然接受我的一切決定，讓我為自己的路做出抉擇，我也希望我不會辜負他們的包容，能繼續勇敢而負責地走下去。

最後，感謝外婆的愛，雖然您已經不在，看不到這書的出版，但書中的多數字句，都是在您的相伴下寫成，您是我最大的動力，感謝有您，慶幸有您，您的存在，就是我最大的幸福。

目次

第一章
導論

第一節　研究動機

　　《易》學實難，但治中國哲學不能避開《易》學。《易》書實繁，但治《易》不能避開大家。是故筆者學《易》，先讀王弼，後通船山，時而參看伊川。三家《易》說，王弼簡要，船山精深，而伊川平實，詮釋多有不同，然亦有殊途同歸處，彼此參照，漸入《易》道之門，亦得玩《易》之趣。

　　有別於曹魏之王弼、北宋之伊川，船山身處明清更迭之際，極其動盪之年代。明朝末年，外有夷狄，內有流寇，朝中宦官亂政，吏治敗壞至極。然而，儘管內憂外患不斷，地方卻尚有安身立命處。由於商業旺盛，書院發達，書籍出版與傳播便利，使學者能待在地方不必特別仰賴中央。這樣的環境，國勢雖頹，依舊孕育出李贄、錢謙益、劉蕺山、黃宗羲、方以智、顧炎武、王船山等諸位學者而令人驚嘆。不過，船山避世之故，並未如顧炎武、黃宗羲等人受注意。而船山遺書更是遲至清朝同治年間，因曾國藩、曾國荃刻印才得以流行。[1] 所以船山相關研究起步很晚，未若王弼之為玄學、伊川之為理學般定位明確，船山學之定位至今未明。而義理之定位，一方面有待《易》例原則之闡明，與卦意內容之解析；另一方面，則需對當代研究，作一辨正與釐清。以經典文獻為根據，反省前人研究作根基，讓船山學在

1　咸豐四年曾刻印，但板燬於兵燹。〔清〕王之春撰、汪茂和點校：〈船山公年譜前編·序〉，《船山公年譜》（北京：中華書局，1989年）。

前有所繼後有所省，深入文獻的基礎下進行探究。

　　本研究主要分四部份。第一部份，進行方法論反思；第二部份，闡明義理之定位。至第三、第四部份，則依循文脈建構出船山《易》例之原則與八卦之思想。全文共六章，來處理船山《易》之思想。試圖達成，方法之反省，定位之確立，原則之闡明，以及文字之疏通與特色之把握。

　　本研究撰寫過程之順序與讀者閱讀之順序並不相同，寫作之順序，最先完成〈易例之原則〉、〈方法論省思〉兩章，一方面把握住船山之《易》例要旨，一方面同時省思求學歷程所習得之方法論其功能與限制。其後，完成〈八卦之思想〉、〈義理之定位〉兩章。一方面深入船山八卦思想內容，對比與王弼、伊川之異同，一方面則由船山《易》例原則、八卦思想確立之前提下，對船山義理定位作出釐清。有別於寫作之順序，閱讀本研究，讀者先從〈導論〉，瞭解船山生平，及其著《易》之背景；再由〈方法論省思〉，理解本書寫作之方法背景，並反思自身前見；其後進入〈易例之原則〉，把握船山《易》學要旨；最後進入〈八卦之思想〉，深入文獻，印證船山論卦之要義，並經由與王弼、伊川之對比，映襯出船山《易》道之特殊意義。希望藉由本研究，能有助後人，理解船山《易》道思想。

第二節　知人論事

一　生平

　　王夫之，字而農，號薑齋，生於明朝萬曆四十七年（西元1619年），卒於清朝康熙三十一年（西元1692年），享壽七十四。生逢明清更迭之際，遭遇巨變而力圖救國，然晚明朝政腐敗，事不可為，故隱

遁山林，致力著述三十年。經石船山，見其荒僻，曰：「船山者，吾山也。」而築湘西草堂，定經詮，秩散稿，輯聞吟，聚徒授課。學者稱船山先生。[2]

船山之姓，系出太原。元朝至正以前，失譜不詳。可考者，驍騎公王仲一，元末居江蘇高郵打魚村，隨明太祖起兵渡江，以此功授千戶，王家便以此為始祖。明永樂年間，王成，襲世職，從明成祖南下，功升衡州衛指揮僉事，晉同知，始遷於湖南衡陽。至船山時，已十一世，家世可謂，始以武勳，繼以文德。

船山之父，名朝聘，學者稱武夷先生。明天啟年間，中副榜，應貢北上，入國子監，見吏治敗壞，言：「是尚可吏也乎！吾以求一命為先人，故俛折至此。若出賕吏跨下以重辱先人，是必不可。」詣儀曹，辭罷。有子三人，長子名介之，次子名參之，船山行三。出生時，其父五十歲，家教之嚴，聞名族黨。船山四歲入塾，受讀於長兄。七歲，讀畢十三經，時值魏忠賢殺楊漣、左光斗等，毀天下講學書院，追捕東林黨人。九歲，崇禎帝誅魏忠賢，隔年，流寇大起。始戰火頻仍之歲月。

明崇禎十年，船山十九歲，娶陶萬梧女為妻。二十四歲，與長兄齊赴武昌鄉試，兩人皆中舉。冬，自武昌歸，從父命，與長兄同赴公

2　本節內容據王之春《船山公年譜》寫成，並參諸家史料修正。〔清〕王之春（西元1842年-1906年）為船山八世從孫，其書修訂劉毓崧《王船山年譜》之誤，內容又較王孝魚《船山學譜》完整，且行文多註明史料出處，有利尋本探源，故以此為底本。王之春撰、汪茂和點校：《船山公年譜》（北京：中華書局，1989年）。其他參考史料有：〔明〕王夫之：《永曆實錄》，《船山全書》，第十一冊，〔清〕張廷玉：《明史》（北京：中華書局，2007年重印），卷118，列傳第六，頁3608-3610、〔清〕劉毓崧：《王船山年譜》（江南書局，清光緒十二年刻本，1886年。原書收於哈佛燕京圖書館，由谷歌圖書，掃描為電子書。）、張西堂：《王船山學譜》（長沙：商務印書館，1938年）、王孝魚：《船山學譜》（北京：中華書局，2014年）。

車北上。是時李自成已陷河南開封，進陷湖北襄陽，分兵荊州；張獻忠由潛山、安慶，進逼蘄水；清兵則連下畿南、山東州縣，國事日非。

　　明崇禎十六年，船山二十五歲。正月，李自成陷承天、張獻忠陷蘄水，楚中亂，船山與長兄泊章江，決計歸養。三月，張獻忠陷黃州，五月，陷武昌，八月，陷岳州，十月，衡州潰陷。桂端王率安仁王、永明王走永州。衡州陷，賊鉤索紳士補偽吏，不順者，投之湘水。賊索船山兄弟甚急，故避於衡山蓮花峰。賊邏得船山父，欲其說誘船山兄弟，王朝聘不從，欲自盡。王介之得知父陷賊營，欲以己代父，待父脫再行違拒，沉之湘水。船山知長兄性子耿介，下山恐與父俱害，便另作圖謀。適船山故交奚鼎鉉陷賊中，許以計脫王朝聘與船山。王介之乃匿，而船山則剺面刺腕，自創傷勢，敷以毒藥，由人抬至郡城。賊見船山重創，乃免其父，其後船山亦宵遁黑沙潭。作〈九礪〉九章。其後，張獻忠陷永州。桂端王率安仁王走廣西，永明王陷賊。武昌都督左良玉，敗張獻忠於岳州，張獻忠西去，入川。十二月，征蠻將軍楊國威復永州，督師呂大器自江西遣兵復衡州。湖南局勢漸穩，船山聞鄭天虞收復寶、邵，便淚別長兄，往赴邵陽。

　　明崇禎十七年，清順治元年，船山二十六歲。三月，李自成陷京師，莊烈帝殉。四月，清兵入關，破李自成。五月，清兵入京。明鳳陽都督馬士英迎立嗣福王朱由崧於金陵。船山聞國變，悲憤不食數日，作〈悲憤詩〉一百韻，吟已輒哭。十月，歸黑沙潭雙髻峯，營續夢庵。

　　清順治二年，明桂端王薨，安仁王嗣，船山二十七歲。五月，清兵下金陵，明總兵田雄劫福王降。船山聞變，續〈悲憤詩〉一百韻。六月，明禮部尚書黃道周等奉唐王朱聿鍵於福州，改七月朔以後為隆武元年。明鎮將張先璧駐攸縣，郝永忠駐甯遠，盧鼎駐衡州，劉承胤駐武岡，縱兵剽掠，相讐殺。船山侍其父，避兵於永興。

　　清順治三年，船山二十八歲，始注《周易》。正月，清兵敗明兵於岳州。是時，督師何騰蛟屯湖南，制相堵胤錫屯湖北，楚省兵燹塞野，加以大旱，赤地千里。而李自成既斃九宮山，餘黨降者數十萬，號忠貞營，何、堵兩公措置無術，而又不相能。船山憂其將敗，亟走湘陰，上書僉都御史湖北巡撫章曠，指畫兵食，請調和南北，以防潰變。章曠報曰：「本無異同，不必過慮」，船山默而退。八月，清兵下汀州，明唐王被執，船山聞變，續〈悲憤詩〉一百韻。十月，明總制兩廣兵部尚書丁魁楚、巡撫廣西僉都御史瞿式耜等，奉桂王朱由榔監國於肇慶。清兵自江西入瀏陽。十一月，明桂王立於肇慶，改明年為永曆元年，後至梧州。船山奉父命，編《春秋家說》。

　　清順治四年，船山二十九歲。一月，明桂王至桂林。二月，明桂王至全州。清兵克湘陰、長沙。明將盧鼎、黃朝宣舉兵相殺。三月，明潰兵自湘鄉走邵陽、新化，所在殺掠。四月，明桂王至武岡州。船山同夏汝弼由湘鄉閒道奔赴，淫雨彌月，困車架山，不果往。五月，明將張先壁等縱兵掠邵陽、新甯。清兵克衡州。船山避鉤索，借書遣日。八月，清兵克寶慶，明桂王走靖州，尋奔柳州。清兵克永州。九月，明桂王至象州。十一月，船山父，王朝聘卒，享壽七十八。十二月，明桂王還至桂林。

　　清順治五年，船山三十歲。春，居蓮花峰，講求《易》理。二月，明桂王奔南甯。六月，入潯州。八月，至肇慶。九月，明宗室舉兵耒陽。十月，船山與管嗣裘舉兵衡山，戰敗軍潰，遂走耒陽，其後赴肇慶。堵胤錫薦船山為翰林院庶吉士，船山告之吏部尚書晏清，請終制。得旨覆允。隔年，歸南嶽，理殘書，侍母。土人弄兵，謀危船山，劫家中所有，喪買薇稿。船山既得脫，奉母命去衡，赴肇慶。

　　清順治七年，船山三十二歲，清兵下韶州，明桂王走梧州。明廷陷黨爭，王化澄、陳邦傅、夏國祥等，指丁時魁、劉湘客、蒙正發、

袁彭年、金堡為五虎,廷杖下獄,將置之死。船山至梧州,拜行人司
行人,偕管嗣裘勸大學士嚴起恆匍匐進諫,嚴起恆從之,匍匐舟次,
泣諫,桂王不聽。錦衣衛掠金堡諸君舟,僕妾驚泣,船山正色責之而
止。四月,清兵下全州。王化澄賄朝臣攻嚴起恆,迎孫可望。嚴起恆
稱疾乞骸骨。船山與董雲驤交疏言:「大臣進退有禮,請權允輔臣之
去,勿再使中姦毒,重辱國而灰天下之心。」疏入,董雲驤不待報,
挂冠入南海去。萬翺、魯可藻請逮治船山,忠貞營降帥高必正力爭不
可,故止。五月,船山再疏劾王化澄。會攸縣一狂人作百梅惡詩一
帙,冒船山名為之序,王化澄因之將構船山大獄。船山憤激咯血,移
疾求去。高必正為請,乃得給假。七月,返至桂林,依留守瞿式耜。
八月,船山母,譚孺人卒,享壽七十四。清兵逼桂林,船山攜眷走永
福。十一月,清兵下桂林,明桂王奔潯州。隔年正月,清兵下梧州、
柳州。船山攜眷抵家,始服母喪。

　　清順治九年,船山三十四歲。正月,船山筮得〈睽〉之〈歸
妹〉。二月,孫可望劫明桂王於興隆所。八月,李定國由廣東入衡
州,招船山,船山不往。十月,清兵敗李定國於衡州,李定國退屯武
岡。隔年正月,明桂王在興隆所。有邀船山赴興隆所者,船山復筮得
〈睽〉之〈歸妹〉,乃止。作〈章靈賦〉以見志。二月,清兵進擊李
定國於永州。

　　清順治十一年,船山三十六歲。八月,船山避兵零陵。冬,船山
變姓名為猺人,為常人說《周易》、《春秋》,常甯文士來者益眾。三
十七歲,春,始作《周易外傳》,是年《老子衍》成。三十八歲,《黃
書》成。清康熙元年,船山四十四歲。聞明桂王被執,續〈悲憤詩〉
一百韻。此後,於敗葉廬、觀生居、湘西草堂間,致力著述三十年。
此間,方以智屢勸逃禪,船山不應。

　　清康熙十二年,船山五十五歲。吳三桂造反。隔年正月,偽檄至

衡州。二月，吳兵陷常德、岳州、長、寶、衡、永、郴、桂，相繼淪陷。清康熙十五年，船山五十八歲。十一月，吳兵據衡州。船山始撰《周易大象解》。清康熙十七年，船山六十歲。吳三桂僭號於衡陽，其黨以勸進表來屬，船山拒之，逃入深山。八月，吳三桂死，清兵進規衡州。清康熙二十四年，船山六十七歲。病中勉為從遊諸子作《周易內傳》。後年，船山六十九歲，撰《讀通鑑論》。

清康熙三十年，船山七十三歲。久病喘嗽，而吟誦不輟。次年元旦，尚衣冠謁家廟。二日清晨，起坐不懌。指先祖行狀、墓銘付長孫王若曰：「汝慎藏之。」謂子王敔曰：「勿為吾立私諡也。」良久，命整衾。時方辰，遂就簀。正衾甫畢而逝，享壽七十四。

明朝在歷經李自成、張獻忠之兵禍，已元氣大傷。崇禎自縊，更使政權群龍無首，其後清兵入關，明廷只能避走南方。然大敵當前，卻始終交相猜忌內鬨不已，徒求偏安苟延殘喘。左良玉與馬世英之相防，致使史可法殉國，田雄劫福王降；何騰蛟與堵胤錫之不相能，無力節制左良玉、闖王餘部互不支應，致使唐王被虜，湖南湖北相繼丟失；孫可望與佞臣之交相賊，多方掣肘使李定國湖南戰功難以為繼，亦於朝中殘害忠良，隨孫可望降清，獻滇黔地圖，晚明已無力於西南立足。晚明一朝，諸王對立諸將互疑，上下扞格內外無信，隨著戰局接連失利，內廷卻徒求黨同伐異。失公心，失臣心，失軍心，亦失民心。

晚明之局，一塌糊塗，諸多亂象，難以一語道盡，然有兩因素，始終一貫。其一，統御無術，互不支應，內耗不已，君無實權，將帥無能。其二，苛政暴虐，賊匪行徑，敗壞民生，不思治理，將帥無德。無能，在於缺乏謀略、見識、胸襟、格局。無德，則在以私心為公器，於事不忠，於民無恤，與賊無異，百姓恨極。

船山於此亂世，在野，一度舉兵抗清；在朝，勇於上疏直諫。見

君王見害，則屢屢痛哭流涕。無時無刻，不心繫家國。然這般忠臣孝
子，雖不為清兵所虜，亦庶幾為明臣所害，是以痛心疾首，泣血悲號
而隱遁山林。明朝最終滅亡了，目睹這段歷程的船山，並未因此自縊
或逃禪，而是藉由經典著述，承繼道統，傳衍斯文。仍相信天地有道，
人間有情，雖歷經巨變，嘗盡磨難，然此亂一時而已，一世而已，過
去歷史何嘗不也如此？不滅者，天地是也，永恆者，大道是矣。[3]

二　易與人生

　　船山與《易》，淵源極深，二十八歲始注《周易》起，至六十七
撰《周易內傳》，一生皆致力於《易》道之探尋。在船山一生，《易》
道不僅是經典文化之傳承，亦是人生之路的指引。回顧清順治九年，
船山三十四歲，先後遭遇明臣構陷與喪母悲慟，曾卜一卦得〈睽〉之
〈歸妹〉，揭示了晚明之困局，亦預示了未來之凶境。

　　睽，乖異之意。中四爻皆失位，而初九、上九以剛強束合之，固
不親，彼此猜忌相疑，而成乎〈睽〉。然〈睽〉雖困，倘若因其時，
善用之，亦能使天地之化、人物之情理，皆因異而得用。於象觀之，
火澤為〈睽〉，「上火下澤，睽，君子以同而異。」船山認為，火炎

3　船山云：「張子曰：『日月之形，萬古不變。』形者，言其規模遺象也，非謂質也。
　　質日代而形如一，無恆器而有恆道也。江河之水，今猶古也，而非今水之即古水。
　　燈燭之光，昨猶今也，而非昨火之即今火。水火近而易知，日月遠而不察耳。爪髮
　　之日生而舊者消也，人所知也。肌肉之日生而舊者消也，人所未知也。人見形之不
　　變而不知其質之已遷，則疑今茲之日月為邃古之日月，今茲之肌肉為初生之肌肉，
　　惡足以語日新之化哉！陽而聚明者恆如，斯以為日；陰而聚魄者恆如，斯以為月；
　　日新而不爽其故，斯以為無妄也與！必用其故物而後有恆，則當其變而必昧其初
　　矣。」〔明〕王夫之：《思問錄·外篇》，收入〔清〕王夫之著，船山全書編輯委員
　　會編校：《船山全書》（長沙：岳麓書社，2010年），第十二冊，頁453-454。本書所
　　引船山著作，均據此版本，以下不另詳註。

上，澤流下，澤不熄火，不相害而各成其用，異而不傷其和。卦德在
於不黨同伐異。[4]〈睽〉為困境，然天下不能無〈睽〉，〈睽〉亦事端
成敗之幾微，治之以道，則〈睽〉之時用大矣哉。

　　很巧合，船山筮得〈睽〉卦乖異之困，實晚明一貫病徵。晚明諸
將其心各異，朝中大臣則黨同伐異，而君無實權，無從節制，力不從
心。久之，驕兵悍將坐大，朋黨之爭成習，目無君上，綱紀蕩然無
存，視民如草芥，民生破壞殆盡。此如船山《周易外傳》所言：
〈睽〉道本當「上居尊而俯臨以治下，初處卑而出門以合交。治下用
刑，合交用禮。」不能用此，則「朋黨相傾之世，殆亦非無所忌也。
其上養禍端而不辨，其下操清議而不戢。」此亦歷代王朝衰亡之一貫
原因。[5]

　　〈睽〉之〈歸妹〉，應〈睽・上九〉，變卦為〈歸妹・上六〉。
〈睽・上九〉爻辭為：「睽孤，見豕負塗，載鬼一車，先張之弧，後
說之弧，匪寇婚媾，往遇雨則吉。」船山認為，上九與初九同道，欲
以剛強懲其乖異以使安，上九正應者為六三，六三失位躁進，若豕溷
於泥塗，徧而視在下之爻，陰陽錯亂，各失其位，盈車皆鬼也。故張

4　〔明〕王夫之：《周易內傳》，《船山全書》，第一冊，頁320。
5　船山於〈睽〉深有感慨，其言云：「上居尊而俯臨以治下，初處卑而出門以合交。
　　治下用刑，合交用禮。……是故朋黨相傾之世，殆亦非無所忌也。其上養禍端而不
　　辨，其下操清議而不戢。建安遣諭而紹、瓚益爭，天福講和而郢、岐愈搆，唐文擬
　　之于河北而見為難，宋徽持之以「建中」而「國」卒不得「靖」。誰實非臣，仰給
　　於我之膏雨，而不能其斧袞，則何憚而不任氣以競雄也？乃為之下者，處士浮議於
　　道塗，小吏亟持其長短，以引去為孤高，以蒙禍為榮譽。而陰邪狠鷙者，假柔主之
　　權，俯而排擊，俒月威張，風波獄起，燎原益逞，四海分崩。若令辨之於早，上秉
　　典刑而下敦禮讓，則豈有此患哉！嗚呼！能以此道而治〈睽〉者寡矣。自漢以來，
　　敗亡之軌若一轍也。夫天下不能無〈睽〉，而有以處之，則天地、男女、萬物，「以
　　同而異」者，於異以能同，『辟咎』『亡疑』，豈憂其散之不可收哉！」〔明〕王夫之：
　　《周易外傳》，《船山全書》，第二冊，頁916。

弧欲射之。三爻乃畏服，不敢為寇而求婚，說弧以與相應。「遇雨」則吉，遇與不遇，未定之數。意謂〈睽〉晴霾不定之困境，能否解困，有賴時機配合。[6]然〈睽〉之〈歸妹〉，情況實惡化。

〈歸妹〉〈彖辭〉：「歸妹，征凶，無攸利」。船山注云：「男已長，女方少，相說而動以從之，卦德之凶甚矣。故無所取象，無所取德，而直就其占言『凶』、言『無攸利』，與〈剝〉卦同而尤凶。」儼然大凶之卦。船山認為，〈歸妹〉自〈泰〉而變，地天〈泰〉，其三爻、四爻陰陽互異則為〈歸妹〉。陰陽本有定交，而〈泰〉之九三，〈乾〉上之陽，出而依〈坤〉陰；〈泰〉之六四（〈坤〉下之陰），反入主於內，就近狎交，從當位變不當位，失其分際操守。外卦之〈震〉，男已長，內卦之〈兌〉女方少，相說而動以從之，卦德凶矣。故〈彖辭〉無所取象，無所取德，直就其占言「凶」、「無攸利」，與〈剝〉同而尤凶。但舉卦名，已知不祥，毋待更求申論探其所以凶。「征凶」，往則凶。陽不往，則陰不入干陽。婦之不順，皆夫輕就其情所致。言「凶」，又言「無攸利」，則意謂，其初為利而往，殊不知因此貽害。君子之屈於小人，中國之折於夷狄，皆為求利，而適得其反。試問，失位，何以求利？〈歸妹〉之凶，皆在動機不良，未克盡位分而妄動，因征以致凶。也因為如此，初九安於下，九二、九五之居中不動，皆能免禍。故〈彖辭〉凶，而〈爻辭〉或有吉。不征，則不凶。[7]

由〈爻〉觀之，〈睽〉之〈歸妹〉，變爻在上爻。〈歸妹・上六〉：「上六，女承筐無實，士刲羊無血，無攸利。」船山認為，「女」謂上六，「士」即九四。「筐」即《禮記》所謂「筓」，《禮記・昏義》：

6　〔明〕王夫之：《周易內傳》，《船山全書》，第一冊，頁324。

7　〔明〕王夫之：《周易內傳》，《船山全書》，第一冊，頁432-433。

「贊見婦於舅姑，婦執笲棗、栗、段、脩以見。」[8]「承筐無實」即意謂空執竹器，而無棗、栗、段、脩，禮數過於簡陋。刲羊無血，自斃之羊。苟簡以成事，故女不歸士而士歸女。士吝於禮，又覬於利，屈己以往從，女則愈驕，乃以無實之筐，見舅姑而不怍。上六陰尤，實九四咎由自取。[9]

　　船山筮得〈睽〉之〈歸妹〉，卦境由困至凶，恰巧對應現實，晚明一朝，從君無從節制，人心彼此乖異相疑之困，走向引狼入室，自取其辱之凶。自清兵入關，李自成死九宮山，其餘部歸降明廷共抵清兵，尤有護國之條件。然君上無力節制諸將，而何騰蛟、堵胤錫又無力統御李自成餘部。對壘清軍，明軍互不支應，甚至相互殘殺，難以同心守禦；於地方又掠奪成習，破壞民生，百姓恨極。是以相繼丟失湖北、湖南，明廷轉倚賴張獻忠餘部。張獻忠餘部裡，李定國心存社稷，屢建戰功，恢復失土，而孫可望則狼子野心，囤積勢力，妄求爵位。明廷以嚴起恆為首，初拒孫可望，而孫亦不敢妄為。然胡執恭、陳邦傅與孫勾結，賄王化澄、夏國祥，遂黨同伐異，引起黨爭，而有船山上疏劾王化澄事。其後，王化澄欲陷船山，因高必正保船山而止，船山為此憤激咯血，移疾求去。其後，明廷引孫可望入，君上遂見辱，而嚴起恆被殺。晚明之勢，至此凶極矣。隔年正月，明桂王在興隆所。李定國邀船山赴興隆所，船山復筮得〈睽〉之〈歸妹〉，乃止。

　　無論是卦意與現實之相應，還是復筮又得〈睽〉之〈歸妹〉之巧合，其結果皆令人吃驚，此何嘗不是天人相應的一種方式呢？無怪，船山占學合一，談《易》學，亦不廢占筮。在船山看來，以公心事家國，以誠意告問天地，天地必有相應，從而給予方向。對於這段過往，船山〈章靈賦〉注，曾自述其心聲。其言云：

8　〔明〕王夫之：《禮記章句》，《船山全書》，第二冊，頁1511。
9　〔明〕王夫之：《周易內傳》，《船山全書》，第一冊，頁439。

> 唯余一意事主，不隨眾狂，而孤立無援，如彼何也。群姦畏死
> 貪賄，復陰戴孫可望，如舍日而媚虹。北辰固為天樞，非彼所
> 思存，睽而去之，如遺屣矣。既三諫不聽，諫道窮矣。乃以病
> 乞身，遂離行闕。而心念此去終天無見吾君之日，離魂不續，
> 自此始也。[10]

廷臣畏死貪賄，心無社稷，船山之憂憤，由此可見。隨著金堡等下
獄，嚴起恆乞骸骨，船山在朝可謂孤立無援。雖不畏群小，上書直
諫，然三諫不聽，諫已窮矣，亦將見禍，乃告病歸去。對於明廷，船
山已預知其結局。其言云：

> 乃如可望者，若巴蛇之飽，颺尾而遊，而大君之威，虎為狐
> 假，反退養巽順，若此者，豈足以有為。神器大名，不可以久
> 借，功之無成，固其所矣。桓溫失志於枋頭，劉裕覆師於關
> 內，古今如一，有心人去之唯恐不速也。[11]

孫可望者，如巴蜀巨蛇，貪得無厭，朝廷之一再遷就，徒增其胃口而
已。佞臣欲仗其勢，殊不知其勢亦狐假虎威，豈能有為？功之無成，
非無故也。桓溫枋頭之敗、劉裕關中覆師，事敗之由，古今如一，孫
可望勢必重蹈覆轍，有心人去之唯恐不速。此後國勢正如船山所預
測，孫可望狼子野心卻無勇無謀，徒知囤積權勢，臨陣卻無抵禦之
能。孫可望妒李定國屢建軍功，處處掣肘。見李定國復湖南，明軍一
度情勢大好，欲引軍襲李定國。然卻撲空，而巧遇清軍，孫可望欲大
展身手，反為清兵所敗。其後引兵攻李定國，亦敗，乃降清，獻滇黔

---

10 〔明〕王夫之：《薑齋文集》，《船山全書》，第二冊，頁187-188。
11 〔明〕王夫之：《薑齋文集》，《船山全書》，第二冊，頁191。

地圖。致使李定國欲守西南亦已不能。晚明之局，全符〈睽〉之〈歸妹〉所示，由困而凶，終至覆滅。

　　歷經晚明巨變，船山深刻體會到，作為人之限制，時局之限制，而寄心於道統之繼，寄望聖賢教養文化傳承。雖歷經國難巨變，卻仍相信天地有道人間有情。船山認為，道在天地，道在《易》中，從此寄情山水，致力《易》學之著述與講學。此後，船山三十七歲，始撰《周易外傳》；五十八歲，著成《周易大象解》；六十七歲，始撰《周易內傳》。不僅是依經釋義，作出哲理闡述，亦有《周易稗疏》、《周易考異》等校勘考證之作，而能兼容漢宋門戶。其一生都關注著《周易》，而《易》道思想亦成其價值核心之根源，由此統貫諸經而歸宗於道，解釋人生而治療人心。

第二章
方法論省思

　　筆者之求學歷程，從大學到攻讀博士這十餘年間，不僅沉浸於中文系治學方法之訓練，對於哲學方法論，亦先後受到劉文起先生、莊耀郎先生、洪漢鼎先生、劉笑敢先生與林安梧先生授課之影響。劉文起先生教導筆者，關於傅偉勳先生五謂詮釋學；莊耀郎先生教導筆者，牟宗三先生之兩層存有論；劉笑敢先生教導筆者詮釋定向之說；洪漢鼎先生教導筆者哲學詮釋學；而林安梧先生則指導筆者存有三態論。幾位先生授予筆者之哲學方法論，彼此各不相同，但都對筆者之治學方式，產生莫大影響。也因為不同方法論之學習，形成觀念之對比、思維之刺激，亦使筆者對中國哲學方法論，有實地之運用，亦有切身之反省。

　　因為如此，有別於一般學位論文，對研究方法之照本宣科，筆者選擇在學位論文裡，將研究方法一節獨立成章，聚焦於切身熟悉之四種中國哲學方法論，進行省思。筆者並非追求一特定模式或方法，來進行學位論文之寫作，而是就自身學習歷程之反省，反思諸方法論之功能與限制後，才逐步展開船山《易》道思想之研究。所以方法論對筆者而言，並非僅是對象化之分析，更多時候，是作為主體實踐之反思。作為前見之反思。

　　近代詮釋學興起，逐步帶動學者關注詮釋理論之研究，思考方法論之操作，也思考「理解如何可能」之發生學問題。傅偉勳先生之「五謂詮釋」、劉笑敢先生之「兩個詮釋定向」、牟宗三先生「兩層存有論」與林安梧先生「存有三態論」等詮釋理論，大致可概括為「古

今遞進」、「古今二分」、「心學之超越」與「道論之延續」等思考方向。此四人，無論在方法、態度，還是問題意識上，關注焦點都不同，使其經典詮釋風格迥異，有著不同之效果與影響。

　　本章將比較四者論點，對中國哲學研究之詮釋學思考，作一回顧與省察。首兩節重在方法論之省思，後兩節則進一步思考中國哲學之理解問題。由如何理解文本，進到理解如何可能，由如何理解中國哲學，進到中國哲學之理解如何可能之問題。[1]並以此為資，作為研究船山《易》道研究之思考前提，同時也藉此議題拋磚引玉，期待近代中國哲學之詮釋理論能獲得更多的關注與研討。

第一節　傅偉勳先生之五謂詮釋

　　傅偉勳先生之五謂詮釋說，視為臺灣早期中國哲學方法論代表之一，理論內容可見其論著《從創造的詮釋到大乘佛學》。所謂的「五謂」，為「實謂」、「意謂」、「蘊謂」、「當謂」與「必謂」等五謂，代表著五種理解層次，其實也可以視為讀者對文本（或是對作者）的五種提問，其提問如下：[2]

一、實謂：原思想家實際上說了什麼？
二、意謂：原思想家想要表達什麼？或所說的意思到底是什麼？

1　本文曾投稿，經改寫而成本章。原文獲選東華大學《奇萊論衡：東華文哲研究集刊》薪傳專題。筆者認為，這課題並不容易處理，不同人必有不同看法不同處理方式，如果想周全地寫，甚至能寫成書或者論叢，絕非一文章便能總結概括。筆者不才，概括四家思想，便逕自發論，但就用心來說，實希冀中國哲學方法能由此拋磚引玉，促進理解，提出反省並引發討論。一人能力終有限制，但當人們皆投入專注與用心時，相信這課題將有諸多可能。原文見，林柏宏：〈談港、臺學者中國哲學方法論〉，《奇萊論衡：東華文哲研究集刊》第三期（2017年3月），頁41-65。
2　傅偉勳：《從創造的詮釋到大乘佛學》（臺北：東大圖書公司，1999年），頁10。

三、蘊謂：原思想家可能要說什麼？或原思想家說的可能蘊涵是什麼？

四、當謂：原思想家應當說什麼？或創造的詮釋學者應當為原思想家說出什麼？

五、必謂：原思想家現在必須說出什麼？或為了解決原思想家未能完成的思想課題，創造的詮釋學者現在必須踐行什麼？

這五種層次之提問，可說是連結了中文系與哲學系治學方式之思考，[3]由實謂為起點，在層層遞進彼此關聯下，形成最終的創造性詮釋。「五謂」如何判別與操作，傅偉勳對此有做進一步闡述，如表一所示：

表一：五謂詮釋之性質與遞進關係[4]

實謂	即關涉到原典校勘、版本考證與比較等基本課題，此層具有「客觀性」。
意謂	則在語意澄清、脈絡分析、邏輯考察與時代背景之釐清，盡量「客觀忠實地」理解原典或原思想家的意思或意向。
蘊謂	則關涉種種思想史的理路線索，原思想家與後代繼承者之間的前後思維聯貫性的多面探討，歷史上已經存在的（較為重要的）種種原典詮釋等等，通過此類研究方式，瞭解原典或原思想學說（已成一種伽達默爾所云「歷史傳統」）的種種可能的思想蘊涵。

3　中文系傳統之治學方法，著重小學、文獻學與史學。小學為文字學、聲韻學與訓詁學，探求創字原型，古音現象與使用意義之變化，試圖尋出字形、古音與古義之演變；文獻學為目錄學、版本學與校讎學，探求書籍之體例、闕佚、辨偽與訛誤，追求善本，尋求可靠的文獻；史學則有二十五史、地方志、學術史與思想史，考察背景，亦理解傳統。整體而言，中文系之研究方法，體大深細，重視文字內容，書籍流傳，以及詮釋背景之變化。這些是中文系理解文本的方式，相當強調史料效度之區別，以及客觀理解文本之重要。

4　筆者依循傅偉勳：《從創造的詮釋到大乘佛學》（臺北：東大圖書公司，1999年），作一概括整理，而製成此表。見頁10-11。

當謂	則在挖掘原思想家教義之深層結構，由「蘊謂」層次中找到可能義蘊或蘊涵。形成其自己的詮釋學洞見。
必謂	創造的詮釋學家不但為了講述原思想家之教義，還要批判地超克原思想家的教義局限性或內在難題，為後者解決後者所留下而未能完成的思想課題。

傅偉勳先生的五謂詮釋，關聯起中文系與哲學系之治學方式，古與今之連結，讀者與作者之連結，理論層次環環相扣，是近代影響學界甚深的詮釋學理論。作為創造性的詮釋學，其背後是以實謂、意謂作基底，蘊謂、當謂作闡發，最後才形成必謂，如此，其詮釋便能在有根柢之情況下，依循脈絡提出見識與反省，從而解決問題。

很顯然傅偉勳先生接觸過伽達默爾（Hans-Georg Gadamer）的哲學詮釋學，不過，傅偉勳先生關注於方法論，試圖建立屬於中國人自身的方法論依據。傅偉勳先生一方面重視文獻之客觀性，一方面又重視解讀者自身學思之洞見，兩者相互激盪，形成層層遞進之詮釋脈絡。不過，我們可以問，在現實中真的可能釐清五種層次之區隔嗎？且所謂的詮釋之歷程，是否就是依循五謂之遞進來操作呢？顯然地，這並不一定，且在筆者看來，在「實謂」、「意謂」之層次，也未必就如傅偉勳所言，能被如此簡單地看待為客觀之物。

在小學與文獻學裡，雖一再強調客觀治學，但事實上人之主觀性並未被完全排除。常見的情況是，就算依循相同之治學模式，所得出的結果亦難以一致。這不單是客觀嚴謹程度、史料多寡之問題，人們之主觀性一直存在，這關係到史料選擇，也關係到史料詮釋。舉個極端例子，斠讎法中之「理校」，即校勘者在文獻史料缺乏的情況下，依憑自身見識來做出校勘判斷，就此而言，這種判斷要算是客觀還是主觀呢？

提出這些檢視，並非表示小學與文獻學就此失去價值意義，而是

想強調，倘若一概而論地將小學、文獻學視為客觀，便不能正視小學與文獻學所給予之功能與限制。換個角度，我們也能問，所謂的創造性詮釋是否就代表毫無客觀性可言呢？現實中，主觀性與客觀性本非截然分明之二元對立，傅偉勳先生的這些界定能否準確描述實際情況，操作上能否真的達到目的，都是值得考慮的地方。

　　有意思的是，儘管五謂詮釋之層次未必能分明，[5]主觀客觀也未必能分明，方法論與認識論也有所混淆，但傅偉勳先生連結主觀客觀，連結讀者與作者（或文本），連結過去與現在，連結理論與實踐之企圖相當明顯。而這恰恰能呼應伽達默爾辯證性對話結構之詮釋理論，甚至，對於歷代詮釋著作之參考，對於歷史傳統之連結，與哲學詮釋學也是若合符節地相應。只是，伽達默爾更重視效果歷史意識，更重視經典、權威之存在，而對當代之理解判斷則予以保留。這與傅偉勳先生倡言創造的詮釋學，對於當代理解與國人思想充滿信心，有著迥然不同之態度。

第二節　劉笑敢先生之詮釋與定向

一　區分之重要

　　劉笑敢先生在其論著《詮釋與定向──中國哲學研究方法之探究》，提出了兩個定向之說，一為順向詮釋，一為逆向詮釋。[6]所謂的

5　顯然很難舉出一個界定之標準。過去如王弼注《老》、郭象注《莊》、朱子注《四書》，皆難以釐清五謂詮釋之區隔。在今人研究上，亦難定位是哪層次的詮釋狀態。至多仍是回歸傳統學科之分類，以研究方法之差異來區分。

6　劉笑敢：《詮釋與定向──中國哲學研究方法之探究》（北京：商務印書館，2009年）。

順向詮釋，指的是試圖依循文本、歷史來作解釋；而逆向詮釋則依循當下、應用、創新作為詮釋之意圖，未必順從文本來理解。所謂的意圖，就是動機與態度，劉笑敢先生所強調的，就是作為哲學研究者，應摒棄主觀任意之詮釋，客觀地依循文本內容來作研究。

劉笑敢先生區分了三種治學態度，分別為現代學科自覺意識、民族文化與生命導師等三種態度，而為了建立中國哲學這現代學科，當代之哲學研究者應有客觀治學之自覺，致力於順向詮釋來理解文本。

身份不同與態度不同，治學成果便有差異，這是劉笑敢先生一再強調的地方。其區分治學態度之不同，亦區分哲學家與哲學研究者身份之不同，認為哲學家重於自身學思之創發，而哲學研究者則是闡處過去曾有的內容。若無此「區分」之自覺，便會陷入「混淆」之危險，一旦混淆身份，混淆態度，混淆方法，則治學成果就會出問題。然而我們也能追問，古代是否有如此區分呢？劉笑敢先生認為古代沒有這樣的區分，但作為現代學科之建立，「區分」之自覺，是必不可免的。現今之所以出現許多過度詮釋之研究，就在於「混淆」身份態度與方法，在區分之不清，自覺之不足下，使學問難以客觀。

劉笑敢先生進一步認為任意詮釋、過度詮釋，與伽達默爾之哲學詮釋學有著密切關係。劉笑敢先生十分清楚伽達默爾的哲學詮釋學是闡述理解原理的哲學，而非闡述方法論之哲學，但是他卻認為，伽達默爾主張所有理解都是「不同理解」，以及主觀與客觀相容的視域融合說，適足以成為當今過度詮釋、主觀詮釋的一道護身符。另一方面，劉笑敢先生認當今現代學科能否建立，方法論具有很重要的指標性，而「方法」卻是伽達默爾著墨較少的地方。

劉笑敢先生之意圖很清楚，很多詮釋現象之亂象，都在於治學定位的混淆不清，如果能分清研究態度之區別，便能給予標準，如此很多問題便能解決。評價哲學研究者之標準，不同於評價哲學家之標

準。如此，就能建立當代學科之客觀性，使學術著作與個人學思之創作的分際，能逐漸清楚分明。然而，筆者想問，當分清這些分際，詮釋之亂象便能解決嗎？如果不能解決，那問題究竟出在哪裡，又該如何解決呢。

二　定向之商榷

回顧歷史，其實便能體會客觀治學之訴求層出不窮，各時代總有復歸原典之呼籲，追求本義之企圖。然而，各時代之讀書人，希冀追求客觀理解時，為何最後仍舊形成不同之詮釋成果呢？倘若追根究柢便能理解，這關乎生命背景之差異，時代課題之不同所致。理解有其不同，理解有其變化，實是自然而然的事。好比觀月，幼年觀月與壯年觀月，其理解與感受必然不同，而老年觀月之感受又與幼年、壯年不同是一樣的道理，而當吾人自身面對同一事件本身都會隨時空變化產生不同理解與不同感受時，吾人又如何要求個人與個人之間，時代與時代之間能達到一致的理解呢？

伽達默爾所處理的正是這樣的問題，處理的是理解如何發生的問題。伽達默爾在《真理與方法》（*Truth and Method*）有幾個要點：

一、凡理解必然都是不同理解。

二、理解是主觀與客觀之合一，過去與現代之綜合，所共構的視域融合。

三、透過對話，理解儘管不會完全一致，但依舊能有溝通之效果。對未來保持開放性，持續辯證之對話，理解便得以可能，交集也得以可能。

四、人的能力有其限制。

五、當代之判斷往往並不穩定，有時需由時間來檢驗，孰為有效之
　　理解。所以權威有其意義，經典有其價值，那是透過歷代理
　　解、實踐、批評、檢驗後，所淘洗出來的東西。

六、原典具不可翻譯性。但這並不代表翻譯不具價值意義，而是像
　　藝術品之摹本般，能有「在的擴充」，獲得新的存在意義。

七、伽達默爾之哲學詮釋學，也僅是「一種」理解，而非定解。[7]

八、詮釋涵蓋理解、解釋與應用，是作為實踐哲學之存在。

劉笑敢先生理解伽達默爾其重點並非在於方法論，而在於理解如何可
能之課題，但劉氏對於伽達默爾仍有許多認知未清之處，其言云伽達
默爾之「凡理解都是不同理解」適足以作為後人過度詮釋與任意詮釋
之理論依據。

　　言及詮釋之任意性，與其責讓伽達默爾，不如批判解構主義方來
得適切些。伽達默爾與德希達之對話（亦即德法之爭），適足以表示
其立場與解構主義有著根本不同。不同之處在於伽達默爾重視歷史、
權威、經典與傳統，人之能力有其限制，所以對於能通過時間檢驗、
淘洗所保存之物，應予以敬意與尊重。因為那是經過多少人理解、實
踐、檢驗、批判後，才予以保留的東西。人之能力有其限制，當代之
判斷往往不夠穩定，就如同梵谷之畫作，孔子之際遇一樣，有價值之
人事物，與之身處同時未必代表能更容易理解。甚至正相反，有些人
事物反而是透過一段時間距離後，才得以被理解被接受。

　　伽達默爾注意到「前見」，儘管其並未如過往解經者所要求的，要

7　伽達默爾《真理與方法》第二部份第二章的標題為「一種詮釋學經驗理論的基本特
　　徵」，言「一種」實有深意，意謂其詮釋之思考，也僅是一種理解方式，而非定
　　解。〔德〕漢斯‧格奧爾格‧伽達默爾（Hans-GeorgGadamer）著，洪漢鼎譯：《真
　　理與方法》（北京：商務印書館，2007）。

求排除「前見」來理解文本，但他也不認為我們會任憑這些前見去發揮作用。透過對自我的保留，對未來的開放，持續的對話能讓理解的視域不斷地變化，其前見也是在這過程中，不斷地被更替而不自知。

伽達默爾所言的理解現象，為何不是方法論之設想，就在於「變化」本身就隸屬於理解原理，那並非人能完全意識完全控制之情況。就如同人無法細數自身有多少前見，又能自主哪些前見發揮作用哪些前見不發揮作用這樣。所謂的主觀客觀合一，過去與現代之綜合，視域融合、效果歷史意識，這是每個人都必然會有的情況，而這種原理闡述，才使其詮釋原理得以上升到哲學之層次。

當然我們也能追問，對於過度詮釋、任意詮釋該如何處置？伽達默爾其應對原則有二：

一、對經典與歷史傳統予以尊重。對於自身與當代之理解，則予以保留。
二、持續對話。

對於過度詮釋任意詮釋，如果願意秉持開放性，持續進行對話，自然能有理解的可能，交集的可能。相反地，倘若拒絕開放，拒絕對話，其理解視域便無法擴大，無法理解對象物，也無法為人所理解，在時間檢驗下，自然容易被視為過度詮釋任意詮釋或是無效之詮釋。同理，當秉持方法論至上之人，如果缺乏對話精神，陷入封閉，其詮釋內容也很容易出現上述之困境。

有意思的是，劉笑敢先生強調詮釋之定向，主張哲學研究者應有其自覺、態度與方法，然而在劉氏理解伽達默爾時，其理解之片面與錯誤，適足以成為其客觀詮釋之反證。而劉笑敢先生一再強調方法論之重要，然而主要還是標榜治學態度問題，方法論之建樹其實很少，

究其所述並無超出傳統中文系之治學方法。

　　詮釋問題之出現，是自然而然的事，一方面理解皆為不同理解，另一方面這些理解顯然缺乏對話。並非在於劉氏所言，是身份定位確定，態度與方向分明就能解決問題。如果缺乏對自身學思方法論之保留，缺乏對未來之開放，缺乏對話之企圖，那麼詮釋成果便永遠有其危機。

第三節　牟宗三先生之兩層存有論

　　有別於傅偉勳先生、劉笑敢先生有著詮釋原理之專篇論著，老一輩的先生們習慣直接透過經典詮釋體現其詮釋理論。[8]然不同於西方哲學詮釋學較為關注認識論，中國之哲學詮釋主要扣緊安身立命之實踐，是為「求道」之學。所謂的「道」，即關乎歷史社會總體之根源與規律，思考天人物我人己如何通而為一。歷代皆有「道」之詮釋，中國哲學傳統亦可說是「道」之詮釋史。前兩節我們討論如何理解文本，以及理解如何可能，這兩節我們則思考如何理解「中國哲學」，如何理解「道」。

　　中國哲學之經典，是關乎生命之學問，實踐之哲學，所以理解文本時，有需對象之了別，亦須主體之參與。而牟宗三先生把握住這個傳統，以心性論作展開，其實踐哲學以心言「道」，亦以心性論言儒釋道三教，透過一心開二門之思考，體現出一套兩層存有論，並以此構築儒釋道三家之圓教觀，體大思精，影響深遠。筆者將針對牟宗三先生之思維方式，探索中國哲學之理解方法。

8　現今有《牟宗三先生全集》，亦可透過《中國哲學十九講》來理解其思想要旨。說
　　見，牟宗三：《中國哲學的特質》（臺北：臺灣學生書局，1998年）。

一　無執與有執，一心開二門

　　所謂的「兩層存有論」，可視為形上學解釋，亦可視為功夫論思維。其分本體與現象兩層，無執的存有論與有執的存有論。牟宗三先生在詮釋中國經典時，扼要地把握住本體與現象之關係。一方面探索本體根源，理解何為本質性普遍性，解釋共相與殊相之關係，另一方面則提出功夫論，希冀復歸共相保住殊相。

　　如何復歸共相保住殊相？牟先生選擇以心性論作展開。一方面認為唯「人」能「有限而無限」，透過復性功夫尋回本心本性，便能超越限制；一方面解釋本體與現象有其內在關聯性，其內在本性圓滿無缺無須損益，理解此內在性之本來面目，便能復歸先天圓滿之狀態。所以牟宗三先生走的是心學路子，到了後期更強調利根頓悟，本性先天具足的圓教觀。所謂心學，即王陽明之良知學，所謂的先天說，則可歸於王龍溪之四無說。所以牟宗三先生之思想，可說是宋明理學之延伸，並以心學為依歸，而上承孔孟思想。因此，牟宗三先生強調人皆有惻隱之心，生而有之的悲憫，所謂的「良知」、「理」、「善」具普遍性本質性，此性人人皆有之，內在於吾心，而根源於天，所以人性本善，必然具備既內在又超越之可能。這可說一道德理想主義，亦是一道德的形而上學。

　　牟宗三先生相信人有善的可能，並進一步論證人皆有善之保證，以善內在於吾心，反求諸己逆覺體證，便有自覺與超越之可能，使人能有限而無限。所以人為萬物之靈，獨具智的直覺。人心具主觀能動性，能全體朗現天所賦予之善性，盡心知性知天。

　　牟宗三先生以心性論言儒，亦以心性論言道家與佛教思想，並構築出儒釋道三教之圓教觀。以「良知」言儒，以「跡冥圓融」言道，以「一念三千」言佛。所以儒學標榜陽明（後期則標榜王龍溪），道

家標榜郭象，佛教則主天臺，以此皆為自覺之學問，能超越現象之有限，達無執之存有，然後回返執的存有保住現象之一切。

這樣的圓教觀不僅判教性格強烈，其言三教更有主輔之分。以儒家為主，道家為輔，而佛教則別置一論。在牟先生看來，佛教不言本體根源，道家亦屬「不生之生」，認為皆缺道體，皆缺宇宙論，不同於儒家具備縱貫創生之生生之德，所以道家作為太陰教，儒家作為太陽教，道家如月亮之光，清涼而冷靜，儒家如太陽之光，生動而有活力，應以儒家為主而道家為輔的方式安身立命。

牟宗三先生之所以如此分判，在於皆由修養論來分析思想特質，以內聖之學作思考。老莊思想重視「虛己」、「無我」，解開執著而呈現沖虛本然之狀態。透過「虛己」、「無我」之修養，能達主觀境界之觀照，然後再由主觀境界型態，回頭保住現象之一切。然而問題在這，道家同儒家一樣皆有主觀境界型態，但是，當透過修養論去思考本體時，牟先生認為道家本體同修養論一樣是「虛」是「無」，顯然並不同於儒家之「實」。所以儒家言生生之德實有生動，具備縱貫之創生，而道家則不具道體，其為不生之生，作用之保存。儒家不僅具備主觀境界型態，還特別具備客觀實有型態。

所謂的「主觀境界」，可視為對主體精神之強調，而「客觀實有」則是對本體根源的追索。很顯然牟先生皆以兩層存有論言儒釋道，但三教間之兩層存有論，意涵卻不盡相同。這裡頭可看出牟先生二元論之思考相當強烈，形上形下之二元，本體現象之二元，主觀客觀之二元，以及儒道之二元。唯儒家獨具客觀實有之形上學，具備主觀境界之證會，亦具縱貫創生之作用，所以儒家是主要角色，而道家則屬輔助角色，儒家發揮作用，道家則提供作用之保存。

然而道家之道，真只能如此理解嗎？老子云：「道生之，德畜之，物形之，勢成之」，以道為根源，德為本性，形著其體，造就時

勢。倘若認為道家之道能創生天地養育萬物，其實亦言之成理，亦可
視為實有型態之創生。道家確實有強調明哲保身保全作用之用心，不
過倘若追索其根，其實還是本體根源在起創生療癒修復之作用，所謂
的自然，就是復歸本性，使其如其自己來生長，而這本性其實同儒家
良知一般皆根源於道。所以儒家道家，與其說是主輔之別，不如視為
同源而互補還更為準確得些。

　　牟宗三先生看待儒道思想有其獨特之處，然這獨特之處，在他思
想體系裡隨處可見。總有主體心性修養之強調，而忽略了儒學思想尚
有其它要素，使其經典詮釋有其偏重，而出現定位上之問題。

二　作為一切原則的內聖之學

　　牟先生所謂的超越，是內在之超越，是個人道德自覺之表現，道
德則作為一切行為之指導原則。所以人如何能道德，是他所關注的問
題。牟先生認為，心具備啟發道德之主觀能動性，有心則有良知，有
知則有行，因此良知是頭腦，亦是事事物物之頭腦，凡人皆有心，是
故皆有啟發良知之可能。由於強調主觀能動性，所以牟宗三先生在理
解朱子的「性即理」時，認為朱子論心性並不同一，也就「只存有不
活動」，缺乏道德自覺之保證，所以朱子言「理」是謂「歧出」，是為
別子為宗。牟先生並延續王陽明「心外無物」說，認為事事物物皆透
過主體精神之觀照而存在。不過，為避免這樣的觀照陷入主觀獨斷與
封閉，又強調須於事上磨練，由事上、行為上來證成良知。就此而
言，道德儼然已置於一切之最高點。

　　對此，我們不禁得問，心性論是否就足以代表整個中國哲學？將
道德實踐置於最高，是否就能解決多數問題？最後，這就是道德嗎？

　　筆者認為，明白人天生具備悲憫之情不忍人之心是古來之智慧，

但這種智慧顯然需透過生命歷程之實踐來豁顯，而非停留於純粹理論之思辨，理論邏輯上的圓滿並不保證行為之正確，理論邏輯不應錯認為實踐之邏輯。重要的是，中國哲學並非儒學獨尊，儒學亦非僅談心性理氣，而談心性理氣亦非以心學獨尊。牟宗三先生能扼要地把握住心學思想，然在過於強調下，卻也使儒學、甚至中國哲學之本來面目，因其偏重而不見完全。此外，內聖之學固然重要，然將內聖之學置於頂端，不僅限縮了儒學之意義，亦將道德某程度給神聖化了。就如同帝王專制傳統一般，帝王之權力位分被最高化，道德亦被最高化，作為一切之頭腦。認為當上位者能品行端正，國家就能太平，認為人只要道德，一切行為便能合理一樣，誠屬無稽之談。在過往，帝王之品行固然重要，但一個國家若希冀穩定，尚須制度之健全、文化之教養以及各類專業配合才行。就個人而言，道德誠屬重要，但這並不必然保證任何行為的合理性。況且，自許道德者，就真的道德嗎？

現實中之內聖之學，容易陷入神聖化之迷思而難以對話，以及自虐性之壓抑而逐漸扭曲。一般情況是，講求逆覺體證，個體當下之自覺，當自慊之感湧現時，人們多半就此滿足而安於現狀。個體的道德自覺，其實是相當主觀的感覺，是否真的自覺，是否真的道德，其實很難說。所謂的道德，與其說是追求自慊，毋寧說行有不慊於心，當心中湧現愧疚、不安時，那才是道德啟動之發端。何況自慊近乎宗教之冥契，誠屬個體經驗，這對於公眾事務之參與與改革，並無直接助益。這才能理解明朝末年有道德冥契經驗者何其多，最後卻落得「無事袖手談心性，臨危一死報君王」的遺憾。

人能有限而無限，然而牟先生對於「無限」的關注顯然一直大於「有限」。人之有限性，被相當程度低估了。所以某程度言，牟宗三先生所理解中國哲學並不完全，其理解「人」亦不完全。慣談「超越」，而輕忽「有限」，輕忽天地並非可以如此輕易超越，重視個體當

下之省覺，大大忽略人類發展過程裡，一直持續發揮作用的歷史社會文化總體。針對這些問題，林安梧先生有著進一步的商榷與調整，而構築出與牟先生截然不同之中國哲學面貌。

第四節　林安梧先生之存有三態論

　　林安梧先生師承牟宗三先生，同樣致力於儒學之推廣，然而兩人之間的學思性格迥然不同。牟先生心學意義濃厚，而林安梧先生則主張氣學作為理解中國哲學之原則。牟先生以心言道，強調的是個體逆覺體證內在的超越，是為內聖之學。林安梧先生則以氣言道，強調場域的生發，歷史文化之浸潤，社群之對話，天人物我通而為一。[9]其對於道的看法如下：

> 　　「道」是就總體說，「場域」是就展開說，「道」是兩層都可以說。「道」就其總體，可以往上說，就其本源，這是就其理想義說；就落實為具體的實存義說，也可以講「道」，那是在場域中實存的狀態。所以我們談「存有三態論」，其實就是「道論」。這個「道」就那生命之源說，其實就是「氣」。這樣來

9　林安梧先生之詮釋理論，可見於林安梧：《人文學方法論──詮釋的存有學探源》（臺北：讀冊文化，2003年）。其詮釋實踐，則有儒學反省與經典詮釋兩路。經典詮釋方面，可見於林安梧：《論語──走向生活世界的儒學》（臺北：明文書局，1995年）。林安梧：《問心──我讀孟子》（臺北：漢藝色研文化公司，1996年）。林安梧：《中國宗教與意義治療》（臺北：文海基金會出版，明文書局發行，1996年）。林安梧：《新道家治療學》（臺北：臺灣商務印書館，2006年）。林安梧：《「金剛般若」與「生命療癒」：《金剛經》華山九一講記》（臺北：萬卷樓圖書公司，2014年）。林安梧：《老子道德經新譯暨心靈藥方》（臺北：萬卷樓圖書公司，2014年）。林安梧譯註：《太上老君說常清靜經》（宜蘭：道教總廟三清宮，2015年）。

看，兩層存有論是以「本心論」為主，而存有三態論則是以
「氣論」為核心概念。[10]

「道」作為總根源總規律，能將價值理念向上提，亦能於場域中具體
落實地展開。由此，林安梧先生主張存有三態論。存有三態論是道論
亦是氣論，道是總體根源來說；氣是就生命創造、生命狀態來說，氣
無分形上形下，可向上超越，亦可向下沉淪，是流動的，亦是可感通
的；存有三態其意義在於釐清存有界之隱顯區別，然後體現其功能及
限制，最後，通過兩端而一致之辯證互通為一。

　　所謂的三態，即為「本體的根源」，「存有的開顯」，與「存有的
執定」三層。「本體的根源」強調人之上的道體根源，此根源並非人
之有限性所能主宰，不是想跨越就能跨越，所以不可主宰不可名說，
萬物為其所生亦為其所養，其律動生化實存於這世間；「存有的開
顯」則是主客合一，無分別相之狀態。沒有開顯，則道不可知，然這
個道，並非吾人可對象化之物，而是主體與之合一，參贊其中方能有
所體會之感；「存有的執定」則是由不可說顯現為可說的語言文字符
化，去理解、詮釋、構造、運作、利用的過程，由於形著了固定了，
所以得以形成各種對象，而有知識之了別，行為之決定。然這種形著
與固定，顯現出功能亦顯現出限制，因為語言文字符號總伴隨人之習
氣欲望種種活動在上面，倘若與存有之開顯，存有之根源斷裂，落入
「不顯」、「無根」之狀態，欲望、習氣、一切行為便失去修正、節制
與調節的可能，而這狀態，可稱之為「存有的異化」。

　　所謂的異化，就是我們與天地之間的連結斷裂了，失去本性失去
本來面目。如此，由語言文字符號所構成的世界，不僅失去本有的性

10 林安梧：《儒學轉向──從「新儒學」到「後新儒學」的過渡》（臺北：臺灣學生書
　　局，2006年），頁60。

質與功能，更可能被錯認為「道」，而形成另一種宰制、壓迫、扭曲世間之力量與規則，伴隨著習氣、權利慾望，業力作祟，而讓人們彼此箝制彼此折磨。就如社會常以法規條文作為行事依據，有時卻忽略法規條文背後之用意精神為何，或陷入固守條規之弊而失去變通能力，或知其變通然卻操弄法規條文為非作歹。法規條文是帶有力量之文字，如果不能明其所以，使其與道相繫，與民情公理相繫，那麼人們就很容易為這套語言文字符號所運作的世界所宰制，由此傷人，由此被傷，生活遭受壓迫，心靈逐漸扭曲，群體之社會問題，個體之精神問題皆由此而生。因此，「異化」是我們這個世代所面臨的嚴重問題，而治療、解決「異化」危機，則是中國哲學，應該擔負，且必然能擔負的責任。

　　我們不僅需要「求道」，更需要確認所求得是否為「真道」。如何求道。牟先生是透過本體之超越，回頭保住現象界，林安梧先生則是即象見道，藉由道之復歸，恢復人性恢復道性，治療「異化」之現象。有別於牟先生強調本體超越，無執的存有，林安梧先生則從現象界入手，認為「象」是為關鍵。請注意，存有三態論，並非是在兩層存有論底下，再補進一層。「存有三態論」並非「三層存有論」。當牟先生論及兩層時，大抵是以形上形下兩截來論。而林安梧先生之存有三態論，則是「顯」與「隱」之問題，其世界觀並非截然分立之上下關係，所謂的「道」本歸一體，只因顯現不同，而出現功能之差異。因此「生」之意義，不僅生長義創生義而已，還有顯現之義。

　　顯現之義承於用船山思想「同有」之謂「生」（同於一有）。[11]並

---

11 船山之言「生」，是同有之謂生。其於《周易外傳・繫辭上傳11章》云：「易有太極，固有之也，同有之也。」；《周易內傳》曰：「『生』，謂發其義也。陰陽剛柔互言之，在體曰陰陽，在用曰剛柔，讀《易》之法，隨在而求其指，大率如此。」；又于《周易稗疏》曰：「生者，非所生者為子，生之者為父之謂。使然，則有有太

透過《老子》「道生一，一生二，二生三，三生萬物」之思想，提出
一套詮釋理論。將道、一、二、三、萬物，勾勒出隱、顯、分、定、
執，五種狀態，並就詮釋歷程而言，區分出道（總體的根源）、意
（心靈的指向）、象（想像的發揮）構（結構的把握）、言（語句的記
憶）五種詮釋層次之方法。如果說，傅偉勳先生之五謂詮釋，是讓文
本之理解，由古走向今，循序漸進地提出創造性的詮釋。那麼，林安
梧先生則是更進一步，讓文本走向生命，讓生命走向根源。需穿透語
言文字，上通於道，再由道而開顯，作用於這世界。對於語言、文
本、生命與根源之關係，我們可見下表二來理解。[12]

表二

道 （道生一）	境識俱泯	存有的根源	默 （不可說）	寂然不動	意識前的境遇
象 （一生二）	境識俱顯	存有的彰顯	不言而言 （可說）	感而遂通	純粹意識的活動
形 （二生三）	以識執境	存有的執定	言 （言）	名以定形	意識所及的境遇
物 （三生萬物）	物論勃興		物 （說出一切存在的事物）		

極無兩儀，有兩儀無四象，有四象無八卦之日矣。生者，於上發生也，如人面生
耳、目、口、鼻，自然賅具，分而言之，謂之生耳。……要而言之，太極即兩儀，
兩儀即四象，四象即八卦，猶人面即耳目口鼻；特於其上所生而固有者分言之，則
為兩、為四、為八耳。」〔明〕王夫之：《周易外傳》，《船山全書》，第二冊，頁
1023。〔明〕王夫之：《周易內傳》，《船山全書》，第二冊，頁621。〔明〕王夫之：
《周易稗疏》，《船山全書》，第二冊，頁790。

12 表二依林安梧先生論著《人文學方法論——詮釋的存有學探源》製作。林安梧：
《人文學方法論——詮釋的存有學探源》（臺北：讀冊文化，2003年），頁189。

表二，由上往下觀察，可看到道到象、形、物之間的隱顯變化。道為根源，象為彰顯，形為定，物則衍生話語系統構築之世界。作為根源而言，是寂然不動不可說之狀態，難以言詮根源，更弗論能主宰根源；作為彰顯而言，強調的是體證與觀照，透過顯現，彰顯出一切本處可上可下之狀態，一方面一切清楚明白，然一方面這又非固定不變；就定而言，則形成對象，形成具體實在之個體。最後，透過可言說之狀態，衍生出由話語系統所構築之世界，由此進行現實事物之運作。

存有之根源，不僅警惕人們自身帶有限制性，此根源並非一蹴可幾，說超越便能超越。更提醒人們從何而來，其生命之安宅處在何方，予一安身立命之定向。林安梧先生所強調的，即在於時時刻刻對於人之有限性有所警惕，個人之判斷，當代之判斷都有其不穩定性。人應有所保留，因為一切總在變化。但透過變化，吾人更能發掘出那些能通過時間檢驗的東西。由此，林安梧先生強調經典，強調對於那歷經千年劫難，卻始終不斷之中華文化血脈，有反省與承擔之必要。

人並未因為有限性就失去希望，失去定位，人雖有限，但仍有參贊天地化育之能，理解宇宙生化之理的智慧。所以存有之彰顯，代表人有體道之可能，並將道實現，作用到現實面之可能。

存有之執定，絕非貶義，儘管這一狀態，隨時存在異化之危機。相反地，存有之執定，在三態中，同樣具備舉足輕重之功能。必透過語言文字之功能，方能具體地去理解、詮釋、溝通、建構出實踐智慧之思想，改善所處的世界。沒有存有之執定這一層，與現實必然隔閡，實踐之落實勢必舉步維艱。所以這是一個即象言道的詮釋理論，是一個觀象的智慧。言及觀象，可尋乎《周易・觀卦》來體會。既觀我象，亦觀眾生象，是觀國之光，亦觀天地之大化，最後，觀其所處之文化、血脈、使命來自何方，觀歷史社會文化總體所呈顯的天命之運會。由此可說，即象言道，是《易》道之智慧。

　　不過，林安梧先生認為儒道同源而互補，道家亦有道體，此道體非別立一體，而是與儒同源之體。因為同體同源，所以理論內部之互補大過於矛盾之衝突。這不僅符應道為總根源總規律之義（即至大無外，無所不包），道家之思想亦能對世間異化之危機，提供治療之藥方。

　　值得注意的是，既以《易》道觀之，便需把握所謂的「道」並非一成不變的對象物，而是有其律動變化的造化原理。所以體道，絕非體一靜態之理，觀象，絕非觀那不變之象，而是需要主體參贊其中，遍觀靜象動象一切象。當我們理解中國哲學，詮釋中國哲學時，同時也就參與傳承中國哲學，體現中國哲學，實踐中國哲學的時刻。

　　在中國哲學裡，人並非被孤立地被觀察被認識，而是放入天地人之三才脈絡下來思考，所以中國哲學一直不同於近代西方哲學以「人」為中心來思考。所謂的三才，是作為環境因素、空間因素，以及歷史社會文化因素而存在，倘若離開這些條件，逕自申論「人」、「本質」與「道德」，便容易出問題。因為在中國哲學傳統裡，人之上有天，人之下有地，人與人形成社會，過往的社會活動則構成歷史，人是在有天有地有歷史社會文化脈絡下生長的。因此，不孤立地談天，不孤立地談人，不孤立地談歷史社會文化，而是印證彼此融通為一。

　　所謂的理解，是印證於經義，印證於吾心，印證於天地，印證於國家社會，印證於歷史文化的過程。這裡可看到，理解不單是文本問題，同時還是生命問題，所以這並非僅僅關乎個體生命之安頓，更關乎眾人生命之安頓，以及過往歷史裡所曾顯現的生命之安頓。因此涵蓋了文本問題、生命問題，也涵蓋了時間、空間之問題。在理解文本與生命之際，同時也在理解著環境之結構，理解著時間之變動。此時，對話便顯重要。應與文本對話，與吾心對話，與天地對話，與社群對話，亦與身處的歷史社會文化之傳統對話，透過對話，人才能在

有限性之中，仍尋出自身之定位與承擔天命之方向。道論從來就不是固定的東西，同樣地，中國哲學也從來不是固定的東西，它一直有其變化，只是這種變化並非任意的變，而是依道而行的變。在理解中國哲學的歷程，亦是實踐、參與其變化的歷程。如果能把握這個律則，才能準確理解古代文化之智慧，並確立這智慧能否於今日朗現。

小結

　　本章前兩節是討論文本問題，理解如何可能之問題。後兩節，則討論如何理解中國哲學，如何理解「道」的問題。為自身所習之中國哲學方法論，作一評介。

　　傅偉勳先生的五謂詮釋學，特點在於古今之遞進與相連。五謂詮釋，是詮釋歷程，亦可說是詮釋方法。儘管五謂詮釋之客觀界定有其困難，是否就依序遞進也未成必然。但這種連結主觀客觀，連結讀者與作者（或文本），連結過去與現在，連結理論與實踐之企圖相當明顯，恰能呼應伽達默爾辯證性對話結構。對於歷代詮釋著作之參考，對於歷史傳統之連結，與哲學詮釋學也是若合符節地相應。

　　劉笑敢先生之思考，與傳統中文系之治學原則相近，以追尋作者意圖，客觀理解文本為宗旨。不過，劉笑敢先生過於強調治學態度之區別，而忽略詮釋之效度與差異，並非態度如何就能有所決定。「不同理解」，乃是極其自然之現象。有意思的是，儘管強調作者意圖之定向，但劉笑敢先生對於伽達默爾之詮釋理論，顯然未能準確把握。乃至於其雖以詮釋學作專題討論，然兩者問題意識其實並無交集。就詮釋原理而言，劉笑敢先生之論點，有不進反退之感。

　　牟宗三先生的兩層存有論，能簡潔扼要地把握本體與現象，共相與殊相之思維，提供了一個理解中國哲學之模式。以心性論作展開，

把握住儒釋道思想的一些特質，然而，過於強調良知本心，內聖之學的超越，卻使其思想定位，出現一些問題。心性論能否概括中國哲學，中國哲學是否得以儒學為主，道德是否能解決多數問題，還有什麼才是道德，這些都是值得一再思考的問題。

對於牟宗三先生之思想，林安梧先生做了相當完整的論述與修正。林安梧先生是氣論言道，場域之哲學。其三態論以隱顯關係，梳理人之存在的三種狀態。在存有三態可理解到，人的背後有其根源，人之自身有其限制，所以人需要理解的東西相當多，需克服的東西亦相當多。需理解自身之限制，需理解自身歷史文化傳統之根源，需克服異化之危機，需克服拒絕對話之氛圍。面對種種限制，人依舊可在天地之間，尋出一個定位。

「道生一，一生二，二生三，三生萬物」能分別對應「隱、顯、分、定、執」之詮釋歷程，而這詮釋歷程，又能對應「道、意、象、構、言」五種詮釋層次之方法。如果說傅偉勳先生之五謂詮釋，是讓文本之理解，由古走向今，循序漸進地提出創造性的詮釋，那麼林安梧先生則是更進一步，讓文本走向生命，讓生命走向經典、社群與根源。需穿透語言文字，上通於道，再由道而開顯，作用於這世界。語言文字之層次，與傳統中文系治學原則並不衝突，求道之層次，則能銜接中國哲學之使命，延續道統之傳承。理解中國哲學，同時也是參與中國哲學的實踐與改變。

本章聚焦之四個中國哲學方法論，並非僅屬於客體對象之分析，更是筆者求學階段主體實踐反思之歷程。而這亦構成撰寫船山《易》道思想之反思前提。解讀船山的同時，亦反思筆者之研究，能否以五謂遞進來區分，不僅如此，對於王船山思想內容，能否以五謂詮釋清楚劃分，亦是有趣之問題。儘管區分不易，但傅偉勳先生對於作者——文本——讀者之古今連結，卻是值得肯定的。是故解析文本的

過程，就算置入當今問題意識之思考，也不可能拋去中文系小學、史學、經學、文獻學等治學方法（就算有意識到自身主觀意識之創造，也不可能拋棄這些方法）。然而，注意到方法論之限制性，注意到人之有限性，有其關鍵意義，這也是筆者批評劉笑敢先生的地方，也是筆者倚重伽達默爾哲學詮釋學的地方。

　　筆者是佩服牟宗三先生之思想體系的，熟讀其書，而深入其中。但也因此警覺到其中一些偏重，一些限制與一些問題。倘若治船山學，以牟先生之本質主義論，以心學導向去思考，以先天說之圓教觀來檢視優劣，那麼對船山學之衡定便必然出現問題。筆者認為，曾昭旭先生之《王船山哲學》即有這般限制。是故有別於心學導向，筆者採取氣學、道學論法，以現象學分析，詮釋學反思，對王船山進行闡釋。而這些基礎，則歸功於林安梧先生思想之奠基。筆者之船山《易》道研究，即是基於對四位學者之學習與反省下進行的。

　　對於經典文本之研究，哲學內容之考察，這背後彷彿具備兩種風之力量。一為向心力之風，不斷地朝向文本、作者，作為歷史原點的還原與追溯；一為離心力之風，不斷地甩開，離開中心，散落並降落到周遭環境而安立。向心力與離心力是同時並存的，兩者形成「詮釋之張力」，詮釋之動能。在理解中國哲學時，其實兩種力都需要，這兩種力也必然存在。如何面對詮釋之張力，使其融貫為一，是作為經典詮釋者必然面對的問題，否則只是不動之風而已。

　　以《易》道觀之，便能理解中華文化之道論思想，其本身是關乎天地物我人己，與時俱進之學，是持續在變，持續在動的哲學。只是如何尋出律則，怎麼變怎麼動的問題。在這裡，需處理文本問題，亦須處理生命課題，而生命非僅內聖之學，還有場域之思維，透過對文本、吾心、國家社會、歷史文化脈絡之對話，我們方能確立自身之定位，理出，「為天地立心，為生民立命，為往聖繼絕學，為萬世開太平」之方向，從而讓這使命繼續延續下去。

第三章
義理之定位

　　自曾國荃刻印《船山遺書》以來，船山逐漸受人注意。近五十年來，兩岸雖有隔閡，卻都同時進行著船山學之研究。然儘管研究者眾，船山之學術定位，卻仍是莫衷一是的問題。區別在於，早期問的是船山學是唯心還是唯物，現在則在問船山學是心學還是理學。面對同一文本，為何會一直出現南轅北轍之定位，這關乎兩岸哲學體系之殊異，同時也關乎船山哲理之複雜性。真有如《莊子・天下篇》所云：「後世之學者，不幸不見天地之純，古人之大體，道術將為天下裂。」[1]對於道，千年前就已出現的裂解，千年後依然一樣。

　　持唯物論者重其「器」，持心學論者重其「心」，持理學論者重其「理」。各有所據，卻又各蔽一隅，皆致力求真，卻都未見大道之全。其實船山言心亦言理，即器而言道，受心學、理學影響，但非心學，亦非理學，而是道論之學。本章將作一辨正，再做一奠基。為心學理學作辨正，以唐君毅先生、林安梧先生之船山《易》學作奠基，對船山《易》學重要觀點，從中學習，提出反省，然後繼續前進。

第一節　心學商榷

　　兩岸船山學之分歧，早期是唯心、唯物之別。中國大陸馬克思主義興盛，治船山學格外重視「器」之價值。強調船山哲學具體性、現

---

[1]　王叔岷：《莊子校詮》（臺北：中央研究院歷史語言研究所，1988年，2007年四版），頁1298。

實性與社會性之一面，而與唯物論相連結。當時學者多持唯物論論船
山，以嵇文甫為發端，[2]而影響較大者，則屬侯外廬。隨著時間變
化，今日中國大陸之船山學，持論方式已有相當變化，唯物論色彩淡
薄不少，顯然已注意到唯物論詮釋文本之限制，而有所調整。關於唯
物論法之船山學，臺灣學界反省較深，辨正頗豐，而完整之介紹則可
參看中國大陸學者方紅姣所著的《現代新儒學與王船山》，[3]相關介紹
與辨正既多，筆者便不再贅述，而將專注於臺灣心學論法與中國大陸
理學論法下之船山學研究。

　　臺灣早期之船山學研究，首推唐君毅先生。其觀點主要見於《中
國哲學原論・原性篇》、[4]《中國哲學原論・原教篇》兩書。[5]筆者認
為，唐君毅先生有相當敏銳之洞見，能準確把握船山思想特徵，而值
得關注與討論。不過，後來之治船山學學者，雖多列其為參考書目，
但卻鮮少提及其觀點，更弗論討論，甚為奇怪。筆者認為唐君毅先生
之船山學相當重要，相信隨著時間檢驗，唐君毅先生船山研究，將會
被更加重視。由於唐君毅先生與曾昭旭先生、陳來先生之間有不少相
同之議題，故本章第一節〈心學商榷〉與第二節〈理學商榷〉，筆者
皆會引用唐君毅先生之船山學，作一觀點對照，並藉此呈顯唐君毅先
生船山學之輪廓。

　　唐君毅先生之思想，帶有相當濃厚之黑格爾唯心論辯證法色彩，
而深具特色。有意思的是，與之同時之牟宗三先生，著有〈黑格爾與

2　嵇文甫：《船山哲學》（上海：上海開明書店，1936年初版，2007年中國圖書館學會
　　高校分會委託北京中獻拓方電子製印公司複製民國圖書），及氏著：《王船山學術論
　　叢》（北京：生活・讀書・新知三聯書店，1962年，1978年一刷）。

3　方紅姣：《現代儒學與船山學》（北京：中國社會科學出版社，2015年）。

4　唐君毅：《中國哲學原論・原性篇》（北京：中國社會科學出版社，2005年）。

5　唐君毅：《中國哲學原論・原教篇》（北京：中國社會科學出版社，2006年）。

王船山〉一文，[6]亦屬唯心論式之文章。不過，牟宗三先生所論未若
唐君毅先生之深，尚未形成專門之船山學研究。然而，儘管牟宗三先
生於船山思想著墨不多，但其在程、朱、陸、王思想、郭象、王弼玄
學，以及隋唐佛學皆取得驚人之學術成就，而蔚為大家。就港、臺後
輩學子而言，牟宗三先生之影響力遠比唐君毅先生來的大。甚至影響
到臺灣後來之船山學發展。如曾昭旭先生之船山學，便深受牟宗三先
生影響，而格外重視「心學」之意義。

　　曾昭旭先生之船山學研究，並不帶有黑格爾唯心論辯證法色彩，
亦不以道論、氣論為核心，而是立基於陽明心學來闡釋船山哲理。就
此來說，曾昭旭先生距唐君毅先生甚遠，而與牟宗三先生甚近。若與
牟宗三先生對比，曾昭旭先生之心學式論船山，則又比牟宗三先生之
論法，來得更深，更具系統性，而這實標誌著，臺灣之船山學研究，
已發展到一新階段。

一　乾坤非體

　　曾昭旭先生之《王船山哲學》，是現今最能代表臺灣之船山學專
著之一，另一代表，則為林安梧先生《王船山人性史哲學之研究》
（其思想將於本章第三節細述）。[7]《王船山哲學》可分兩部份，第一
部分，主要介紹船山論著，並作義理概述，第二部份，則為哲理綜
論，作一系統分析，並提出船山學之定位。[8]

6　牟宗三：〈黑格爾與王船山〉，收入於氏著：《生命的學問》（臺北：三民書局，2011
　　年四版）。

7　朱迪光《王船山研究著作述要》僅收錄兩位臺灣學者論著。一為曾昭旭先生之《王
　　船山哲學》，一為林安梧先生之《王船山人性史哲學之研究》。朱迪光：《王船山研
　　究著作述要》（長沙：湖南大學出版社，2010年）。

8　曾昭旭：《王船山哲學》（臺北：遠景出版事業公司，1983年）。此書後有里仁書局
　　版，見氏著：《王船山哲學》（臺北：里仁書局，2008年）。

　　論及船山學定位，曾昭旭先生首先提及牟宗三先生宋明理學三系說，區分了周敦頤、程顥、張載、胡宏、劉宗周一系，程、朱理學一系，與陸、王心學一系，並點出，依船山之旨，應當歸宗於張載，即北宋道學一系。暫且不論三系說之判教方式，是否完全準確，筆者認為曾昭旭先生將船山歸於張載一脈是合理的。只是，曾昭旭先生並非依此立論，在其諸多脈絡中，可一再看出，其試圖將船山置入心學脈絡。儘管船山之何等激烈地批評心學，曾昭旭先生仍認為，以理路言之，船山與心學並行不悖，甚至有許多相契之處。

　　這樣便使得船山對心學之批評被淡化看待，與心學之分際亦模糊起來。以學術要旨來說，王陽明之良知學，強調的是道德心之重要與道德自覺之可能，人之所以為人之價值在此，良知不待外求，求其放心而已，人皆有心，故人皆有成聖之可能。由此論心即理，盡心知性知天。到了牟宗三先生，更進一步申論，人皆有「智的直覺」，皆有道德自覺之「保證」，後期更強調王龍溪「先天說」之圓教觀。皆可看出，其從理論圓成之角度，肯定人之為人之價值，並對人之能力寄予無比信心。

　　我們可以問，對於人，船山是否也有這般信心呢？答案是否定的。船山雖認同「人能弘道，非道弘人」，唯人能顯道行道之特質，但船山從不高估人的能力。在歷經國破家亡之情境，遍閱歷史人性之真實，見證通過時間歷練淘洗之物，船山認為，人有能力，亦有其限制。從而重視經典，強調道論，以道大而善小，善大而性小，天人之際，有連結，亦有區別。人由道而來，性由天所賦，但「人」不等於「道」，人有善之可能，亦有異化墮落之可能。當警惕其限制，而敬慎追尋存有之源。透過道論之強調，便能理解為何船山會重視張載，會何會以周敦頤〈太極圖說〉為依據，此皆在於以道為宗之關懷，而有繼往開來之使命感。在船山看來，道實存而有，作為總根源總規

律，太極生兩儀，即道無分別相之渾淪為一，顯為分別相之兩端造化。太極生陰陽，生非創生，而是由隱至顯，由無分別至分別之絪縕相盪翕闢成變，太極實存而有，〈乾〉〈坤〉亦實存而有，由〈乾〉〈坤〉而顯為四象、八卦、六十四卦等眾卦情境之用。

　　對於船山〈乾〉〈坤〉之實存而有，曾昭旭先生持不同看法，認為〈乾〉〈坤〉是純理，實際上並不存在。其言云：

> 而既以〈乾〉陽之人道為主矣，於是於渾淪之天遂不得不有一分析，以彰顯此〈乾〉陽之德，因乃有〈乾〉〈坤〉並建之說焉。然當知此分析，乃只是純理上之人為運作，以懇切強調出君子之德業者，非渾淪之大化實有此二分也。船山《易》內外傳嘗於此三致意焉，如盛言陰陽之密運無間，交與為體，言天地無終始，言器道相須，乃至人事則言天理人欲同行異情，言形色天性，言君子有情而小人有性，終於說太極為〈乾〉〈坤〉之合撰，而天地唯一氣。總之，皆無非是從事實上證宇宙之一元，以明其說〈乾〉〈坤〉並建乃純是理上之暫分者也。[9]

曾昭旭先生認為，船山之主〈乾〉〈坤〉並建，是一不得不有之分析，為顯〈乾〉陽之「德」，因而有〈乾〉〈坤〉並建之說。所謂的〈乾〉〈坤〉並建，只是純理上之人為運作，重點在強調君子之德業，並非渾淪之大化實有此〈乾〉〈坤〉二分。並引船山內外傳諸語，認為船山無非是從事實上證宇宙之一元，以此明其〈乾〉〈坤〉並建純是理上之暫時分別，並非實存。

　　這段論述其實存在兩個問題：第一，曾昭旭先生清楚〈乾〉〈坤〉

9　曾昭旭：《王船山哲學》（臺北：里仁書局，2008年），頁53。

並建非單純之二元論，這是對的，但就此便推論船山為一元論，這就
不準確了。正確來說，船山既非二元，亦非一元，而是兩端而一致之
辯證思維。既有太極之渾淪為一，亦有〈乾〉〈坤〉並建之兩端造化。
單以其二元、一元逕分，並不恰當。不僅如此，單以唯物、唯心逕分
船山學，亦不恰當。曾昭旭先生第二個問題即在於，其雖能明瞭船山
非唯物主義，但卻又過於導向心學脈絡進行詮釋，未免矯枉過正。

　　在筆者看來，船山言心亦言物，然至為關鍵處，則言道言氣，言
兩端而一致。船山有別於唯物主義者在此，有別於陽明心學者亦在
此。在船山《易》學脈絡裡，〈乾〉〈坤〉並建何嘗是「純理上之人為
運作」？而是實存而有的造化。[10]道體實存，人由道而來，有體道之
能，但人不能等同於道，豈能言〈乾〉〈坤〉皆一心之設想，皆抽象
之純理或純德。太極生兩儀，是從渾淪「無分別相」之根源，進到
「分別相」之兩端造化。無分別，故統括萬有，遍及一切；有分別，
則能兩端絪縕相盪翕闢成變，顯性情功效，透入現實以造化。分別與
無分別皆有其功能，皆有其價值意義，不可為求圓教之一本，就刊落
了「分別相」之功能與意義。而船山之所以能兩端持論，即在於兩端
而一致之辯證思維，也因為這樣的思考，才能解釋為何現實中船山學

---

10 船山清楚肯認「〈乾〉〈坤〉並建之實」與「陰陽之實體」，茲引二條資料為證。〈周
　易內傳發例‧七〉：「時隱而時見者，天也，太極之體不滯也。知明而知幽者，人
　也，太極之用無時而息也。屈伸相感，體用相賁，則道義之門出入而不窮。嗚呼！
　太極一圖，所以開示〈乾〉〈坤〉並建之實，為人道之所立，而知之者鮮矣！」、
　〈周易內傳發例‧八〉：「太極無陰陽之實體，則抑何所運而所置邪？抑豈止此一
　物，動靜異而遂判為兩耶？夫陰陽之實有二物，明矣。自其氣之沖微而未凝者，則
　陰陽皆不可見；自其成象成形者言之，則各有成質而不相紊。自其合同而化者言
　之，則渾淪於太極之中而為一；自其清濁、虛實、大小之殊異，則固為二；就其二
　而統其性情功效，則曰剛，曰柔。陰陽必動必靜，而動靜者，陰陽之動靜也。體有
　用而用其體，豈待可用而始有體乎？」關於〈乾〉〈坤〉並建之性質說明，可參第
　四章〈易例之原則〉，有詳細說明。

會有唯心、唯物兩種解法，為何會有心學、理學兩種解釋。實際上，
船山思想，心、物二義俱涵，心、理二義俱涵，涵於兩端造化，而復
歸大道之中。倘若蔽於一隅，如曾昭旭先生以「宇宙之一元」論視
之，則船山太極生兩儀之義，勢必難解而不通。如其所言云：

> 復次，船山之《易》學推到此處，遂似歸於一客觀之宇宙論。
> 若然，則〈乾〉〈坤〉並建之說乃成未透。蓋若單從客觀上去
> 建構宇宙論，則順船山思理，當直提太極或氣以成一元論為
> 是，而不當略過太極或氣，而遽提〈乾〉〈坤〉並建也。故熊
> 十力遂以此疑其「解悟有未透，理論欠圓明」，而「猶未免於
> 粗」。然船山之《易》學，則實無意建構一客觀之宇宙論而只
> 是說人事，抑非泛泛地說人事之吉凶而只是就君子之存心以說
> 人道之得失。

曾昭旭先生認為船山《易》學最後似歸一客觀之宇宙論（言「似
歸」，亦表示其尚未「定論」，而僅是「推測」。其後言〈乾〉〈坤〉，
則是基於此「推測」而有之評定）。曾昭旭先生認為，船山《易》若
歸一客觀「宇宙之一元」，那麼多提一個〈乾〉〈坤〉並建，反而顯示
出船山《易》學之「未透」，有理論面之瑕疵，並認為熊十力先生也
持相類看法，引為旁證。但在筆者看來，船山並非有「未透」之處，
所謂「未透」，實是曾昭旭先生與熊十力先生對船山理解不足所致，
而理解之不足，則在其本身即持一本論觀點，而未解兩端而一致辯證
思維所致。故曾昭旭先生其後又申述，並不認為船山有著建構客觀之
宇宙論之意圖，其關切在人事。所謂人事抑非泛泛說人事之吉凶，而
在君子之存心以說人道之得失。曾昭旭先生進而得出結論：

故船山《易》學，其主在君子之心，即所謂以陽為主也。於是在〈乾〉〈坤〉並建說中之所謂〈乾〉〈坤〉者，遂只是二抽象之純理或純德，映現於君子之心上，以為君子明得失，成德業之所據，而非是客觀實存之二元也。故船山云：「道行於〈乾〉〈坤〉之全，而其用必以人為依」，云「人者合知能而載之一心也。故曰天人之合用，人合天地之用也。」故〈乾〉〈坤〉者只是人心所用之二理，而非客觀宇宙之二元。至於宇宙之元，則客觀地說是氣（陰陽氣化所現之二理），主觀說是心（陰陽是人心所用之二理），皆只是一元也。此即船山〈乾〉〈坤〉並建說之底蘊，而必當細辨之者也。[11]

認為船山《易》學其主在君子之心，且以陽為主。所謂〈乾〉〈坤〉並建，只是二抽象之純理或純德，映現於君子之心，作為行為得失之依據，而並非有著客觀實存之〈乾〉〈坤〉二元。並引船山語，強調「人」之重要，〈乾〉〈坤〉者只是人心所用之二理，而非客觀宇宙之二元。並將宇宙之元，詮釋為客觀陰陽氣化所現之二理，以及主觀人心所用之二理。「皆只是一元」，認為是宇宙之一元，亦是心體作主之一元。

云「純理上之人為運作」、「只是二抽象之純理或曰純德，映現於君子之心上，以為君子明得失，成德業之所據，而非是客觀實存之二元也。」以船山言〈乾〉〈坤〉為抽象之純理純德，不具實存意義，這樣的看法，極似王陽明之「心外無物」之說，筆者認為非是。對照〈周易內傳發例〉文意脈絡，[12]船山言〈乾〉〈坤〉並建，並非一心之

---

11 曾昭旭：《王船山哲學》（臺北：里仁書局，2008年），頁53-54。
12 參本研究第四章〈易例之原則〉〈乾坤並建〉一節。

映現、人之主觀推想，而是實存而有之造化。是因〈乾〉〈坤〉實存，方有兩端造化，有陰陽之體，方有陰陽之用。有道之體，方有道之理。

　　豈可云「理」為「心」造，進而推論〈乾〉〈坤〉虛設？哲理面，船山並無這般敘述。文獻面，船山言太極、兩儀、四象、八卦之生成關係時，亦根本未見其言「心」。

　　船山言〈乾〉〈坤〉並建，並非純理上之追索，太極生兩儀，是「無分別相」之渾淪根源，進到「分別相」之德業造化，太極與〈乾〉〈坤〉，一為二，二為一，一體兩面皆是實存而有之存在。故非曾昭旭先生所云〈乾〉〈坤〉並建皆一心映現之抽象純理或純德。船山固然言心（在其他文獻脈絡），然其心體之義，並未被如此高舉，如「良知」般有著核心意義。在船山看來，人心有其功能，能參贊造化之幾微，但人心亦有限制，不能輕易將人心等同於道。船山云「人以天之理為理，而天非以人之理為理者也。」[13]並一再強調「道大而善小，善大而性小」，[14]其天人之別，大小之異，並非毫無意義，說說而已，而是人能體道行道，透入性與善與道之連結，但終需反省人性人心之限制，有所敬慎與警惕。〈乾〉〈坤〉能以心參贊之，但〈乾〉〈坤〉非一心之映現，而是實存而有之兩端造化，需人實踐之，感通之，從而復歸之。

　　曾昭旭先生雖引船山語，然詮釋上實有意義之滑轉。依文獻脈絡

13　〔明〕王夫之：《周易外傳》，《船山全書》，第二冊，頁1096。

14　故成之者人也，繼之者天人之際也，天則道而已矣。道大而善小，善大而性小。道生善，善生性。道無時不有，無動無靜之不然，無可無否之不任受。善則天人相續之際，有其時矣。善具其體而非能用之，抑具其用而無與為體，萬匯各有其善，不相為知，而亦不相為一。性則斂於一物之中，有其量矣。有其時，非浩然無極之時；有其量，非融然流動之量。故曰「道大而善小，善大而性小」也。〔明〕王夫之：《周易內傳》，《船山全書》，第二冊，頁1006。

看，「道行於〈乾〉〈坤〉之全，而其用必以人為依」，所謂「人」，強調的是「人道關懷」，而非「心體」之意義。[15]而「人者合知、能而載之一心也。故曰「天人之合用」，人合天地之用也。」[16]雖有「人能弘道，非道弘人」之意，但人合「天地」之用，關鍵不在人，而在天地，合天地方得以用。筆者細思，曾昭旭先生以「心」詮釋船山《易》，並屢屢強調人之重要性與可能性，可見其受牟宗三先生心學思想影響之深。使其詮釋，重「心體」而未重「道體」；以心主〈乾〉陽之德而刊落〈坤〉陰之德；以一元論作結，而誤解船山理論

---

15 此段文獻見於船山《周易》外傳〈泰〉卦。船山云：「天位乎上，地位乎下，誰為為之？道奠之，故曰：『一陰一陽之謂道。』（先陰後陽者，數自下生。）降其濁者，清者自升，故曰：『天地定位。』終古而奠者如斯，則道者一成而不可易也。今以〈乾〉下〈坤〉上而目之曰『交』，〈坤〉下〈乾〉上而目之曰『不交』，則將易其所奠而別立道以推蕩之乎？曰：『非也。』道行於〈乾〉〈坤〉之全，而其用必以人為依。不依乎人者，人不得而用之，則耳目所窮，功效所廢，其道可知而不必知。聖人之所以依人而建極也。」筆者認為，此處所謂「人」，指的是「人道關懷」，而非「心體」意義下之強調。〔明〕王夫之：《周易外傳》，《船山全書》，第二冊，頁850。

16 此段文獻見於船山《周易》外傳，卷五〈繫辭傳〉。船山云：「夫太極○之生元氣，（陰陽者，元氣之闔辟也。）直而展之，極乎數之盛而為九。（九者數之極，十則仍歸乎一矣。）因〈坤〉之二而一盈其中為三，統九三而一貫之，其象奇一。始末相類，條貫相續，貞常而不屈，是可徹萬里於一致矣。而三位純焉；因而重之，六位純焉。斯以為天下之至健者也。元氣以斂而成形，形則有所不逮矣。（地體小於天。）均而置之，三分九而虛其一為六，三分三而虛其一為二，其象偶- -。天之所至，效法必至，寧中不足而外必及。中不足者，以受天之化也。虛其中以受益，勉其所至以盡功，是可悉物理而因之，而三位純焉；因而重之，六位純焉。斯以為天下之至順者也。故曰：『〈乾〉知大始，〈坤〉作成物』。無思無慮而思慮之所自徹，塊然委然而不逆以資物之生，則不可以知名而固為知，不見其能而能著矣。而夫人者，合知、能而載之一心也。故曰『天人之合用』，人合天地之用也。」這裡要點有二，一是道化流行之實存，二是知能是〈乾〉〈坤〉並建之知能，非如曾昭旭先生認為，此皆心之映現，而無〈乾〉〈坤〉造化之實存，亦非如曾昭旭先生云，心僅為〈乾〉陽之德作主，而刊落了〈坤〉德之必要。〔明〕王夫之：《周易外傳》，《船山全書》，第二冊，頁984。

未透，殊不知未透在己，未透之故在其未見兩端而一致辯證思想之妙。正因為如此，縱使船山生前如何激烈批評陽明學，但在曾昭旭先生論法底下，船山學反而與陽明學相契。[17] 曾昭旭先生之詮釋雖能理路一致，自成體系，但這樣的定位，終使船山《易》道不見完全，亦使其定位晦澀而不明。

二 宇宙一元

船山究竟是一元論還是二元論，曾昭旭先生嘗有所辨。其言云：

> 熊十力先生即屢於此致疑。見其所著《讀經示要》卷二：「船山於本原處不能無誤，其言〈乾〉〈坤〉並建，蓋未達體用之旨。」、《新唯識論》第七章：「船山說《易》，頗有二元論的意思。」、《原儒》內聖第四，頁五一：「王船山《易》內外傳，不悟〈乾〉元〈坤〉元是以〈乾〉〈坤〉之本體而言。乃有〈乾〉〈坤〉並建之說，頗有二元論之嫌。」唯所以有此疑，實因熊先生直以〈乾〉〈坤〉說本體，故自然須強調說「〈坤〉之元即是〈乾〉之元，非〈坤〉別有元」；說「一言乎〈乾〉，即知有〈坤〉在」，以極成其一元論也。而船山則本不以〈乾〉〈坤〉直指本體（其本體在氣），而只以說氣體之用。故無妨分為兩體也。況船山亦嘗說「〈坤〉之元與〈乾〉「同」乎。船山仍是一元論無疑也。故熊先生畢竟亦只是疑之，非即定之為二元論也；其言曰：「或有問言：船山解兩儀，而云兩者體

---

17 曾昭旭：「船山之與朱子，實是『末同而本異』，在根本見地與功夫上，反而同於陽明而異於朱子者。」曾昭旭：《王船山哲學》（臺北：里仁書局，2008年），頁311。

異，似有二元論之失。答曰：船山《易》學，主張〈乾〉
〈坤〉並建，故謂陰陽異體。余議其失之粗者，即此可見。但
船山亦承認太極是陰陽本體，究非二元論。祇惜其解悟有未
透，理論欠圓明耳。然其精思獨到處，甚不少。」(《原儒》內
聖第四，頁30。)[18]

這是一個相當有意思的公案，曾昭旭先生引熊十力語，辨船山是一元
論，還是二元論。實則船山非能以一元、二元逕自定論，而是兩端而
一致之辯證思維。曾昭旭先生引船山「〈坤〉之元與〈乾〉「同」，不
妨還原其文脈，追溯其語境。船山於《周易內傳》〈坤〉「至哉坤元！
萬物資生，乃順承天。」注云：

陰非陽無以始，而陽藉陰之材以生萬物，形質成而性即麗焉。
相配而合，方始而即方生，〈坤〉之「元」所以與〈乾〉同
也。「至」者，德極厚而盡其理之謂。乃其所以成「至哉」之
美者，唯純乎柔，順天所始而即生之無違也。[19]

陽動而見，陰靜而隱，[20]故陰非陽無以始，而陽藉陰之材以生萬物，
形質著成而性即附麗其中。陰陽相配而合，陽方始陰即方生，此
〈坤〉之元所以與〈乾〉同。「至哉坤元！萬物資生，乃順承天。」
是指〈坤〉德極厚而能盡其理，乃成此至哉之美，唯有純乎柔順，方
能順天所始而即生，相合而無違。這段意思是〈乾〉〈坤〉各有其

---

18 曾昭旭：《王船山哲學》(臺北：里仁書局，2008年)，頁352。
19 〔明〕王夫之：《周易內傳》，《船山全書》，第一冊，頁76。
20 船山云：「陰陽各六，十二位而向背分。陽動而見，陰靜而隱，其恒也。」〔明〕王
  夫之：《周易內傳》，《船山全書》，第一冊，頁88。

德，兩德相合而能始能生，〈乾〉有起始之動能，而〈坤〉則柔順以承天用，順其始生成萬物，而形著性成。所謂的「〈坤〉之『元』所以與〈乾〉同也。」是就兩端造化，絪縕相盪翕闢成變下，辯證之相合。故熊十力之疑其二元，並非毫無根據，因為確實是兩端造化之用，言其一元，亦非無理，因為兩端終成一致，而有辯證之合。執於二元，或執一元，皆難解船山《易》論，或以其矛盾或以其「未透」。實則其所謂「未透」處，正是船山《易》論之精妙處也。

不過，這也看出熊十力先生與曾昭旭先生一本論之傾向甚重，只是熊十力先生一本之根源在「道」（亦或太極），曾昭旭先生其一本之根源在「心」。故曾昭旭先生以其一本一心見天地，則所見所據皆為一元。是故兩端之運，被簡化為一元之實，抽象之二理，僅于心中分別，實則皆屬一本，使得天地簡化為天，〈乾〉〈坤〉僅視為〈乾〉。這從其章節安排即可看出，其章節標題言「天」，有十二見之多，[21]而「天地」並言，僅兩見而已。[22]〈坤〉德之義，大地之象，往往在標舉〈乾〉之德、天之象時被刊落。應當注意，地承天以合用，但地終究不等於天。而這種簡化，相當程度限縮了船山《易》道之意義。而這種限縮，則源自其一本論、一心論、一元論。

曾昭旭先生雖明天人之別，人心道心之別，但在心學問題意識導向下，一再忽略「分別」之界線，而朝向一本論、一心論、一元論去作圓融義之收攝。如前所言無分別相有其意義，分別相亦有其意義，應當並重，而非偏於一端。而一元論意義下之簡化，亦使其曾昭旭先

---

21 以「天」命題：〈論存在之中體與人之天〉、〈論歷史中之天命〉、〈船山即氣即天義之建立〉、〈船山論以理言天者之不妥〉、〈天之天、人之天與物之天〉、〈天化無窮之用與天人之辨〉、〈天化之全，性則有量〉、〈天化不息，人間有斷〉、〈天化日新，人有留滯〉、〈天化無心，人道有擇〉、〈天化成物以待用〉、〈天化成人以載性〉。共十二見。

22 以「天地」命題：〈船山之天化論——天之實存與天地萬物之用〉、〈天地之理氣凝為人而為性〉。僅兩見。

生《王船山哲學》，僅能反覆舉〈乾〉、〈坤〉、〈復〉三卦思想為例證，而它卦之義罕能及。其視〈復〉為陽氣之發端，而〈坤〉則視為與〈乾〉相合之一元。究其內容，〈乾〉、〈坤〉、〈復〉實則〈乾〉元之義一再複述而已。如此，〈乾〉〈坤〉視為一元，則勢必難言六子卦之形成，更遑論錯卦綜卦之用，透入眾卦條理之情境與變化。如其言云：

> 道德實踐之必由心發固無疑矣，然心之發用則不能止是捷悟心體之純，純固必有所承受有所發用也，故必當更是以往道德事業之集成，且復積極地盡用之於錯綜之存在事上，然後方是心之全體大用之飽滿盛發。此即船山所謂「乾坤並建而捷立」、「全用而無吝留」也。由是，一切錯雜變動之現象，一切當機而發之道德行為，方是變不失常而統於一元者，而道德實踐之自由義與命定義俱成立矣。[23]

強調心體之自覺與現實之發用，殊不知船山之言錯綜，非僅「錯綜之存在事上」，錯綜本身即是「用」也。綜卦之前後相倒往復易幾，使立場與方向，能有循環往復之思考。錯卦之陰陽互異，則體現一徹底質變之對比性思考，而這「質」的對比性，即基於六陰六陽十二位皆備之前題，所呈現之隱顯區別。值得注意的是，此皆兩端而一致之辯證思維。所涉及的關乎道德事業，然亦非僅道德事業而已，更多的是關乎組織之位分，人際之應對，官民之互動，夷夏之備防等問題，是倫理問題、教育問題，亦是政治問題，軍事問題，民生問題，社會問題等思考。六十四卦之存在，亦是眾象眾事件之存在，不同情境不同脈絡，而當有不同之判斷與抉擇，而有不同意義之是非得失。絕非逕

---

23 曾昭旭：《王船山哲學》（臺北：里仁書局，2008年），頁352。

自以一元論之道德事業，便能道盡一切。如此則將意義限縮，亦使其諸卦功效不得彰顯。造成船山之「心」似明，實則《易》道之意更隱。

第二節　理學商榷

一　易之有別

　　陳來先生之《詮釋與重建——王船山哲學精神》，是近年中國大陸著名之船山學研究。就其理路，一方面已完全擺脫早期中國大陸唯物主義之論法；另一方面，則以理學之視角來詮釋船山學。究其聲望與影響，其論著足以作為理學模式論船山學之代表。能勾勒出船山學與朱子學之間的淵源關係，是陳來先生船山研究之特色。其言云：

> 船山不僅是儒學思想家，也應被視做宋以來道學運動中人，只是他的思想型態是屬於道學中張橫渠的一派，並與朱子有著廣泛複雜的繼承關係。……因此，本書的特點是：第一，以船山關於《四書》的義理詮釋為中心，作為研究船山與朱子學派關係的基本進路。[24]

同是論船山，曾昭旭先生認為船山學能合於陽明心學，陳來先生則認為船山學能合於朱子理學。面對相同文本，兩人竟得出南轅北轍之結論，相當有趣。上節已對曾昭旭先生之船山學，進行駁正。此節則針對陳來先生之船山學，提出商榷。

　　陳來先生之《詮釋與重建——王船山哲學精神》，其書納入船山

---

24 陳來：《詮釋與重建——王船山哲學精神》（北京：北京大學出版社，2004年），頁14。

《讀四書大全說》、《思問錄》與《張子正蒙注》詳細申論，卻摒棄船
山《易》不論，甚為可怪。《易》學是船山核心宗旨所在，既是以
「王船山哲學精神」為題，何能不納入《易》學作討論呢？對此，陳
來先生解釋：

> 談談本書的方法和重點。本書並不是對船山哲學思想的全面研
> 究，如對船山思想體系中的重要部份如歷史哲學、《易》學思
> 想及許多哲學問題（如認識論、發展觀等）都未涉及。這不僅
> 是因為近年已經有這方面的專門研究成果出現，更是因為，我
> 從一開始就給自己規定了一個限制，把我的工作限定在船山學
> 研究中的一個子題目，即《宋明道學與王船山》上。事實上，
> 我也只是在這個主題上做了一部分工作而已。至於全面敘說船
> 山在哲學思想上的創新，過往論著已多，本書亦未重複。所
> 以，如果說本書是詳人所略，略人之所詳，那的確是作者自覺
> 的選擇。[25]

陳來先生首先闡明，其預期探究的是船山與宋明道學之關係，故本書
並不是對船山哲學思想之全面研究。其次，其主張「詳人所略，略人
之所詳」，在這兩因素下，其研究不必全面，所以一再為學界所關注
之船山《易》學，也就置而不論了。筆者認為，陳來先生「一開始就
給自己規定了一個限制」，不僅使其議題範圍受限，在缺乏《易》學
理解條件下，亦為他對船山哲理之理解帶來限制。而其所謂船山與宋
明道學之關係，其實嚴格說來，是探究船山與理學之關係，更精確
點，即船山與朱子之關係。對此，筆者願就船山《易》學關於朱子之

---

25 陳來：《詮釋與重建──王船山哲學精神》（北京：北京大學出版社，2004年），頁
  17。

評語，為陳來先生，作一補充。了解船山在《易》道思想中，是如何看待朱子的。

在《周易外傳》，船山主張〈繫辭〉上傳下傳，章句依朱子《本義》。船山顯然信從朱子關於〈繫辭傳〉之訓釋。而在《周易內傳》，船山對朱子之《易》，有贊同，亦有批評，共二十二見。贊同者多在訓釋，批評處則在《易》例原則，觀其批評內容，貶意頗深。以《易》例原則論，船山反對朱子引《左傳》變卦之例，反對朱子有占而無學，反對朱子未守正學雜入他家《易》說。船山於〈周易內傳發例〉有兩則，俱對朱子提出嚴厲批評。其言云：

> 朱子師孔子以表章六藝，徒於《易》顯背孔子之至教。故善崇朱子者，舍其注《易》可也。邵康節亂之於前，王介甫廢之於後，蔡西山以術破道，而星命葬術、為《王制》殺而勿赦者，復弄《易》以神其說，則朱子之於《易》，舍周、孔以從術士，有自來矣。故歸奇者，術士苟簡之術也，於此可以知朱子之過矣。[26]

> 《易》之精蘊，非《繫傳》不闡。觀於《繫傳》，而王安石屏《易》於三經之外，朱子等《易》於《火珠林》之列，其異於孔子甚矣。衰困之餘，力疾草創，未能節繁以歸簡，飾辭以達意。汰之鏈之，以俟哲人。[27]

船山認為朱子尊孔子表章六藝，徒於《易》明顯背離孔子之教。「故善崇朱子者，舍其注《易》可矣。」用語如此，幾乎是全盤否定了朱

---

26 〔明〕王夫之：《周易內傳》，《船山全書》，第二冊，頁682。

27 〔明〕王夫之：《周易內傳》，《船山全書》，第二冊，頁683-684。

子《易》學之價值。所以，陳來先生之所以不提船山《易》學，不以
《易》學與朱子相聯繫，未必僅是為了「詳人所略，略人之所詳」。
倘若置入船山《易》學以論朱子，勢必扞格不入，甚至，必然與陳來
先生以為船山合於朱子理學之觀點相牴觸。

二　理之有別

　　曾昭旭先生之心學論，與陳來先生之理學論，有不少地方可作對
比。不單船山定位看法南轅北轍，關於宋明理學之分系亦見分歧。曾
昭旭先生依牟宗三先生三系說之分，區分了周敦頤、程顥、張載、胡
宏、劉宗周道學一系（天道下貫），程、朱理學一系（格物窮理），與
陸、王心學一系（盡心知性知天）。而陳來先生大抵是宋代道學與陸
王心學二分，從陳來先生使用方式看，理學與道學常混在一起談。[28]
　　所謂分系，即根據義理作出判教之分析，故周敦頤、程顥、張
載、胡宏、劉宗周道學一系（天道下貫）是不可能與程、朱理學一系
（格物窮理）混淆的。而陳來先生將兩者分際相混，皆視為影響船山
之思想脈絡，不僅使船山學術定位為之錯位，更使船山義理思想由明
轉晦。如其所云：

　　　　氣體論一方面是船山哲學宇宙論的基礎，另一方面是其氣善論

---

28 類似例子如，陳來云：「如果我們從宋代道學的整體視野來觀察，則不僅程頤、朱
熹是道學的代表，張載乃至周敦頤也都是道學的創立者，這一樣來，我們就可以看
出，船山本人後期思想的發展和道學的關係，清楚地顯示出他的『參伍於濂洛關
閩』而『歸本於橫渠濂溪』的特點。」、「清初（17世紀中到17世紀末）的思想文
化，道學（或理學）仍然是這個時期儒學的主幹，所謂『清初道學』（亦可稱清初
理學）指的便是此一時期。陳來：《詮釋與重建——王船山哲學精神》（北京：北京
大學出版社，2004年），頁14、頁16。

的論證。從氣善論的基本立場出發，船山把宇宙的演化分為兩個基本的階段，即變合以前的氣體階段與變合以後的氣化階段，氣體即氣之體，亦即氣之實體、氣之本體，指傳統宇宙論的太極、陰陽。氣之本體的特點是源始、渾淪、無動、無不善。源始是指它是氣化之前的宇宙根源，渾淪是指其尚未分化、沒有生成，無動是指沒有運動，無惡即無不善。[29]

這裡有些地方須作釐清。首先，船山並未有氣之體、氣之化之嚴分，而是體用相涵，動靜相涵。故氣，並無所謂「無動」之狀態。而陳來先生之「嚴分」，與「無動」之至靜，應屬朱子之觀點。與其說船山有此概念，毋寧說是陳來先生選擇用朱子之觀點來理解船山。如此，便以「演化」、「生成」之概念，刊落了船山「隱顯」、「屈伸」之概念。應注意，朱子是以「有無」論創生，船山是以「隱顯」言其生，兩者有根本不同。船山一再強調不能在天地之先，另設想一個本體，而是即生活世界而見體，即器而言道。船山言太極生兩儀，非演化之生，而是太極由無分別相渾淪為一，顯為分別相之兩端造化，皆實存而有之體，亦氣之流行變化。此外，朱子有形上形下兩層嚴分，諸多二分由此推出，如理氣之二分、未發已發之二分，而船山實未有此二分之強調，而是一而二，二而一，兩端而一致之辯證思考，此當辨明。

陳來先生以為，船山是將「理」從本體層拿掉，再用「氣」作為本體，這樣論法是不準確的。船山言氣，既是本，亦是流行，故能貫通形上形下，流動而感通。因為流動而感通，故船山所主，是一「關係」之思考，是一「連結」之思考，是一兩端而一致之思考。故不當直接以某派某概念作一定義而執取之，而當入其脈絡，辨其「關

---

29 陳來：《詮釋與重建——王船山哲學精神》（北京：北京大學出版社，2004年），頁25。

係」，而作意義之衡定。船山由此而言「理欲合一」、「理勢合一」、
「理氣合一」，而與朱子「理先氣後」之形上形下嚴分，有著根本不
同。也因為陳來先生未能領略船山兩端而一致之思考，故其言船山
理、氣、情、才，亦有偏差。其言云：

> 理、氣是形而上的，情、才是形而下的，理氣善則情才皆
> 善。……但是，情才只是可以為善，而非必然為善。[30]

> 船山認為不善的發生根源不在別的地方，而在於「情」。……
> 船山並在惡的根源問題上，歸罪於情，這種罪情論和他的尊氣
> 論恰成對比，與朱子學把情歸為氣不同，「尊氣貶情」是船山
> 思想的主要特點。[31]

陳來先生雖認為船山對「情」的歸類與朱子不同，但他仍舊用朱子之
觀點模式去理解船山之「情」。實則，船山之「情」並非惡之根源，
船山所謂的惡，是與「道」斷裂「關係」，與「道」斷裂「連結」情
況下，所產生的異化狀態，而出現所謂的墮落。船山之情，本中性之
謂，無所謂善惡，若與「性」連結，則有所主，亦有所用，從而善
焉。如其言：

> 是故性情相需者也，始終相成者也，體用相函者也。性以發
> 情，情以充性。始以肇終，終以集始。體以致用，用以備體。

---

30 陳來：《詮釋與重建——王船山哲學精神》（北京：北京大學出版社，2004年），頁
   27。

31 陳來：《詮釋與重建——王船山哲學精神》（北京：北京大學出版社，2004年），頁
   28。

陽動而喜，陰動而怒，故曰性以發情。喜以獎善，怒以止惡，故曰情以充性。三時有待，春開必先，故曰始以肇終。四序所登，春功乃備，故曰終以集始。無車何乘？無器何貯？故曰體以致用。不貯非器，不乘非車，故曰用以備體。六者異撰而同有，同有而無不至。至，則極，無不至，則太極矣。[32]

性情彼此相需，始終相成，亦體用相函。性為體，情為用，性調節情之發用，情顯發性之根源，性為情之定向，情為性之發展。體以致用，用以備體，「無性」則情無根源定向，「無情」則性不得彰顯發展。陽動而喜，喜所當喜，陰動而怒，怒所當怒，情以性為體，而曰性以發情。當喜則喜則獎善，怒所當怒則止惡，此性以情為用，而曰情以充性。三時有待，春作開端，故曰始以肇終；四序皆登，春功乃備，故曰終以集始，則意謂起始之動能重要，歷程之完成亦重要。無車何以乘？無器何以貯？故曰體以致用。不能貯存則非器，不能乘坐則非車，故曰用以備體。性情兩端相連、始終兩端相連、體用兩端相連，而性情、始終、體用三者又彼此相連。異撰而同有，同有而無不至。至者，極也，無不至，則太極。由此可知，「性情」層層相契之關聯與作用，最終遍及萬有，而歸本於太極。以此為據，如何能同意陳來先生所言，以情為惡之端，認為船山「尊氣貶情」呢？正確解釋是，船山非但不貶情，還將情與道相繫。故船山又云：

故吉凶日流于物，大業日興於事，智禮日行於兩間，道義日存於人心。性善而情善，情善而才善，反身而誠，不遠而復，天下之道冒，而聖人之藏亦密矣。[33]

---

32 〔明〕王夫之：《周易外傳》，《船山全書》，第二冊，頁1023。
33 〔明〕王夫之：《周易外傳》，《船山全書》，第二冊，頁1024。

於物日見吉凶，於事日興大業，於兩間日行禮智，於人心日存道義。故能性善而情善，情善而才善，反身而誠，道便不遠而能復，使天下之道浮顯，而聖人之藏亦精微深邃。是故，船山言情，多「性情」並言，而「性情」又常與「功效」並言。物皆有性情功效，而性情功效又皆關乎太極，關乎大道。守性、充性、盡性、凝性、成於性、順於性，則善。此性與天相連，而為天性，與命相連，而為性命。以性合才情，才情便能不偏而為其所用。非才情俱足，亦難顯性之造化。這樣的思考亦見於君子小人關係，以君子統小人，小人便能不偏而為其所用。無故棄絕小人，則君子於道亦有偏。

第三節　兩端相繼

本章首兩節，作心學、理學之商榷，論證船山學非心學，亦非理學。接下來之兩節，則藉由唐君毅先生與林安梧先生之船山學，闡明船山氣論、道論之性質與意義，理解其天人關係與道論定向，作一義理定位之闡明。

臺灣早期之船山學研究，首推唐君毅先生。其觀點主要見於《中國哲學原論・原性篇》、[34]《中國哲學原論・原教篇》兩書。[35]筆者認為，唐君毅先生有相當敏銳之洞見，能準確把握船山思想特徵，而值得關注與討論。

唐君毅先生並不以陽明心學論船山，而注意到船山「道大而善小，善大而性小」所強調的天人分際，再由此分際之基礎，來談天人之相續；唐君毅先生亦不以朱子理學論船山，並不將惡歸罪於情，而

---

34 唐君毅：《中國哲學原論・原性篇》（北京：中國社會科學出版社，2005年）。

35 唐君毅：《中國哲學原論・原教篇》（北京：中國社會科學出版社，2006年）。

認為船山尊生尊氣，亦尊情才。[36]這些觀點，是值得留意的，不過，當代之治船山學學者，雖多列其為參考書目，但卻鮮少對唐君毅先生之觀點，有所提及或討論。[37]相信隨著時間檢驗，唐君毅先生之船山研究，將會被更加重視。對此，筆者將對唐君毅先生之船山學作一概述，體現其觀點之價值，亦藉此視角闡釋船山《易》道之思想。

唐君毅先生曾自述其治船山學要旨，其言云：

> 對於王船山之言心性，吾于二十年前嘗作王船山之性與天道論（學原一卷二至四期）及王船山之人道論（學原三卷第二期）二文，論其言「道大而善小、善大而性小」，「不以氣質之偏為不善」，「尊生而重情才」，「人之不善，唯原于流乎情、交乎才者之不正，而不在氣質或氣質之性之本身」，「命日降而性日生」，以及「人之精神大往大來于天地，以死而不亡」之諸義。此皆似與程朱陸王之言不同。然吾今將說明凡此船山所立之新義，皆由于其重在本客觀之觀點，以觀理或道之相繼的表現流行于人與天地萬物之氣中而來。此與程朱陸王之自另一觀點所立之義，亦無必然之衝突。船山之所以重此理之相繼的表現流行於氣，則由其學之上承橫渠之學之精神，而又特有得于《易》教之故。其言《易》道之別于先儒者，要在以太極只為一陰陽之渾合，力主〈乾〉〈坤〉之並建，以言宇宙人生歷史之日新而富有之變。緣是而其命日降、性日生之說，乃得以

---

36 唐君毅先生〈王船山以降之即「氣質」、「才」、「習、情、欲」以言性義〉一章，即立「王船山之道、善、性三者之大小義」一節，論船山之天人分際；又立「船山之尊生尊氣與尊情才義」一節，論船山之尊情才。唐君毅：《中國哲學原論・原性篇》（北京：中國社會科學出版社，2005年），頁315-324。

37 如曾昭旭先生、陳來先生與林安梧先生之船山學論著，皆收錄唐君毅先生論著作為參考，不過皆未對其觀點，有所提及與討論。

立，而更有其人之精神之死而不亡之義。[38]

唐君毅先生認為船山之諸多觀點，皆似與程朱陸王之言不同，而別有
新義，然此新義，又非必然與程朱陸王衝突。究其理路，上承張載之
學之精神，又特有得於《易》道思想。有別於先儒，船山《易》道以
太極為一陰陽渾合，而主〈乾〉〈坤〉並建，以言宇宙人生歷史不斷
更新、成長之變化，以此談天命日降、德性日生之歷程。而這道化流
行之歷程，聖人體道之精神，並不因肉體死亡而消滅，而是會隨道統
之傳承而繼續延續。

　　唐君毅先生言船山「其重在本客觀之觀點，以觀理或道之相繼的
表現流行于人與天地萬物之氣中而來。」是頗有深意的。〈繫辭傳〉
云：「一陰一陽之謂道，繼之者善，成之者性也。」[39]唐君毅先生認
為，此雖分道、善、性三層次，但義亦可相貫，三者應原無孰大孰小
之別。宋明儒透過內省以觀之，大體皆謂道或理之所在，即善之所
在，亦性之所在。程朱之言理之善即性善，象山之言心即理，而具四
端萬善，陽明言良知即天理即至善，皆如是。然船山與此不同，而言
「道大而善小，善大而性小」，唐君毅先生對此闡釋，其言云：

　　　吾人如純本一客觀之觀點，先將吾人之自己與萬物平等觀，而
　　克就現有之一人一物，所能客觀表現之理，而言其所具之性，
　　則吾人固有理由說此性所及之範圍，不如現有之天地之氣之流
　　行變化之中所表現之善，所及之範圍之大，更不如此天地之氣
　　之流行變化，「所以得成為可能」之理之範圍之大。蓋現有之
　　天地之流行變化之氣，乃順道與理，而繼續開拓者，而此現有

---

38 唐君毅：《中國哲學原論·原性篇》（北京：中國社會科學出版社，2005年），頁316。
39 〔明〕王夫之：《周易內傳》，《船山全書》，第一冊，頁524-526。

天地之氣，則又尚不足以盡此道此理，而表現之。程朱于此可言理先而氣後，則船山自可言道大而氣小也。又自客觀之觀點言善，則未有表現，不足以言善，而天地之善即亦只當自其表現于流行之氣上者說。故道大而善小也。至於將天地之氣之全之流行，所表現之善，與得于天地之氣之一分，而成之人物之氣，所表現之善相較，則固亦可說前者大而後者小，而人物之氣所表現之善，原于其性，則天地之善之全，又大於人物之性之善，可言天地之善，亦大於性矣。[40]

唐君毅先生認為船山不同宋明儒者，在於本一「客觀之觀點」作檢視，由「表現」如何，去論道、善、性之大小。如此，人所具之「性」，此性所及之範圍，不如現有之天地之氣之流行變化之中所表現之「善」，所及之範圍之大，更不如此天地之氣之流行變化，「所以得成為可能」之「理」之範圍之大。由此論「性」之未若「善」，更未若「理」。逆過來看，由根源出發，則道、理為本，所謂天地之流行變化之氣，本順道與理，而繼續開拓，然現有天地之氣，又不足以盡此道此理，而表現之（道、理本有無窮可能，而難被一時天地之氣所窮盡）。如此，程朱言理先氣後，船山則可言道大而氣小，而即氣而言善，即表現而言善，則又可言，道大而善小。又天地流行變化之氣所表現之善，與人物之氣所表現之善相較，則天地之善大，人物之善小。而人物之善，原於性，故可說天地之善大而個人之性小。則得道大而善小，善大而性小之義。此就客觀表現，對比出人有別於天地之流行變化之氣，一時之天地之流行變化之氣亦有別於大道之全。由此言其限制，不當以一時之氣運變化，視之為永恆定則，亦不以人之所能，完善完備而圓滿俱足。因限制，而強調實踐之歷程，持續之努

---

40 唐君毅：《中國哲學原論・原性篇》（北京：中國社會科學出版社，2005年），頁316。

力。因性而善，由善而道，而能明其定向，能內能外，由小至大，復歸於道。

　　不過，儘管船山強調天人之際有其界限，不能直接劃上等號，但唐君毅先生認為這種區別，並不與程朱陸王之義理有必然衝突。人能弘道，非道弘人，必賴人性之發揮而顯善顯道，性包括善亦包括道，由此言之，則無大小分別。倘若根據船山《讀四書大全說》言人之率性修道，亦未嘗不本于此性之內原涵具善與道以立論。船山與宋明儒者未必衝突者在此。[41]其區別在於，宋明儒者特重向內反省之態度以立說，船山欲矯正之，而強調本客觀之觀點以審視「人性」之能力與分際，故有道大善小，善大性小之論。

　　「道大而善小，善大而性小」明白表示人不能等同於道，而一時之氣變化流行，亦不等於大道之全，此正視了人之有限性，亦正視了一時代之偏限性。然而區別天人之分際，正視人之有限性，並不意謂貶低了人之價值與能力，而是立基於客觀現實，即此客觀現實展開實踐歷程，船山對程朱陸王之所以有深切反省在此。船山依舊肯定人性之價值與尊嚴，一方面，認同「人能弘道，非道弘人」人能承天地之道而有德，有別於物而有靈；另一方面，不同於宋明儒者對氣質之性之貶抑，船山肯定人之氣質，並強調即此氣質之偏亦能成德成仁。所謂惡，並非本質地論罪於氣質，或論罪於情。於此，唐君毅先生云：

　　　　程朱陸王即意在樹立一尊理尊心之教。然尊理尊心，而或忘此
　　　　理此心之必表現生命之氣，以成情才，則實際上又不免歸于對

---

41 唐君毅先生云：「固非其說既立，而程朱陸王之義可廢之謂也。」由此可看出唐君毅先生思想博通與融通之一面，能理解船山天人之分際，亦能辨析程朱陸王與船山思想之界線，並即此界線，融貫而論，使之共濟相參。唐君毅：《中國哲學原論・原性篇》（北京：中國社會科學出版社，2005年），頁317。

情才之忽視。故船山繼尊理尊心而言尊生，更尊此理之表現于
生命之氣之情才。生命之氣之流行，固宜求其充盈盛大，沛然
莫禦，然後天理或性乃得其充量之表現。船山遂謂聖人必氣盛
而情亦盛，德優而才亦優。[42]

無論是程朱之尊理，還是陸王之尊心，都難免忽視情才，故船山言理
言心更言生，更尊此理之表現於生命之氣之情才。人之生命，不僅離
不開情才，情才更是體現性理之必要條件，故船山才謂聖人必「氣
盛而情亦盛，德優而才亦優」，性情非截然對立之二元，而是兩端而
一致之辯證存在。情非惡之本源，性能主情正情，情則能顯生命之氣
之流行。不過，如果「情」非惡之本源，那麼惡又何來呢？唐君毅先
生云：

由船山之于先儒之尊理尊心之外，更尊生尊氣之流行所成之情
才，故船山說此惡之源，乃不特不在理、不在心、不在氣質、
亦不在情才，而在情才之流之交。此即謂：惡乃唯存在于一人
之情才之表現，與其他人物之情才之表現之相交接，而或相與
阻塞之「關係」上，亦即其所謂人之陰陽之氣之變合之
差。……依船山之言，惡唯存于此「關係」，而去惡之道，亦
要在化除此人與人之情才之「關係」。然此關係，既為人心之
所知，而人心亦能自反省及此關係，乃由人自己之情才之如何
流行之所致；則人固亦可自知其情才之流行之有不當；並知凡
此不當，而仍自流行不能自己者，即一違天理之人欲；而當求
有以自去其人欲，而有正心誠意以修德之功夫。船山之善言此

---

42 唐君毅：《中國哲學原論·原性篇》（北京：中國社會科學出版社，2005年），頁319。

工夫，亦無大殊程朱諸儒。然船山之說此惡之地位，唯在人之
情才之流，積習難返，更交激互蕩，以致相阻滯之際，便不如
先儒之推惡之原于氣質之性。[43]

以惡之源，不在理、心、氣質、情才，而在情才之流之交。即人與人
之間情才表現之互動，久之或形成相與阻塞之關係，也就產生了惡。
唐君毅先生認為，船山言惡，唯存此「關係」，去惡之道，即在化除
人與人之間情才表現相與阻塞之關係。並認為，人心有對此反省自覺
改過之能，而此改過，即存天理去人欲，以此觀之，船山修德之工夫
亦不大異於程朱修德之工夫。

在〈理學之商榷〉一節，筆者認為船山言「情」，是中性之謂，
非善亦非惡，故認為陳來先生之「罪情論」非是。對此，唐君毅先生
亦認為情非惡之本源。不過，對於將惡之源，歸於人與人之間情才表
現之互動，久之或形成相與阻塞之關係，認為此情才之氣之表現，在
特定化、機械化下，氣成為習氣，流於僵固，而後來之情才表現，夾
雜此習氣，則使氣不免於錮蔽而自塞，成體道之阻滯，亦為人與人之
間感通之阻滯。

於此，筆者則從「性」之觀點著眼。人與人之情才表現之互動關
係，以經驗論，本屬自然，情才表現之互動關係沒有化除不化除之問
題。情之所以流於惡，關鍵在於與「性」、「道」失去連結。失
「性」，「情」便失主、失去調節，失「道」，人便有異化、墮落之危
機，人與人之情才表現之互動關係，亦由人性之自然，流為惡之積習
與風尚。所以唐君毅先生言「去惡之道，亦要在化除此人與人之情才
之關係。」更準確地說，應強調與「性」相連，與「道」相繫，才能

---

43 唐君毅：《中國哲學原論‧原性篇》（北京：中國社會科學出版社，2005年），頁319。

使人與人之情才表現之互動關係，由阻滯轉為亨通，由異化轉為道化。如能體道，以「性」正「情」，那麼人與人之情才表現之互動關係，又有何礙？不僅能復歸自然，亦有形成善之積習與風尚之可能。

唐君毅先生認為，船山論道、善、性、情，其特點在於皆重在本一客觀之觀點，以觀「道或理之繼續的表現流行於氣中之種種涵義」，然後加以建立者。而這一觀點「船山近承橫渠之教而遠本於《易》教。」點出船山學術之流脈，直承張載，而經典之依歸，則本於《周易》。而船山於《周易》之領會，遠過張載，故唐君毅先生又云：「其所進于橫渠者，則在橫渠是得于《中庸》者多，得于《易》教尚不如船山之多。」《易》學實為船山學與張載學間之區別所在。其言云：

> 橫渠之由氣之虛而能體萬物處言性，此性為氣之能感之所以然，其本身尚為一未表現者。而船山之所謂性，則克就「天道之流行于氣以有善，更底于人物之成處」，言人物之具性。此中人物為一實有，則性亦為實有。此實有之性，不離氣，故天道相繼表現流行于氣，而天命日降；人之性亦不斷表現流行于氣，而性亦日生。此天命與氣及性，皆同在一相繼的表現流行，或創造之歷程中之義，則橫渠之所未詳。橫渠與程朱之言性，皆自萬物之同源共本上說，而船山言性則兼在人物之氣之流行本身上，說其隨流行以日生。至船山之能言此義，則純由其特有得于《易》教，而亦更有其〈乾〉〈坤〉並建之說之故，方能成立此命日降而性日生之說，以及人之氣之大往大來于天地中，以死而不亡之說也。此亦皆同原于其重「客觀的觀理之相繼的表現流行于氣」之態度而有之思想。[44]

---

44 唐君毅：《中國哲學原論・原性篇》（北京：中國社會科學出版社，2005年），頁321。

唐君毅先生這段話，意謂張載由「氣之虛」著眼，去體察萬物背後，描述氣之能感之所以然，論的是尚未表現之本體根源；而船山則從「性之實」著眼，人物實有，性亦實有，以此實有不離於氣。天道相繼表現流行於氣，而人道亦不斷表現流行於氣，使道之天命日降，使人之德性日生。認為道化流行不間斷，生生不已，人之實踐亦不間斷，永遠致力於參贊天地，體現善性之歷程中。這段話語脈絡，如用林安梧先生存有三態論解釋，就是張載言「氣之虛」，探求的是隱而未顯「存有之根源」；而船山言「性之實」，則由隱至顯，進到「存有之彰顯」與「存有之執定」，體現道化之流行，與人之參贊其幾。

強調根源，在於探求萬物之同源共本，就此來說，不僅張載如此，程朱亦如此，宋明理學諸儒皆有著探求「存有之根源」之課題；船山亦不乏對本體根源之探求，但他更著眼於氣之表現流行，由氣，顯現道化之運與德性之行的客觀表現，來思考天人之間的分際，及其互動原理。透過氣之流行，便能將天人之兩端，從各有分際之基礎上相連起來，天人交感而相續，從而命日降，性日生。就此而言，天道之流行，不離於氣，亦不離於人，因為不離，故持續律動變化，而有新的適應與調節，構成相續不斷之創生動力，造就諸多可能；而人亦不離於氣，不離於道，故生命有時，卻死而不亡，其體道之精神，終將伴隨氣之流行，長存於天地之間，而繼續傳承下去。

唐君毅先生認為，船山有此思想，得於《易》教，更特有得〈乾〉〈坤〉並建之說。故欲通船山思想，不能繞開《易》道，亦不能略去〈乾〉〈坤〉並建，而直提本體根源。否則，不僅難以說清船山自身之思想源頭，亦難辨明船山與張載之分際區別，兩人之間思想演變之脈絡。所以就唐君毅先生之觀點來看，陳來先生繞開《易》學來作船山研究，實喪失船山思想之精髓所在。而曾昭旭先生云：「蓋若單從客觀上去建構宇宙論，則順船山思理，當直提太極或氣以成一

元論為是，而不當略過太極或氣，而遽提〈乾〉〈坤〉並建也。」過於強調一元，而認為何不「直提太極或氣」此亦非是。[45]對於船山論太極與乾坤，唐君毅先生有相當清楚之說明。其言云：

> 船山之言之進于漢宋諸儒之言《易》者，則在其不以太極為至高之一理或元氣，而以太極為陰陽之渾合，而主吾人方才所提及〈乾〉〈坤〉並建之義，以說理氣之關係。其意是謂二氣雖渾合為太極，然不可視此二氣為一氣之所分，或一理之所生。船山之旨，乃重在言〈乾〉〈坤〉陰陽之恆久不息的相對而相涵，以流行表現，即以說理之相繼的表現流行于氣之事，而緣是以暢發宇宙人生之日新而富有，以成一相繼之歷史之一面。故船山之學，論在歸史。[46]

唐君毅先生清楚表明，船山思想進於漢宋諸儒言《易》之處，即在於不以太極為至高之一理或元氣，而以太極為陰陽之渾合。能從太極渾淪為一之無分別相，顯為分別相，而為〈乾〉〈坤〉並建之兩端造，來談理氣之關係。此為隱顯之變化，故不能視陰陽二氣，為一氣之分，或一理之所生。為何扣緊〈乾〉〈坤〉？即強調陰陽兩端之相對而相涵，絪縕相盪翕闢成變而有之流行表現。就此來說，理有其律動變化，是相繼相續並表現流行於氣之事，顯現宇宙人生之日新又新而富涵各種可能，由此構成歷史社會文化之傳統。故船山之學，皆與歷史緊密連結，而成其歷史人性論。唐君毅先生接著談〈乾〉〈坤〉並建，與歷史發展進程之關係。其言云：

---

45 曾昭旭：《王船山哲學》（臺北：里仁書局，2008年），頁53。
46 唐君毅：《中國哲學原論・原性篇》（北京：中國社會科學出版社，2005年），頁321。

此二氣之流行，固原依其有此〈乾〉〈坤〉之德之道之理；然
此德此道此理，亦順此氣而流行。故氣既流行，則其理亦非如
故，萬物萬器，既各有創新，非同舊有，則其道亦不能守故
轍，而必隨之以新；而此整個天地之〈乾〉〈坤〉之道，實亦
未嘗不挾其中之萬物之新、萬物之道之新，而亦更新。故此船
山以〈乾〉〈坤〉並建，言天地萬物之日新而富有之要義，乃
不僅意在謂此全部之已成之天地萬物必迎來，以有天地萬物之
繼續新生以順往；而是來者既來，其道亦新，以使此天地萬物
與其道，咸更歸于富有；于是其再迎來者之道，又不同于所以
自來之道。此方足以說明宇宙之歷史之變。[47]

船山將〈乾〉〈坤〉隸屬於陰陽二氣之流行。陰陽二氣之流行，有
〈乾〉〈坤〉之德之道之理，而〈乾〉〈坤〉之德之道之理，則順陰陽
二氣以流行，彼此相即不離。但唐君毅先生認為，氣既有流行，其理
便不可能固定不變，世間萬物萬器既出現變化創新，道自然也會隨之
變化創新；而〈乾〉〈坤〉之道，亦將隨萬物之新，萬物之道之新，
而亦更新。所以船山以〈乾〉〈坤〉並建，言天地萬物日新而富有之
要義，在於必「迎來」，能「順往」。天地之大，能容受萬物，迎來一
切變化，對未來保持開放，從而新生；而新生，亦順受過往，與之相
容相續，而成道統，然後再為人所繼承。持續迎來新生，持續成就道
統，天地萬物與道，皆同步律動而變化，故能日新而富有，因為日
新，故能調整與適應，因為持續開放並持續積累，故能富有。這繼往
開來，其實談的就是歷史社會文化之延續與發展，藉由《易》道，思
考變化，思考如何適應時代，承繼傳統，充實傳統，延續傳統之問

---

47 唐君毅：《中國哲學原論·原性篇》（北京：中國社會科學出版社，2005年），頁321-
322。

題。唐君毅先生即此而言「繼志」。其言云：「是謂求死者于死者所寄之生者之中，則生者存，而死者亦洋洋乎如在其上，如在其左右之鬼神，實未嘗亡者矣。凡人之有至性至情，而能對死者致繼志述事與祭祀之誠者，蓋必能有日見得此中之理之無可逃，而義之所必至。」所謂薪火相傳，往來合一，體道之精神長存天地，即此之意。[48]

　　以上，體現唐君毅先生論理之風格，其層次分明，逐步遞進，並前後相續，首尾呼應。初讀其文，似覺纏繞，實則環環相扣，蘊含著對比之思考、連貫之理路、與濃厚的黑格爾唯心論辯證風格。唐君毅先生以此融通諸家思想，卻又能同中辨異，明其分際而不相混淆，從而鉤勒出思想家之間的變化與發展。本節言「兩端相繼」，即天人兩端相繼，性情兩端相繼，張載船山之兩端相繼來著眼。並從相繼中，見天地萬物相濟，往來相濟，新舊相濟，經典與生活之相濟。以示唐君毅先生，不同於前兩節，心學、理學之商榷，而能不蔽一隅，充分體現兩端而一致之辯證思考。

第四節　道論為宗

　　在道、性、情、才等方面，唐君毅先生與曾昭旭先生、陳來先生有著共同議題。而在〈乾〉〈坤〉並建，道論為宗，以歷史人性等方面，唐君毅先生則與林安梧先生，有著共同之興趣。林安梧先生之思想，與曾昭旭先生不同，亦與陳來先生不同，卻與唐君毅先生有頗多類似之處，兩人之思想，彷彿隔代遺傳之延續與發展，這段船山學詮釋之發展，其實值得留意。

　　有別於本質中心主義，林安梧先生主張約定主義來思考《易》道

---

48 唐君毅：《中國哲學原論‧原性篇》（北京：中國社會科學出版社，2005年），頁323。

之律動思想。理解船山《易》，不僅是對經典之理解，亦是從歷史社
會文化脈絡中，理解吾人與這世界之互動歷程。透過兩端而一致之思
考，理解吾人與天地，吾人與本能，吾人與力量之關係。

　　林安梧先生雖亦自認其學思有著創造性之詮釋，然其所謂的創造
性，是哲學詮釋學意義下的創造性，這裡頭並非可以主客兩橛地去分
斷孰謂主觀孰謂客觀，而是主客合一、過去與現代相綜合下之視域融
合，由此而成的經典詮釋，何嘗脫離文獻，何嘗脫離實踐，又何嘗斷
開歷史傳統經典與權威之影響。

　　所以林安梧先生一方面提出新的問題與思考來呼應時代困境，一
方面又始終不離經典文化。這些年，無論《論語》、《孟子》、《老子》
還是《金剛經》，林安梧先生經典講習與翻譯俱有可觀成果，《周易》
同樣也是如此。林安梧先生既講伊川《易》，亦講船山《易》，這不僅
構成理學與氣學之間的內部對話，同時也讓《周易》之理，透過不同
時代之問題，豁顯出道論之傳承與變化。

一　氣之思維

　　林安梧先生之船山《易》學，可見於其論著《王船山人性史哲學
之研究》[49]與《中國近現代思想觀念史論》。[50]首先，應注意的是船山
學的氣論色彩。所謂的氣論，強調的是活動義，可上可下之流動，可
貫通古今之造化流行。

　　以氣言道，相對於「以心言道」，與「以理言道」，此中可分疏出
氣學、心學與理學。此三學各有強調之處，心是就主體能動性來說，

---

49 林安梧：《王船山人性史哲學之研究》（臺北：東大圖書公司，1987年，1991年再
　　版）。
50 林安梧：《中國近現代思想觀念史論》（臺北：臺灣學生書局，1995年）。

理是就超越面的形式性法則之理來說，而氣既不定於心上，亦不定於法則之理，而是貫通形上形下，使天人物我人己通而為一的感通之學。

有別於心學與理學，氣學顯然複雜了些，因為要清楚定義氣並不容易。林安梧先生認為，氣隱含了精神與物質兩端依倚而相互辯證之概念，這既是對比於心物兩端而成的一個辯證性概念，亦是對比於理氣兩端而成的一個辯證性概念，[51]有需思考文脈語境、歷史情境以及天人物我人己之關係方能把握。而這也是林安梧先生獨特之處，其背後是「約定主義」的思考方式，而非「本質主義」的思考方式。

思考方式有別，看待問題便會有很大不同。近代自五四運動以來，有濃厚的反傳統主義，有人認為舊傳統的問題很大，唯有西化方方能使中國現代化；與此相對，應運而生的新儒家哲學，則反應出中國傳統實有可貴之處，應以中體西用之方式，保留中國道德之學，學習西方之科學。此中，無論反傳統立場還是護傳統立場，其實都是「本質主義」的思考，雙方都認為只要方法對了，就能留住有用的東西，問題便能一勞永逸。事實上，這只是人們常有之預期，甚至可說是一廂情願，人間世永無可能出現一勞永逸的萬靈丹。

不過，在面對民族危機國家存亡之際，新儒家所標舉的心學並非毫無意義，在悲慘混亂的年代，心學所強調的主體心靈之貞定，給了人們一個救贖的方向，一個安身立命的可能。所以儘管那個時代飽受苦難，但依舊活得有尊嚴，他們始終相信人有著人之所以為人的價值，而那便是良知。

但我們應當埋解，以牟宗三先生為代表的良知學，是在那樣的時空背景下，方有這般解釋，有所見亦有所不見，這也不單牟先生如此，當代大哲多是如此，此為時代限制使然。然而，新儒學發展至

---

51 林安梧：《王船山人性史哲學之研究》（臺北：東大圖書公司，1987年，1991年再版），頁101。

今，問題意識始終未脫離過去，未能與現代作出恰當的呼應，其思維方式，仍舊是本質中心取向。一方面強調心性修養，強調內聖之學；另一方面，認為人皆有道德之保證，問題在於能否復歸其性。亂世之所由，多歸結於道德淪喪，一旦有了道德，多數問題便能迎刃而解。

顯然的，這理論之中充滿預期，而與現實有著距離。世道之所以亂，關乎制度、環境、經濟條件、教育方式以及權力世界的運作關係，世衰道微固然關乎道德風氣，但絕非道德穩立便能天下太平。「無事袖手談心性，臨危一死報君王」便是最切之寫照。明代之殷鑑不遠，新儒學的傳承者們卻始終忽略這個教訓。更何況自許道德標榜道德者，就真的「道德」嗎？很多時候將理念訴諸為一神聖不可侵犯之境地，勢必失去對話與檢驗的可能，如此，最神聖的東西，也可能是最魔鬼的東西。所謂的「以理殺人」，便是如此。且當良知學遭遇到外在困境一籌莫展時，很容易落入自我質疑的道德自虐，認為事情無法解決單純是自己修養不夠。因此，無論是道德的神聖性，還是道德之自虐，都無法正視問題之複雜性。為何如此？因為人本身就是複雜的存在，社會、國家、文化皆是如此，絕非一「本質」思考下之藥方，便能藥到病除。

林安梧先生言氣學，是道論之思考，亦是場域之思考。言場域，是就生活世界之展開而言，這可用天地人三才思想來思考，而非以「人本位」為中心來思考，上有天，下有地，人參贊其中，有天則顯普遍、根源與法則，有地則顯現實具體之生長，而人居中其中，參贊其幾，顯現其理。言道論，則是就根源而言，理解萬物之所由，本性之所由來，無非道體之造化，人在道體造化流行之中，是作為一參贊者存在。人由道而來，人有弘道的可能，但是「人」不就等於「道」，「人」生而有稟賦，但亦有其限制，此萬物皆然，人不可能說「超越」便「超越」，說「當下」便真的「永恆」，能永恆的是

「道」，不是「人」。以氣言道，一方面警惕人們自身限制性之必然，此根源並非一蹴可幾；[52]另一方面則提醒人們所從何來，其生命之安宅處在於何方，給予一安身立命之方向。這是對於人自身有限性的一再警惕，亦是對於道體根源持續賦予之敬意與追溯。

在林安梧先生看來，氣是心物不二意義下的氣化流行，氣無形，但能有象，因象而定形。此即《道言論》所言：「道顯為象，象以為形，言以定形，業言相隨，言本無言，業本無業，同歸於道，一本空明」。[53]「道」、「象」、「言」、「形」之關係，即參入《易傳》思想，《周易》之卦象，即透過天地諸象之顯現，來演成義理。林安梧先生認為，道為本源，顯現為象，所謂的象，可為道象、氣象、心象、意象，亦可為形象、器象、物象。形象、器象、物象為形、器、物所拘，而道、氣、心、意之象，則未有此限，然又能附麗於形、器、物之上而為象。心象、意象因而通之，則能上達氣象、道象，為何能通，實則心、意與氣、道本不二之故。所以心象、意象能連結形象、器象、物象，又能上遂於氣象、道象，眾象實有因而通之，通統為一的可能。

觀象而有言，言定則形著。這關乎話語系統的形成，以及對象物的具體生成。如果能道、象、言、形，其根連貫，則能即用顯體，承體達用。如果其根不連，彼此相斷，則為失道，話語系統、形著之物便有異化之危機。由此，便容易業力相隨，而有為惡的可能。

---

52 個體的道德自覺，是相當主觀的感覺，是否真的自覺，是否真的道德其實很難說。所謂的道德，與其說是追求自慊，毋寧說行有不慊於心才是恰當的心態。何況自慊近乎宗教之冥契，誠屬個體經驗，這對於公眾事務之參與與改革，並無直接助益。這才能理解明末有道德冥契經驗者何其多，最後卻落得「無事袖手談心性，臨危一死報君王」的遺憾。

53 林安梧：〈「揭諦」發刊詞──「道」與「言」〉，《揭諦學刊》第一期（1997年6月），頁1-14。

林安梧先生言道，主張儒道同源而互補，所以又透過《老子》之
「道生一，一生二，二生三，三生萬物」，提出一套詮釋理論。將
道、一、二、三、萬物，勾勒出隱、顯、分、定、執等五種狀態。其
言「生」，非創生之義，而是取顯現之義，此即船山思想「同有」之
謂「生」（同於一有）。[54]由隱至顯，就意謂由無分別相，轉為分別
相，於是有善惡之分，而當定、執之狀態與道之根源相斷，則業力相
隨，形成人間世苦難之來源。因此，如何復歸於道，便是至為關鍵的
事。所以又言：「言本無言，業本無業，同歸於道，一本空明」，指出
若能復歸於道，則能起治療之作用，能由分別相，回到無分別相。由
此便又是無善無惡境識俱泯之空明。《道言論》雖僅八句，卻已融入
《易經》、《老子》、《金剛經》三教思想，形成林安梧先生之道論哲
學，以及融通三教之意義治療學。

二　歷史人性學哲學

林安梧先生認為船山的人性學乃是一「歷史的人性學」，而其歷
史學則成一「人性史的哲學」。其言云：

---

54 船山之言「生」，是同有之謂生。其於《周易外傳‧繫辭上傳11章》云：「易有太極，
固有之也，同有之也。」；《周易內傳》曰：「『生』，謂發其義也。陰陽剛柔互言之，
在體曰陰陽，在用曰剛柔，讀《易》之法，隨在而求其指，大率如此。」；又于《周
易稗疏》曰：「生者，非所生者為子，生之者為父之謂。使然，則有有太極無兩儀，
有兩儀無四象，有四象無八卦之日矣。生者，於上發生也，如人面生耳、目、口、
鼻，自然賅具，分而言之，謂之生耳。……要而言之，太極即兩儀，兩儀即四象，
四象即八卦，猶人面即耳目口鼻；特於其上所生而固有者分言之，則為兩、為四、
為八耳。〔明〕王夫之：《周易外傳》，《船山全書》，第二冊，頁1023。〔明〕王夫之：
《周易內傳》，《船山全書》，第二冊，頁621。〔明〕王夫之：《周易稗疏》，《船山全
書》，第二冊，頁790。

> 歷史人性學是人性史成立的人性論根據，同時人性史亦是歷史
> 人性學落實的時空之場。[55]

船山談人性，不是本質地去論那是善是惡，而是循著實踐歷程，來檢
視人性之發展，一方面檢視生活世界，一方面則是理解歷史。人性是
可上可下的，有教化之可能，亦有墮落之可能，而此實踐歷程之紀錄
便是歷史，歷史與人性是相即不離的。不過，言及歷史，這並不意謂
是追求作者原意的考古工作。船山之歷史人性哲學，是古今一貫之相
續，用伽達默爾的話說，就是過去與現在之綜合。

　　船山與伽達默爾有一些相類之處，其都強調著人的有限，而這有
限性在當下時空環境未必能被察覺與克服。伽達默爾認為當代之判斷
往往並不穩定，經典之事物需透過時間方能有所檢驗與理解。如同梵
谷在當時不被賞識，而孔子之所以不遇是一樣的道理，有時身處廬山
反不識真面目。同樣地，船山所體會的人性問題也需如此看待。當下
有其盲點，所以需要借鑑歷史，然歷史非僅原點之追溯，而是古今相
續地探求，由此，歷史與人性之理解便上升到了道論之層次。[56]

　　明末清初之諸儒由於反省王學末流之虛玄而蕩，而普遍有著「實
學」之要求。實即真實與實用，有求於歷史文獻之真實，亦有求經世
致用之落實，前者關乎歷史意識，後者則可關乎心性修養。心性修養
尋的是常理常道，歷史意識則是探索流演變遷，一為常，一為變。林
安梧先生認為「常」為貞一之理，「變」為相乘之幾，貞一之理透過
相乘之幾而開顯，相乘之幾則透過貞一之理而有其定向，兩者是為互

---

55 林安梧：《王船山人性史哲學之研究》（臺北：東大圖書公司，1987年，1991年再
　　版），頁27。

56 兩者之區別在於，伽達默爾仍側重于理解如何可能之發生學問題，而王船山則專注
　　於如何理解「道」，藉此尋出安身立命之方向。

相辯證之關係。

　　解讀歷史，同時也是瞭解政治，理解人性，並透過對歷史的批判與反省，提煉出有助於解決今日困境之藥方。所以歷史不是古董般之鑑賞，而是活化石般，古今相續，活學活用。為何能古今相續？因為吾人有「心」，能洞見過去，習得實踐之智慧來創造未來。人由道所生，為萬物之靈天之最秀，作為天地之心，人有著詮釋道的能力，而道則能由歷史之進程來映現。因此船山主張「道器合一」，可理解為形上形下之相即不斷，能由器顯道，以道運器，器是具體的，歷史亦是具體的，能由歷史顯道之律動，再以道啟歷史之機運。所以船山《易》學是經學，是史學，亦是實踐哲學。

　　林安梧先生認為，船山所言之「道」，並非恆定不變，而是在時間中展其自己，是生生不息變動不居的，而此正是《周易》思想之核心所在。《周易》談的就是變化，以及變化中的律動原則，透過卦德之殊異、時位之推移來理解事物變化，而此變化，實非任意之變，變動中實蘊含著造化根源之律動。也別於「以〈乾〉為主」之《易》學主張，船山強調「〈乾〉〈坤〉並建」來詮釋這律動之原理，這裡頭蘊藏著兩端而一致之思想。「道」非形上孤絕之理，而是存於天地時隱時顯。太極生陰陽，太極是一致，純陰為〈坤〉，純陽為〈乾〉，是為兩端，太極強調的是渾一無分別相，〈乾〉〈坤〉則強調的是事態背後總有兩種力量之互濟與張力，其後而有「十二位陰陽嚮背」，透過隱顯之殊異，體現出不同之功能。

　　不過，理解《易》道不能拘於一端，執於一理，船山遵循〈繫辭〉之旨，以《易》道「變動不居，周流六虛，上下無常，剛柔相易，不可為典要，唯變所適」，[57]以天道無窮，而人能有限，人有理解

57　〔明〕王夫之：《周易內傳》，《船山全書》，第二冊，頁605。

道的可能，但「人」終究不等於「道」，終有「不測」之處，所以，倘若拘於一端，執於一理，而不知繼續理解與探索，則詮釋與實踐終將出現問題。

重視歷史，即重視過往之實踐歷程，透過歷史理解的人之有限與人之可貴，透過實踐歷程，則明白這一切非一蹴可幾，船山強調「性日生日成」其用意即在此，不可一味求取利根頓悟當下超越，而忽略人文化成之薰陶，現實事態之磨練。歷史是時間之積累，而歷程是讓人持續追索調整的過程，人在理解歷史的過程，其實也正參與著歷史的傳承，人在實踐的歷程，實亦豁顯天道，接續文化傳承之過程。

由此，我們可以回顧到船山《易》學。無論是《周易內傳》還是《周易外傳》，船山在演析卦理的同時，無不連結歷史人物歷史事件相印證。對於卦之內外上下，所顯現上下層社會，君民之互動關係，船山皆以歷史經驗作借鑑。所以船山《易》學屬義理《易》，亦屬史事《易》。然此史事《易》，儼然是一中國式的歷史哲學，道論意義下的歷史哲學，非僅關注歷史描述，更重要在於透過人物之得失，事件之成敗，朝代之盛衰，演析出人性之限制與光輝，汲取出通過時間考驗下天人物我通己為一之精神，讓現今的人們得以為資，足以為鑑，作為安身立命之憑藉。

三 兩端而一致

兩端而一致，是船山學之精微。欲理解船山學，欲理解氣學，必得領略兩端而一致之思維方式。對於兩端而一致，林安梧先生有清楚之描述。其言云：

> 船山論略任何一事物時一定設定了兩個範疇，而又說此必含

彼，彼必含此，然後再展開彼此所含的辯證性，而後達到一辯
證之綜合；而且綜合又不是由對反之對立而辯證之綜合，而是
正負兩端而成之辯證之綜合。這樣的辯證方式一方面保留了
「兩端」之各為「兩端」，一方面則又說明此「兩端」必得經
由辯證之綜合而達成「一致」。「一致」即函「兩端」，「兩端」
即函「一致」，由「一致」而「兩端」此是「辯證之開展」，由
「兩端」而「一致」此是「辯證之綜合」；而這是同時進行
的，船山所謂「乾坤並建而捷立」即指此而為言。[58]

這是理解船山思想之關鍵，如果不能理解兩端而一致，一方面可能片
面地理解船山學，一方面則可能誤認船山學內部有著思想矛盾。兩端
而一致，有兩端，亦有一致，兩端相連並扣緊一致。所以船山思想，
時被看作心學，時又被認作唯物思想。其實兩者各有所見，亦有所不
見。在林安梧先生看來，船山既有心，亦有物，本是心物不二氣學意
義下的思考，此即蘊含兩端而一致之思考。不過，兩端而一致既意味
著是一思維模式，那麼便需注意，在不同課題脈絡下便可能衍生出不
同之詮釋成果。所以船山心物不二外，還有著道器合一、理氣合一、
理欲合一、理勢合一論等思想內容。這思維方式由何而來呢？林安梧
先生認為：

此思維方式乃是船山經由一種「世界的通觀」而獲取的總結。
變化中有一不變之道以為對比，否則亦不能顯示出變化。[59]

---

58 林安梧：《王船山人性史哲學之研究》（臺北：東大圖書公司，1987年，1991年再
版），頁111。
59 林安梧：《王船山人性史哲學之研究》（臺北：東大圖書公司，1987年，1991年再
版），頁89。

可以將天下萬變推而為「常」、「變」兩端，而常變是相依待
而成的，常中有變，變中有常，兩端歸為一致，一致即含兩
端。……此雖為兩端，但並非截然二分，而是辯證之相涵相
攝。[60]

兩端而一致無非就是理解世界的一種方式，船山藉此詮釋道，詮釋人
間世，而吾人亦應以此理解船山，理解道，理解人間世。此思維啟發
自《周易》，船山強調的〈乾〉〈坤〉並建，實即兩端而一致之思考。
〈乾〉是純陽，〈坤〉是純陰，兩者代表了這世界兩種性質之元素，
亦代表兩種價值意義，〈乾〉如父，〈坤〉如母，〈乾〉〈坤〉並建而有
萬物，如同人之有父母是一樣道理。此兩者，既有合作之互濟，亦有
對抗之張力，兩者即相即不離，形成造化之動能，由此而談「變」。
《周易》是言「變」之哲學，然此中有常有變，變與常是辯證相攝相
涵，由兩端之動而有變，有變則能顯動，此是變之哲學，亦是動之哲
學，變動之本身，實即天道造化之開展。因為變，所以有很強的適應
性，道理能於生活世界彰顯，因為有動，所以有成長的可能，具備復
歸大本的方向。所以變化中有律動可循，然而人又不應妄自逞能強解
天地之大化。船山常言〈繫辭傳〉之「不可為典要，唯變所適」，強
調理解、解釋這世界，不可拘於一理來截然定論，天地本是變動不居
生生不息，理解天地自然應因循天地之律動來思考。對此動能與方
向，林安梧先生認為：

此本末之關係：「究其委」是「兩端」，而「溯其源」是「一

---

60 林安梧：《王船山人性史哲學之研究》（臺北：東大圖書公司，1987年，1991年再
版），頁89。

致」，兩端實隱含趨向一致的動力，而一致即隱含開想為兩端的動力。[61]

「兩端而一致」並不只是對於經驗的考察或者事物的詮釋方式，更重要的是它乃是道的開展方式。[62]

正因為道之開顯是兩端而一致的，故人亦得以兩端而一致的方式去揭露道之開顯。……既是道開展的方式，亦是人詮釋道的方式，而人又必得通過道之開展而成的歷史去詮釋道。[63]

林安梧先生表達得相當清楚，兩端而一致是解釋世界之生成運作之方式，亦是人理解、實踐、參與這世界生成運作之方式。並非以二元去詮釋這世界，亦非以一元去詮釋這世界，而是既有二元，又有一元，二元關乎一元，形成辯證之相攝相涵來詮釋這世界。為何既言一元，又言二元，此非故弄玄虛之詭詞，亦非籠統含糊之折衷。這關係到太極生兩儀之詮釋，兩儀為陰陽，純陰為〈坤〉，純陽為〈乾〉，〈乾〉〈坤〉並建，而生萬物。太極可視為整全之一元，〈乾〉〈坤〉可視為兩極之二元，太極生兩儀，其「生」是同有之謂生，是顯現之義，而非創生之義。也就是說太極能顯現為兩儀之象，兩儀能俱隱為太極之象。太極強調的是整全渾一無區分之態，而兩儀則強調兩種元素既相對又互濟之運作關係。〈乾〉可為父，〈坤〉可為母，兩者相生，而成

---

61 林安梧：《王船山人性史哲學之研究》（臺北：東大圖書公司，1987年，1991年再版），頁89。
62 林安梧：《王船山人性史哲學之研究》（臺北：東大圖書公司，1987年，1991年再版），頁89。
63 林安梧：《王船山人性史哲學之研究》（臺北：東大圖書公司，1987年，1991年再版），頁89。

萬物。以人觀之，有父母之別，以道觀之，則無分別。此為道體隱顯
之關係，透過隱顯之變化，豁顯不同之功能與價值。也不單太極與兩
儀為隱顯之關係，船山在談十二位陰陽嚮背，六十四卦之形成，同樣
也是視為隱顯關係下之變化。然強調兩端，其要旨在於能彰顯一對比
之張力，透過兩種性質之標舉，體現事物間既具對抗又有合作之關係，
兩者有別卻又相即不離，相即不離之下，又有趨向「一致」的可能。

　　所以理解船山《易》學的難處在於，倘若單以心學方式，或是理
學方式對其定義，都不能準確把握其形上形下貫通周流六虛之氣學思
維，所以應懂得把握住《周易》「變動不居，周流六虛，上下無常，
剛柔相易，不可為典要，唯變所適」之律動原則；同樣地，以唯心論
或唯物論，以一元論或二元論，亦不能整全概括船山主客合一、身心
一如、心物不二之辯證思維。如果不能整全概括，便可能片面地理解
船山《易》學，甚至誤認船山《易》學有著前後不一之思想矛盾。

　　不過，既言辯證，然這辯證又與西哲之辯證法不同，船山的辯證
的相攝相涵，並非正反合下不斷前進的辯證關係，而是能順推亦能逆
反的關係。兩端能趨一致，一致能顯兩端。而此變之律則，動之哲
學，萬物中，唯人能詮釋，人心有能，能通「三繫」，能通貫「天」、
「物」與「人」。天即道，物即道生之自然，人則道所開顯而成的人
性史世界，萬物中唯人有靈，能理解、詮釋並參贊大道，豁顯這天人
物我人己通而為一的感通之學，然這種豁顯，亦非人任意詮釋任意妄
為下的豁顯，而是依道而行的詮釋。所以林安梧先生認為，船山秉持
兩端而一致對比辯證思維去理解自然、歷史，與自身，同時也詮釋自
然、歷史，詮釋其自身。在船山看來，中國道論思想，其本身就是活
的東西，在理解道論思想的同時，也是在理解彼此心靈，理解著整個
歷史社會文化血脈的過程。所以理解船山學，理解道論，理解中國哲
學，並非單純客體對象物之研究，亦非僅是對過去事物的探索，更非

僅是停留於人間世之考察，而是主客合一，古今綜合，天地人三才兼備之融合，如此方能準確理解這動之哲學，活之哲學，使其適應於今，並對現今文明之困境提出恰當的回應。[64]

四　理氣合一、理欲合一、理勢合一

（一）理氣合一

　　兩端而一致之思維大略已明，此節便來兩端而一致思考下的理氣合一、理欲合一與理勢合一說。[65]言及理氣，關乎人與天地之關係，此涉及到自然史之觀點。船山有人性史，又有自然史。所謂的自然史，並非是唯物論思考下之自然，是著重於天地造化萬物的角度而言的自然，言及天地，是道化之流行，而非機械式之定律，亦非物種進化論之思考。林安梧先生言：

　　　　在天之天道之歷史性開展而為自然史，在人之天道之歷史性開展而為人性史。自然史與人性史是對比而相互依待以存的。[66]

---

64 林安梧先生正是基於太極生陰陽之隱顯關係，兩端而一致辯證的相攝相涵之思考下，提出了「存有三態論」。存有三態論，即「存有之根源」、「存有之彰顯」、「存有之執定」三層，是林安梧先生用以詮釋中國哲學天地人三才之關係，裡頭又可細分為道、意、象、構、言五種狀態，並以隱、顯、分、定、執來表述其特性。說可見於林安梧：《人文學方法論──詮釋的存有學探源》（臺北：讀冊文化，2003年）、林安梧：《儒學轉向──從「新儒學」到「後新儒學」的過渡》（臺北：臺灣學生書局，2006年）。

65 對此，林安梧《王船山人性史哲學之研究》有專章探討，說見，林安梧：《王船山人性史哲學之研究》（臺北：東大圖書公司，1987年，1991年再版），頁97-130。

66 林安梧：《王船山人性史哲學之研究》（臺北：東大圖書公司，1987年，1991年再版），頁38。

此即天之天，與人之天的分別。自然史與人性史區別在於，一個自天
開展，一個自人開展，自天開展純任無為，此自然可同道家之自然來
理解；而自人開展，「人」是極其複雜的存在，人有其「限制」，卻又
有著諸多「可能」，有墮落之可能，亦有自覺之可能，具備詮釋、參
贊、豁顯大道之能力。不過，自然史與人性史雖有區別，然兩者卻又
非截然二分，互不相涉。所以林安梧先生又言：

> 自然史的世界，依船山看乃是「在天之天道」所開展的世界，
> 這是一個任天而無為的世界，是由陰陽二氣浮沈昇降，氤氳相
> 盪而引出的世界，此世界乃是氣所充周的世界，不過依船山看
> 來，此氣之世界即是理之世界，氣與理是不分的，氣與理是合
> 一的。[67]

> 對於自然史哲學，船山又將倫理性價值之概念，「誠」用來代
> 替「氣」的地位，而開啟了一套價值意味的自然史哲學或倫理
> 意味的自然史哲學。[68]

自然史世界是氣之世界，亦是理之世界，所以此處言氣，並非氣化宇
宙論思維，船山言氣，有物質性一面，亦有精神性一面，是心物不二
下的造化流行，陰陽二氣氤氳相盪所引出之世界，此中既「動」且
「變」，絕非預設這世界背後有一機械般之定律在運作。這可關聯到
《周易》世界觀之詮釋，有論者以《周易》為一大規律，其運作變化

---

67 林安梧：《王船山人性史哲學之研究》（臺北：東大圖書公司，1987年，1991年再
　　版），頁98。
68 林安梧：《王船山人性史哲學之研究》（臺北：東大圖書公司，1987年，1991年再
　　版），頁102。

皆有固定次序，吾人應該逐一推算排序，以把握整個變化之規律。這思考背後儼然是部份與整體之詮釋循環，預設所有變化的背後有一不變律則，而這不變律則，人們有認識的可能，能對其預測與把握，然而這並非船山所認同的觀點。

在船山看來，本無固定律則在於人之上，簡言之，並不存在與人間夐絕斷裂之形上實體，亦不存在永恆不變之規則。天地有其律動，此律動聯繫萬物之根源，是為存有之律動、道化之律動，此動有常有變，而與人間世相即不離，非人間世亦不得顯此律動。然而，人詮釋道化之律動是有多種可能的，因為律動本身就是一「變的存在」，人亦是「變的存在」，只是此處言變並非就意指一切事物便毫無道理可言，而是依理勢而變的。所以船山詮釋《周易》時一再強調〈繫辭傳〉「變動不居，周流六虛，上下無常，剛柔相易，不可為典要，唯變所適」，[69]如果人自逞其能，強解道化之律動，其所得出的大規律，亦已非道化之大規律了。然而，儘管人有其限制，但依舊有感通的可能，有體道之可能。對此，林安梧先生指出船山以「誠」代「氣」，人可以透過「誠」來感通天地，貫通自然，使其成人們主體之誠所潤化而成的世界。自然世界經由人們的價值化、倫理化之後成為人文世界，自然世界與人文世界亦因此而通統為一。

有別於朱子之理先氣後，船山強調理氣合一。船山認為氣不只存於在天地自然，亦存於人間世，既不分主觀客觀，亦不分形上形下。而理亦然，本非孤懸一理於人之上，理亦伴隨存有之律動，透過人之詮釋方彰顯出來。對於船山之理氣合一，林安梧先生云：

> 船山所謂的「氣」是通形而上，形而下的，作為本體之體的氣

---

69 〔明〕王夫之：《周易內傳》，《船山全書》，第二冊，頁605。

即辯證的具含著理，氣之流行即依理而分劑之，理既具主宰義
又具條理義，氣則是本體之體亦復是個體之體，本體之體的氣
與主宰義的理合而為一，個體之體的氣與條理義的理合而為一。
就本體論而言，理氣為一；就具體實在而言，理氣亦為一。[70]

林安梧先生不僅界定出理、氣各自具備的兩種性質，亦點出理氣之間
兩端而一致之關係。氣通形上，故連結本體根源，氣通形下，故不離
生活世界，本體根源與生活世界本一體之兩面，皆一氣之造化流行。
而此造化流行，有理存焉。理有主宰義，此理通本體根源，故能有所
主，作為事物運作的指導原則；理有條理義，可由個體現象，尋出具
體之條理規則。理若無氣，則無所掛搭，隱而不顯，氣若無理，則失
去調節事物與貫通本源之可能。所以以本體根源言，理氣為一，具體
實在言，理氣亦為一。

　　我們也可以思考，為何船山會有如此多的合一相。這並非話頭之
圓融，亦非理路之矛盾。吾人需精確分析事物，然亦需清楚，有些事
物之所以不能被截然定義，就在於其事情本身即是一互動往來之關
係，是一動態的綜合狀態，此狀態實為兩端而一致辯證之思考。所以
用兩端而一致來思考，並非含混概括籠統折衷，而是事情本身即是
動態之綜合，需本末相即，體用相函，方得有整全認識。這狀態看似
模糊，亦關係到語言符號功能之限制。因此，理解理氣，理解兩端而
一致，理解這動態之綜合狀態，亦須主體之參贊實踐，方能有深入之
領會。

---

70 林安梧：《王船山人性史哲學之研究》（臺北：東大圖書公司，1987年，1991年再
　　版），頁105。

（二）理欲合一

　　言及主體，便涉及到人與本能之關係，此即理欲合一之課題。船山並不反對欲，欲是很自然的需求，該戒慎的事有二，一是「遏欲」，一是「私欲」。前者指當人縱其一欲時，其實同時也遏止其他欲求之滿足；後者則指出，當人徒求一己之私欲，卻罔顧他人權益時，這才為惡人世。「遏欲」是就個體自身而言，一旦被某欲求綁住，其實就限制了其他可能，且過度滿足單一欲求，生命同時已失去自由；「私欲」，是從欲求之視點，由私到公，做一對比性思考。就如孟子並不反對齊宣王之「好貨」、「好色」，而是認為，若能「居者有積倉，行者有裹糧」、「內無怨女，外無曠夫」，能夠與民同之，則「好貨」、「好色」又何妨。[71]所以船山理解「欲」，一方面關乎個體內在之調節，一方面則又扣緊人與人、人與群之間如何恰當分配之問題。調節與分配，「欲」便與「理」緊密連繫起來。「理」關乎自身之省覺，亦關乎眾人之安頓，所以船山言私欲，卻不言公欲，由私到公，由個體拉到群體之關懷時，那已非「欲」可概括，而是公理之設想。

　　船山也不單將理欲關聯起來談，其言「氣」、「性」、「才」、「情」、「理」、「欲」時，亦將諸概念綰合起來來思考，所以理解船山之心性論，應注意這些概念並非透過分析界定就能理解，而應視其脈絡，循其關聯性來理解。林安梧先生云：

> 船山並不以一種分析而斬截的方式來論斷以上各層次的不同，他從辯證之相生相函的觀點，將以上各個層面綰合起來，成為一個辯證的連續譜。[72]

---

71 〔宋〕朱熹：《四書章句集注》（臺北：大安出版社，1996年），頁301。

72 林安梧：《王船山人性史哲學之研究》（臺北：東大圖書公司，1987年，1991年再版），頁109。

這顯然與朱子標榜理為首出，以及陽明標榜心為首出之理路不同，船
山並不做這樣的強調。但是，船山學中，心重要，理亦重要，透過一
氣之感通，將心、性、情、才、欲、道、理貫通起來。對於彼此之關
係，林安梧先生有做下圖一：[73]

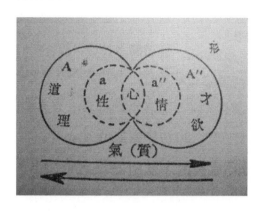

圖一

筆者大致歸納林安梧先生幾個要點，作一歸納：

一、氣絪縕相盪，搏聚成形，此即是質，氣生質（性氣），質還生
氣（才氣）。性氣為太和之氣，普遍而根源，實有生動；才氣
則為同異攻取，各從其類，有通塞精粗之別，成於一時升降之
氣。氣聚為形，形中之質函氣，氣又函理，人之生，皆有理、
性、形、質、氣。性氣全然皆善，才氣則函不善因子。[74]

二、情為性與欲之中介。「欲」時與「才」通，「才」強調所具之

---

73 圖一為林安梧先生製。翻攝自林安梧：《王船山人性史哲學之研究》（臺北：東大圖
　書公司，1987年，1991年再版），頁117。

74 林安梧：《王船山人性史哲學之研究》（臺北：東大圖書公司，1987年，1991年再
　版），頁109。

「能」。「欲」強調此「能」發動之「幾」。「性為情之藏」，[75]
情與性辯證相函，體用相函，性為情之根源，情為性之擴充與
發展。喜怒愛樂的背後，時能與本性相連，所以正確的修行，
不是壓抑喜怒哀樂之種種情緒不為所動強作鎮定，而是當喜則
喜當怒則怒，喜怒哀樂分明才是恰當的修行。此正合船山《周
易外傳》所云：「性情相需者也，始終相成者也，體用相函者
也。性以發情，情以充性；始以肇終，終以集始；體以致用，
用以備體。」[76]情需性來調節，性需情來顯發，透過真性，方
有恰當之情來抒發，透過真情，方有顯露真性之可能。情上受
于性，下授於欲。性情辯證之相函，理欲亦辯證之相函，辯證
之關鍵則在「心」。[77]

三、「心」是作為感通彼此之樞紐而存在。不過，此心又有道心與
人心之別。道心能函人心，人心非能函道心。一如性與情之關
係，人心是資道心之用，人心又函道心之中。此亦辯證之相
函，但又以性為主，以道心為主，故強調人心非函道心。人心
統性（人心是情但統性），道心統情（道心是性卻統情）。道心
統人心而人心統道心，統有二義，前為主宰義與後為通統義。
道心主人心，人心通道心。[78]

這也是林安梧先生與曾昭旭先生船山學根本區別之處，曾昭旭先生強
調的是「心」之意義，而林安梧先生強調則是「道」之意義。前者心

---

75 〔明〕王夫之：《詩廣傳》，《船山全書》，第三冊，頁327。

76 〔明〕王夫之：《周易外傳》，《船山全書》，第二冊，頁1023。

77 林安梧：《王船山人性史哲學之研究》（臺北：東大圖書公司，1987年，1991年再
版），頁110。

78 林安梧：《王船山人性史哲學之研究》（臺北：東大圖書公司，1987年，1991年再
版），頁112。

學意義濃厚，認為一切之發用皆不離於吾心，吾心具道德創生之可能；後者則是典型之氣學色彩，認為人心有能，但人終是有限之存在，應對自身之有限持續警惕，對存有之根源永持敬意。[79]船山學之所以不作理之強調，亦不做心之強調，是基於道論思維下，作一互動關聯之思考。所以理關乎欲，氣關乎形，質關乎才，性關乎情，彼此辯證相函，體用相函，構築為一個整體。倘若忽略這互動聯繫，不僅對人之認識不見整全，對道之認識不見整全，對於中國思想天人物我人己之關聯，亦將無所感應而閉塞不通。

（三）理勢合一

　　理勢合一，是船山著名論點，同樣也是兩端而一致思考下的成果。不同於理氣、理欲，言人與天地，人與本能之關係，理勢談的是人與力量之關係。

　　形勢、時勢與趨勢，「勢」是人在面對群體時必然會遇到的問題，此關乎力量，所謂的力量，是透過權力運作、輿論動向、風俗變化，與從眾心理等等影響而成，力量匯集而成勢，勢由人所促成，而勢亦推動著人，究竟是人控制勢，還是人為勢所制，有時也說不清。《老子》亦言勢，其言「道生之，德蓄之，物形之，勢成之」，此勢是作為中性意義之存在，老子認為，道為根源，德為本性，形著其體，造就時勢，便能營造出符合人性的成長環境。值得注意的是，這種勢是與道相繫之勢，倘若與道斷裂，那麼便成「乘權作勢」，「勢」便成了作威作福，扭曲人性毫無道理之力量。這種扭曲之力量，歷史屢見不鮮，船山更是身歷其境刻苦銘心。對此，船山與老子思想一樣，將「勢」與「道」關聯起來，不過船山談的是理勢之合一，不同

---

79 曾昭旭先生之船山易學，可見，曾昭旭：《王船山哲學》（臺北：里仁書局，2008年）。

於老子之「虛靜自然」，船山強調的是「以理導勢」。

　　鑑於歷史，船山點出歷史的發展過程，有「常」亦有「變」。認為應守「常」應「變」，常即是理，變即是勢。何以常是理，變是勢？因為這是透過時間方得出的智慧，倘若拘於一時一地，人往往看不出勢是變動的，而理是經得起考驗的。昧於一時一地之眼界，順從、屈服於勢，是人之常情，所以船山才如此強調歷史的重要，透過時間，總能看見，勢如何再強，終不可久，理雖隱微，但終不可屈。所以船山透過兩端而一致之思考，主張以「理」導「勢」，使理勢得以合一。

　　對於「常」與「理」，船山言「貞一之理」，對於「變」與「勢」，船山言「相乘之幾」。貞定道化之律動原則，來預測、導引、促成時勢，是船山對自身之期許，亦是對未來之期望。由此，我們或許就能理解，身處顛沛流離國破家亡的年代，船山為何還能如此樂觀。那是印證於經義之過程，亦是印證於歷史社會總體印證於天地的過程。在過去，未始不有此大災大厄，然而這始終不能遮掩人性之光輝，未能阻止道統命脈之傳承。且處於亂世，正當用力之時，船山云：

　　　在盛治之世，天之理正，物之氣順，而變有所不著。唯三代之末造，君昏民亂，天之變已極，日月雷風山澤，有愆有伏，人情物理，或逆而成，或順而敗，而後陰陽錯綜不測之化乃盡見於象，《易》之所為備雜掛吉凶之象而無遺。……治世無亂象，而亂世可有治理，故唯衰世而後雜而不越之道乃著。而文王體天盡人之意，見乎〈象〉、〈彖〉者乃全也。[80]

---

80 〔明〕王夫之：《周易內傳》，《船山全書》，第二冊，頁600。

船山認為亂世方顯卦變，由此詮釋〈乾〉〈坤〉並建顯為諸卦的過程。在承平之時，事物各安其位，各得其序，所以事變並不顯著。至三代之末，上昏下亂，事變到了極致，天地亦顯變動諸象，文王領略諸卦之象，而作〈彖辭〉（即卦辭），發明得失吉凶悔吝之理。[81]所以亂世正當用力之時，理解天地變動之幾微，亦是理解人性變化之機會。所以無論時局如何動盪，船山始終埋首於經論著述，探求大道之隱微，因為他相信，時勢終會過去，慧命終會相續，「六經責我開生面，七尺從天乞活埋」。

小結

本文分三部份。以先破後立之方式，釐清船山義理之性質與定位。首節心學之商榷，闡釋兩岸研究殊異，並對曾昭旭先生之船山學進行檢視，由〈乾〉〈坤〉非體，證其為實存而有；由宇宙一元，證其為兩端而一致。次節理學之商榷，則關注陳來先生之船山學。透過《易》學之比對，哲理之比較，證成船山與朱子之間有其距離。

心學、理學商榷後，進到道論之歸宗，積極探究林安梧先生道論意義下之船山《易》學。船山言心，但非心學；言理，但非理學。非一元論，亦非二元論，非唯心論，亦非唯物論，而是兩端而一致之辯證思維。此思考，運於船山各脈絡之中，言〈乾〉〈坤〉並建，言錯綜合一，言道器合一、理氣合一、理欲合 ．理勢合一。所謂合一，

---

81 船山有「四聖一揆」說。認為伏羲始畫卦，盡天人之理，而筮氏傳其所畫之象；文王繫之〈彖辭〉（即卦辭），發明卦象吉凶得失之判；周公又即文王之〈彖辭〉，通達其變而得〈爻辭〉，以研時位之幾微而精其義；孔子又即文王、周公〈彖辭〉〈爻辭〉，贊其所以然之理，而作〈文言傳〉、〈彖傳〉與〈象傳〉，又研其義例之貫通與變動，作〈繫辭傳〉、〈說卦傳〉、〈雜卦傳〉，使占者、學者能得其旨歸以通殊用。其說可見〈周易內傳發例〉。〔明〕王夫之：《周易內傳》，《船山全書》，第二冊。

非籠統折衷，而是辯證之合一。合一，故成一連結關係，成此連結，便與道相繫而為善，斷此連結，則斷裂根源而成惡。此連結為一氣之交感流行，此流行者有其體，其體為〈乾〉〈坤〉之實存而有，兩端造化絪縕相盪翕闢成變。把握住道論之旨，〈乾〉〈坤〉並建之化，與兩端而一致辯證思考，才可能避免蔽於一隅，限縮船山意涵，曲解船山義理之窘況。

第四章
易例原則

　　船山《易》可分《周易內傳》、《周易外傳》、《周易大象解》、《周易稗疏》四部份，以《周易內傳》最為典正詳細。而《周易內傳》中的〈周易內傳發例〉，以闡發《周易內傳》為要旨，全文共二十五則。不同於一般著作凡例之標舉體例，船山此文以論理為主，透過評議之方式，簡潔扼要地對歷代《易》學進行批判，提出「乾坤並建」、「四聖一揆」、「彖爻一致」、「大象之別」、「卦主之尋」、「占學一理」、「得失吉凶一道」等詮釋原則。故〈周易內傳發例〉可視為船山《易》學之導讀，欲瞭解船山《易》，皆當以此為門徑。本章將扣緊〈周易內傳發例〉，來探索船山之易例原則。[1]

第一節　著述旨趣

　　〈周易內傳發例·二十五〉是全篇最後一則，也是全篇之序文，船山透過這一則，清楚紀錄其《易》學著述之原由及過程。其言云：

　　　　夫之自隆武丙戌，始有志於讀《易》。戊子，避戎於蓮花峰，

1　本章曾發表於山東大學中國詮釋學研究中心、山東大學猶太教與跨宗教研究中心所主辦「經典與東西方解經傳統——第十二屆詮釋學與中國經典詮釋國際學術研討會」，2015年4月25至26日。其後，刊登於《中國詮釋學》第十三輯。經改寫，而成此〈易例原則〉一章。林柏宏：〈王船山《周易內傳發例》義理演析〉，收入洪漢鼎、傅永軍主編：《中國詮釋學》（山東：山東人民出版社，2016年），第十三輯，頁75-96。

益講求之。初得〈觀〉卦之義，服膺其理，以出入於險阻而自靖；乃深有感於聖人畫象繫辭，為精義安身之至道，立於易簡以知險阻，非異端竊盈虛消長之機，為翕張雌黑之術，所得與於學《易》之旨者也。乙未，於晉寧山寺，始為《外傳》，丙辰始為《大象傳》。亡國孤臣，寄身於穢土，志無可酬，業無可廣，唯《易》之為道則未嘗旦夕敢忘於心，而擬議之難，又未敢輕言也。歲在乙丑，從游諸生求為解說。形枯氣索，暢論為難，於是乃於病中勉為作《傳》，大略以〈乾〉〈坤〉並建為宗；錯、綜合一為象；〈象〉〈爻〉一致、四聖一揆為釋；占學一理、得失吉凶一道為義；占義不占利，勸戒君子、不瀆告小人為用；畏文、周、孔子之正訓，闢京房、陳摶日者黃冠之圖說為防。誠知得罪於先儒，而畏聖人之言，不敢以小道俗學異端相亂；則亦患其研之未精，執之未固，辨之未嚴，敢辭罪乎！《易》之精蘊，非〈繫傳〉不闡。觀於〈繫傳〉，而王安石屏《易》於三經之外，朱子等《易》於《火珠林》之列，其異於孔子甚矣。衰困之餘，力疾草創，未能節繁以歸簡，飾辭以達意。汰之鍊之，以俟哲人。來者悠悠，誰且為吾定之者？若此篇之說，間有與《外傳》不同者：《外傳》以推廣於象數之變通，極酬酢之大用，而此篇守〈象〉、〈爻〉立誠之辭，以體天人之理，固不容有毫釐之踰越。至於《大象傳》，則有引伸而無判合，正可以互通之。《傳》曰：「默而成之，不言而信，存乎德行」，豈徒以其言哉！躬行不逮，道不足以明，則夫之索疚愧於終身者也。[2]

---

2 〔明〕王夫之：《周易內傳》，《船山全書》，第二冊，頁683-684。

隆武為南明唐王政權朱聿鍵之年號，丙戌年即隆武二年，[3]那時清朝年號是順治三年，也就是西元一六四六年，當時船山二十八歲，奉南明為正統，於顛沛流離之際，居續夢庵，開啟其《周易》之注疏。[4]

　　船山早年受〈觀〉卦☴☷啟發而服膺其理，言〈觀〉之思想頗有深意。[5]〈觀〉卦☴☷上〈巽〉☴下〈坤〉☷，「風」「地」為〈觀〉，有風行教化諄諄薰陶之象。四陰居下，二陽居上，有陰盛陽衰之勢，然陽守住九五、上九，中道而立巍然不動，為群下所觀。〈觀〉卦之有多層之觀，大如「觀民」、「觀天下」之宏觀，小者如「童觀」、「窺觀」之省過，自內「觀我」，自外則「觀國之光」，終其一生觀遍上下內外，亦敬謹一生為人所觀，觀之時義大矣哉！

　　此後，船山便以《周易》為安身立命之道。三十七歲著《周易外傳》，五十八歲著《周易大象解》，晚年六十七歲時，則著成《周易內傳》。所以《周易內傳》亦可視為船山之《易》學定論。而這段漫長的著述歷程，亦可看出，無論時局、際遇、生死如何，船山從未放棄過對《易》學之堅持。

　　船山認為，《周易》雖神妙莫測，但仍有要點可循。其言云：「〈乾〉〈坤〉並建為宗；錯綜合一為象；〈彖〉〈爻〉一致、四聖一揆

3　清兵入關，理當共赴國難之際，南明諸王卻因互爭正統而未能合作。唐王自身亦無兵權，初期仰仗鄭芝龍，然鄭芝龍軍費餉銀需索無度，實無衛國之心，故唐王疑之。當李自成餘黨，率眾降於明將何騰蛟後，唐王欲往依何騰蛟，何騰蛟承諾相迎，實則觀望。同年八月，清兵下汀州，唐王被執而死，隆武王朝旋即覆滅，歷時僅兩年。相關記載見，〔明〕王夫之：《永曆實錄》，《船山全書》，第十一冊，頁355-369。〔清〕張廷玉：《明史》（北京：中華書局，2007年重印），卷118，列傳第六，頁3608-3610。

4　相關記載，見近人王孝魚編著《船山學譜》。王孝魚：《船山學譜》（北京：中華書局，2014年），頁13。

5　本文卦象之後將置卦圖，如〈乾〉卦，卦圖為☰，以便檢閱內卦外卦與爻位，然同一卦若提及多次，則視段落需要設置卦圖，以精簡圖文。

為釋；占學一理、得失吉凶一道為義；占義不占利，勸戒君子、不瀆
告小人為用；畏文、周、孔子之正訓，辟京房、陳摶日者黃冠之圖說
為防。」即全文正法眼藏，通篇環繞於此，逐一闡發要點，並統貫
《周易內傳》之詮釋脈絡。

　　船山對於歷代《易》學評價不一。大抵以伏羲、文王、周公、孔
子為尊，以〈繫辭傳〉、〈彖傳〉、〈象傳〉為要。反對〈序卦傳〉，[6]並
認為王弼雖通易學，然理路偏於老莊，[7]程頤詳實，然圓神不足，而
陳摶、火珠林非正道，朱子四書甚精，《易》學卻不足觀。

　　評價歷代《易》學後，船山自評其《外傳》重於變通，《大象
傳》重於引伸，而《內傳》則嚴守分寸規矩，逐依經文而為釋。此理
不僅通《周易》亦通諸經，通其文字亦通人事天理，作為安身立命實
學實行之資糧。以下，即由〈周易內傳發例・二十五〉所提之要點，
連結各篇《易》例原則作探討。

第二節　〈乾〉〈坤〉並建

　　「乾坤並建」是船山獨特之《易》學思想概念，而這概念可從
〈周易內傳發例・七〉、〈周易內傳發例・八〉、〈周易內傳發例・十
一〉來理解：

　　　乾坤並建，為《周易》之綱宗，篇中及《外傳》廣論之，蓋所

6　這關係到船山論卦之方式。一方面習慣將卦兩兩對比討論，甚至四卦一併討論（如
　　〈家人〉、〈睽〉、〈蹇〉、〈解〉）；一方面常視某卦為〈泰〉或〈否〉之變卦，來進行
　　討論。故反對〈序卦傳〉之線性次序排列，將《易》道為固定之規則，來研究卦象
　　之變化。

7　船山反對王弼「得意忘言，得言忘象」之旨，而主張象不可忘。〔明〕王夫之：《周
　　易內傳》，《船山全書》，第一冊，頁505。

謂「《易》有太極」也。周子之圖，準此而立。其第二圖，陰
陽互相交函之象，亦無已而言其並著者如此爾。(〈周易內傳發
例‧七〉)[8]

船山強調〈乾〉☰〈坤〉☷並重，不可偏〈乾〉而略〈坤〉，並申述
〈乾〉〈坤〉為六十二卦之基本元素，無時不與，無所不在，船山甚
至認為周敦頤即存「乾坤並建」之意，故順其〈太極圖說〉來作詮
釋。不過，船山所詮釋的「太極生兩儀」，「生」是顯現之謂，而非創
生之謂。[9]陰陽之生，是絪縕相盪互相交涵，而非斷裂之分立，所以
是一元顯為二元之象，是顯與不顯之關係，而非某物生出某物之創生
關係。

　　歷代《易》學，習慣重視〈乾〉卦☰之思考，即特重天之道純陽
之道，而相對忽略〈坤〉卦☷所代表的地之道純陰之道。[10]天之道以
純陽之氣舒展開來，象徵普遍的、根源的理念，地之道以純陰之氣凝
結穩固，象徵具體的、情境的生長，兩者絪縕相盪，相互作用則生成

8　〔明〕王夫之：《周易內傳》，《船山全書》，第二冊，頁657。

9　船山之言「生」，是同有之謂生，於《內傳》、《外傳》、《稗疏》皆有解釋。《周易內
　　傳》曰：「『生』，謂發其義也。陰陽剛柔互言之，在體曰陰陽，在用曰剛柔，讀《易》
　　之法，隨在而求其指，大率如此。」；《周易外傳‧繫辭上傳11章》云：「《易》有太
　　極，固有之也，同有之也。」；《周易稗疏》曰：「生者，非所生者為子，生之者為
　　父之謂。使然，則有有太極無兩儀，有兩儀無四象，有四象無八卦之日矣。生者，
　　於上發生也，如人面生耳、目、口、鼻，自然賅具，分而言之，謂之生耳。……。
　　要而言之；太極即兩儀，兩儀即四象，四象即八卦，猶人面即耳目口鼻；特於其上
　　所生而固有者分言之，則為兩、為四、為八耳。說見，〔明〕王夫之：《周易內
　　傳》，《船山全書》，第二冊，頁621。〔明〕王夫之：《周易外傳》，《船山全書》，第
　　二冊，頁1023。〔明〕王夫之：《周易稗疏》，《船山全書》，第二冊，頁789。

10　褒陽貶陰之傳統，自董仲舒三綱以來便有這現象，而道教文化中，以全真教為例，
　　去陰存陽以求純陽，更是修道成仙之關鍵。此皆可視為重〈乾〉略〈坤〉，陰陽無
　　法對等之思考。

萬物，效法其德則理念與實踐兼具，而有立身處世之準則。〈乾〉與
〈坤〉缺一不可。倘若有〈乾〉無〈坤〉，則理念空懸，困於落實，
且易落入君權至上、父權高壓、男性中心主義，而缺乏對等思考。
〈乾〉〈坤〉並建，不僅構成事物存在之條件，同時也是造化萬物之
法則。〈乾〉〈坤〉為純陽純陰之性質，其渾淪為一即為太極之象。

> 太極，大圓者也。圖但取其一面，而三陰三陽具焉。其所不能
> 寫於圖中者，亦有三陰三陽，則六陰六陽具足矣。特圖但顯三
> 畫卦之象，而《易》之〈乾〉〈坤〉並建，則以顯六畫卦之
> 理。乃能顯者，爻之六陰六陽而為十二，所終不能顯者，一卦
> 之中，嚮者背者，六幽六明，而位亦十二也。十二者，象天十
> 二次之位，為大圓之體。太極一渾天之全體，見者半，隱者
> 半，陰陽寓於其位，故轂轉而恆見其六。〈乾〉明則〈坤〉處
> 於幽，〈坤〉明則〈乾〉處於幽。《周易》並列之，示不相離，
> 實則一卦之嚮背而〈乾〉〈坤〉皆在焉。非徒〈乾〉〈坤〉為然
> 也，明為〈屯〉、〈蒙〉，則幽為〈鼎〉、〈革〉，無不然也。(《周
> 易內傳發例・七》)[11]

船山認為，太極為一大圓，涵蓋天地萬物。太極為〈乾〉〈坤〉所構
成，〈乾〉〈坤〉各六陰六陽是為十二位，太極之圖但取一面，故只顯
三陰三陽之象，陰陽顯者半，隱者亦半，由此衍生諸卦之變化。存乎
十二時位，故無時不與，無所不在；顯者半隱者半，故顯者為六，隱
者為六，為眾卦之元氣，萬物之血脈。若以〈屯〉䷂、〈蒙〉䷃為
「顯」，〈鼎〉䷱、〈革〉䷰便為「隱」(就此而言，「錯卦」即隱顯之

11　〔明〕王夫之：《周易內傳》，《船山全書》，第二冊，頁657-658。

相對）。有一卦顯現，必有一卦隱遁，這是一種對反關係。這種對反，是基於「隱顯」之相對，而非「有無」之相對（不是某物生了，而導致某物滅了），六陰六陽雖時隱時顯，卻是同時俱存的。

> 《易》以綜為用，所以象人事往復之報，而略其錯，故嚮背之理未彰。然〈乾〉〈坤〉、〈坎〉〈離〉、〈頤〉〈大過〉、〈小過〉〈中孚〉，已具其機，抑於〈家人〉〈睽〉、〈蹇〉〈解〉之相次，示錯綜並行之妙。要之，絪縕升降，互相消長盈虛於大圓之中，則〈乾〉、〈坤〉盡之，故謂之「縕」，言其充滿無間，以爻之備陰陽者言也。又謂之「門」，言其出入遞用，以爻之十二位具於嚮背者言也。（《周易內傳發例・七》）[12]

《易》有錯綜。前後相倒為綜（如〈家人〉☲ 與〈睽〉☲ 為綜），陰陽互異為錯（如〈家人〉☲ 與〈解〉☷ 為錯）。船山認為，《易》多用綜卦，以體現人事往復之效果，而錯卦較略，使得陰陽隱顯嚮背之關係未能被凸顯出來。綜卦之前後相倒往復易幾，使立場與方向，能有循環往復之思考。錯卦之陰陽互異，則體現一徹底質變之對比性思考，而這「質」的對比性，即基於六陰六陽十二位皆備之前題，所呈現之隱顯區別。不過，綜卦與錯卦並非相互牴觸之對比，如〈家人〉〈睽〉、〈蹇〉〈解〉之相次，就能顯現錯卦、綜卦並行之妙，此皆陰陽絪縕升降，彼此消長盈虛於太極之大圓之中。透過錯卦綜卦，《周易》便能對比論卦，而此亦「兩端而一致」之辯證思考。[13]由內外往復之兩端、陰陽隱顯之兩端、以及錯綜之兩端，構成絪縕相盪之互濟

---

12 〔明〕王夫之：《周易內傳》，《船山全書》，第二冊，頁658。
13 關於船山兩端而一致之辯證性思考，可參林安梧：《王船山人性論史哲學之研究》（臺北：東大圖書公司，1987年，1991年再版）。

與張力，事態由此而「動」，由此而「變」，由「變動」而顯「常道」。所謂的《易》道，便是探索這一切律動變化之思想。船山接著談太極、兩儀、四象、八卦。其言云：

> 故曰，「《易》有太極」，言《易》具有太極之全體也；「是生兩儀」，即是而兩者之儀形，可以分而想像之也。又於其變通而言之，則為四象；又於其變通而析之，則為八卦。變通無恆，不可為典要，以周流六虛，則三十六象、六十四卦之大用之大用具焉。〈乾〉極乎陽，〈坤〉極乎陰，〈乾〉〈坤〉並建，而陰陽之極皆顯；四象八卦、三十六象六十四卦摩盪於中，無所不極，故謂之太極。陰陽之外無理數，〈乾〉〈坤〉之外無太極，健順之外無德業。（〈周易內傳發例‧七〉）[14]

《易》具太極之全體。太極，至大至極而遍及於物，陰陽渾合而為「無分別相」。[15]陰陽即〈乾〉〈坤〉，凡卦之陰爻皆〈坤〉順之體，陽爻皆〈乾〉健之體，陰陽絪縕相盪翕闢成變，是為太極生兩儀。[16]太極生兩儀，即從「無分別相」進到「分別相」，既有分別，則氣、質、精、神皆異，而有清濁、明暗、生殺，等作用之區別。[17]而〈乾〉

---

14 〔明〕王夫之：《周易內傳》，《船山全書》，第二冊，頁658-659。

15 「太極」之名，始見於此，抑僅見于此，聖人之所難言也。「太」者極其大而無尚之辭。「極」，至也，語道至此而盡也；其實陰陽之渾合者而已，而不可名之為陰陽，則但贊其極至而無以加，曰太極。太極者，無有不極也，無有一極也。〔明〕王夫之：《周易內傳》，《船山全書》，第一冊，頁561。

16 需扣緊船山「兩端而一致」之辯證性思維，勿將陰陽二氣，視為二元對立之思考，而是一元顯為二元，二元隱於一元之關係。

17 「兩儀」，太極中所具足之陰陽也。「儀」者，自有其恆度，自成其規範，秩然表見之謂。「兩」者，自各為一物，森然迴別而不紊。為氣為質，為神為精，體異矣。為清為濁，為明為暗，為生為殺，用異矣。為盈為虛，為奇為偶，數異矣。「是

〈坤〉兩儀又能顯現四象，船山之四象，為通之二象與變之二象。通之二象，即〈乾〉〈坤〉之純陰純陽，變之二象則為陰錯陽、陽錯陰，以〈震〉、〈坎〉、〈艮〉一象，與〈巽〉、〈離〉、〈兌〉一象。通之象與變之象，合為四象。四象成，則變通往來進退之幾微昭著，八卦之體立焉。[18]八卦立則時位之得失，剛柔之應違，吉凶悔吝定矣。八卦重卦，而為六十四卦，六十四卦涵三百八十四爻，無一非太極之全體，無一非〈乾〉〈坤〉並建之化。眾卦變通，無恆常不變之定式，不可拘執之，但仍有根源之定向可循，仍有造化之兩端可效。故船山云「陰陽之外無理數，〈乾〉〈坤〉之外無太極，健順之外無德業。」太極非超然物外之本體，而是涵蓋萬有，存於生命之根源。由「無分別相」之根源，進到「分別相」之作用，顯陰陽二氣之分，而有絪縕相盪翕闢成變之化，成就萬物之存在，亦作為世人成德之準則。

> 合其嚮背幽明，而即其變以觀其實，則〈屯〉〈蒙〉，〈鼎〉〈革〉無有二卦，而太極之體用不全，是則「《易》有太極」者，無卦而不有之也。故張子曰：「言幽明不言有無。」言有無，則可謂夜無日而晦無月乎？春無昴、畢，而秋無氐、房乎？時隱而時見者，天也，太極之體不滯也。知明而知幽者，人也，太

生」者，從《易》而言，以數求象於寂然不動者，感而通焉。自一畫以至於三，自三以至於六，奇偶著陰陽之儀，皆即至足渾淪之〈乾〉〈坤〉所篤降，有生起之義焉，非太極為父，兩儀為子之謂也。陰陽，無始者也，太極非孤立於陰陽之上者也。〔明〕王夫之：《周易內傳》，《船山全書》，第一冊，頁561-562。

18 「四象」：純陽純陰，通之二象也；陰錯陽，陽錯陰，變之二象也。陰陽之種性分，而合同於太極者以時而為通為變，人得而著其象，四者具矣，體之所以互成，用之所以交得。其在於《易》，則〈乾〉一象，〈坤〉一象，〈震〉、〈坎〉、〈艮〉一象，〈巽〉、〈兌〉、〈離〉一象，皆即兩儀所因而生者也。四象成而變通往來進退之幾著焉。成乎六子之異撰，與二純而八矣，卦之體所由立也。〔明〕王夫之：《周易內傳》，《船山全書》，第一冊，頁562。

極之用無時而息也。屈伸相感,體用相資,則道義之門出入而不窮。嗚呼!太極一圖,所以開示〈乾〉〈坤〉並建之實,為人道之所立,而知之者鮮矣!(〈周易內傳發例·七〉)[19]

總合陰陽之嚮背幽明,即此變化以觀其內容,便能瞭解〈屯〉〈蒙〉,〈鼎〉〈革〉無有〈乾〉〈坤〉二卦,太極之體用便殘缺不全,故言《易》有太極,太極遍及於物,便意謂〈乾〉〈坤〉亦遍及於物。故張載言「幽明」,不言「有無」。〈乾〉〈坤〉如日月般長存,吾人所見日月之變化,無非是「隱顯」之區別,而非「有無」之損益。又如昂、畢、氐、房之星宿變化,其時隱時見,關乎天,關乎太極之體從不停滯。人之稟賦,就在於能體知幽明,瞭解太極之用(即〈乾〉〈坤〉並建)無時無刻造化不息。能體察陰陽之屈伸相感,並體用相資,則道義之行,便能貫通天人物我人己而無所窮盡。船山對此感嘆,太極一圖之意義,即在顯示〈乾〉〈坤〉並建,實存而有無所不在,為兩端之造化,亦安身立命之準則,然而知此者卻鮮矣。船山接著談陰陽、剛柔。其言云:

〈象傳〉之言陰陽,皆曰剛柔,何也?陰陽者,二物本體之名也。盈兩間皆此二物,凡位皆其位,無入而不自得,不可云當位不當位,應不應,故於吉凶悔吝無取焉。陰陽之或見或隱,往來發見乎卦而成乎用,則陽剛而陰柔,性情各見,功效各成,於是而有才,於是而有情,則盛德大用之所自出,而吉凶悔吝之所自生也。(〈周易內傳發例·八〉)[20]

---

19 〔明〕王夫之:《周易內傳》,《船山全書》,第二冊,頁659。
20 〔明〕王夫之:《周易內傳》,《船山全書》,第二冊,頁659。

為何〈象傳〉以剛柔言陰陽？在於陰陽乃本體之謂，陰陽形著於爻象，方有剛柔可言。上段既明太極生兩儀之體用一源，所謂陰陽，便具本體之名，盈兩間而無所不在。凡位皆其位，無入而不自得，不可云當位不當位，應與不應，故於吉凶悔吝無所取。然成卦之後，陰陽見諸爻象卦象，而有陽剛陰柔，性情、功效之區別，才情不同，功能與限制便有所分別，伴隨著抉擇而有是非得失，吉凶悔吝由此生焉。船山接著談剛柔、動靜之關係。其言云：

> 剛之性喜動，柔之性喜靜，其情才因以然爾。而陽有動有靜，陰亦有靜有動，則陽雖喜動而必靜，陰雖喜靜而必動，故卦無動靜，而筮有動靜。故曰：「〈乾〉其靜也專，其動也直；〈坤〉其靜也翕，其動也闢。」陰非徒靜，靜亦未即為陰；陽非徒動，動亦未必為陽，明矣。（〈周易內傳發例‧八〉）[21]

剛之性喜動，柔之性喜靜，是情才之別使然。然陽有動有靜，陰亦有動有靜，陽雖喜動而必靜，陰雖喜靜而必動，陰陽為本體層面，陰陽皆具動靜，剛柔為陰陽形著後之現象層面，有動靜之偏，故卦體本身無動靜之專主，而占筮時有動靜之區別。故〈繫辭傳〉曰「〈乾〉卦其靜也專一，其動也直截」，以及「〈坤〉卦其靜也翕聚，其動也開闢。」陽有動有靜，陰亦有動有靜，這很清楚。

> 《易》故代陰陽之辭曰剛柔，而不曰動靜，陰陽剛柔，不倚動靜，而動靜非有恆也。周子曰：「動而生陽，靜而生陰。」生者，其功用發見之謂，動則陽之化行，靜則陰之體定爾。非初

21 〔明〕王夫之：《周易內傳》，《船山全書》，第二冊，頁659。

無陰陽，因動靜而始有也。今有物於此，運而用之，則曰動；
置而安處之，則曰靜。然必有物也，以效乎動靜。(〈周易內傳
發例‧八〉)[22]

這就是為何《周易》〈象傳〉會以剛柔言陰陽，而不是以動靜言陰陽
的原因。陰陽剛柔並不偏倚動靜，非恆動或恆靜。陰有動靜，陽有動
靜，論其渾淪無區分時之太極亦有動靜。船山並解釋周敦頤〈太極圖
說〉，以其所謂的「動而生陽，靜而生陰。」所謂的生，不是指創
生，而是功用顯現之謂。並非動靜創生出陰陽，而是因為動而顯陽之
造化動能，因為靜而顯陰之靜定凝成。太極生兩儀，純陰純陽之
〈乾〉〈坤〉並建本就作為萬有之基，非原初無陰陽，自動靜而創生
陰陽。今之言動靜，當有物於此，運而用之而曰動，靜而安處而曰
靜，必有其物之存在，才有動靜作用之區別。如此，太極、陰陽實存
而有，便是很清楚的道理。對於道體之實存，船山云：

太極無陰陽之實體，則抑何所運而所置邪？抑豈止此一物，動
靜異而遂判為兩耶？夫陰陽之實有二物，明矣。自其氣之沖微
而未凝者，則陰陽皆不可見；自其成象成形者言之，則各有成
質而不相紊。自其合同而化者言之，則渾淪於太極之中而為
一；自其清濁、虛實、大小之殊異，則固為二；就其二而統其
性情功效，則曰剛，曰柔。陰陽必動必靜，而動靜者，陰陽之
動靜也。體有用而用其體，豈待可用而始有體乎？(〈周易內
傳發例‧八〉)[23]

22 〔明〕王夫之：《周易內傳》，《船山全書》，第二冊，頁659-660。
23 〔明〕王夫之：《周易內傳》，《船山全書》，第二冊，頁660。

太極無陰陽之實體，則如何運動如何靜置？又豈止此一物，因其動靜之異而遂判陰陽為兩？陰陽二物實存而有，這很清楚。自其氣之沖虛隱微未凝時，陰陽皆不可見；自其卦象爻象成形者言，則各有成質而不相紊亂。自其合同之化而言，則渾淪於太極而為一，為存有根源之無分別相；自其卦象形著，則有清濁、虛實、大小之殊異，則成兩端造化之分別相；就此二端而統其性情功效，則曰剛曰柔。陰陽必動必靜，其動靜者，陰陽本有之動靜。體有用而用其體，豈待可用而始有體。船山言陰陽，一方面能印證其非曾昭旭先生所云，是一心映現之純理或純德，而是實存而，君子依此造化之德，而立人道之極。倘若如曾氏所云「純理上之人為運作」、「只是二抽象之純理或曰純德，映現於君子之心上，以為君子明得失，成德業之所據，而非是客觀實存之二元也。」反而恰巧陷入船山所質疑的「豈待可用而始有體」之迷思。

　　太極生兩儀，陰陽實存而有而各具動靜，彼此絪縕相盪，顯現諸多功能與面貌。有體方能生用，發用根源於體，即用方能顯體，而非因用才誕生了體。用有殊相，體有根源，現實雖有殊相變化，然皆連結本體造化之源，能殊途而同歸。船山接著申論殊相之意義，兩端之性質作用有別，不可紊亂。其言云：

> 若夫以人之噓而煦為陽，吸而寒而陰，謂天地止一氣，而噓吸分為二殊。乃以實求之：天其噓乎？地其吸乎？噓而成男乎？吸而成女乎？噓則剛乎？吸則柔乎？其不然審矣。人之噓而煦者，腹中之氣溫也，吸而寒者，空中之氣清也，亦非一氣也。況天地固有之陰陽，其質或剛或柔，其德或健或順，其體或清或濁、或輕或重、為男為女、為君子為小人、為文為武，判然必不可使陰之為陽，陽之為陰，而豈動靜之頃，倏焉變異而大

相反哉？《易》不言陰陽而言剛柔，自其質成而用著者言之
也，若動靜則未之言也。(〈周易內傳發例‧八〉)[24]

體用一源，承體達用，即用顯體，體之如何，當有所確立，不能僅憑
聯想來推定，這樣並不可靠。例如以人之呼氣為暖為陽，以吸氣為寒
為陰，即言天地止一氣，因呼吸而有二殊。如果繼續這般實求之，天
是呼氣嗎？地是吸氣嗎？呼氣成男嗎？吸氣成女嗎？呼氣則剛？吸氣
則柔？事非如此這很清楚。人吸氣而暖，腹中氣溫之故，吸氣而寒，
空中清氣之故，非僅一氣。何況天地固有之陰陽，其質或剛或柔、或
健或順、或清或濁、或輕或重、為男為女、為君子為小人、為文為
武，皆有清楚之界限，不能以陰為陽，以陽為陰，一旦分立，則不相
紊亂，豈因為動靜剎那變異而顛倒此理？故《周易》〈象傳〉不言陰
陽而言剛柔時，是就卦象爻象質成而用著者言之，言其作用、位分與
限制，故未言動靜。

　　船山之〈乾〉〈坤〉並建，是依太極圖說而立論。其言太極，無
所不極，統括萬有，作為根源之存在。太極生兩儀，非創生之謂，而
是隱顯之別，由無分別相之渾淪為一，進到分別相之兩端造化，以此
成萬有之基，作為人道之準則。分別相亦有意義，陰陽自形著卦象爻
象，便有健順、剛柔、清濁、輕重、虛實、大小、男女、文武、君子
小人之別，一旦分立，便不相紊亂，各有其能各有其分。兩者相輔相
濟，亦相對而立，形成張力與變化。〈乾〉〈坤〉同太極一樣，無時不
與，無所不在，而太極有動靜，〈乾〉〈坤〉亦有動靜，形成諸多隱顯
變化，從而有眾卦之不同特性不同功能。六十二卦皆蘊含著〈乾〉
〈坤〉並建之質，其內涵就如天與地，君與民，父與母，男與女，陽

24 〔明〕王夫之：《周易內傳》，《船山全書》，第二冊，頁660。

氣與陰氣，萬物皆從此性而生，由此性而成。以價值言，缺〈乾〉道，則失理念、動力與光明；缺〈坤〉道，則失厚度、滋養與耐性。偏於一邊，必然失衡，兩端相濟，方能成其絪縕相盪翕闢成變之造化。

第三節　四聖一揆

　　船山強調四聖一揆，一方面解釋《周易》文本形成之過程，一方面則依循這線索提出解經原則。

> 　　伏羲氏始畫卦，而天人之理盡在其中矣。上古簡樸，未遑明著其所以然者以詔天下後世，幸筮氏猶傳其所畫之象，而未之亂。文王起於數千年之後，以「不顯亦臨，無射亦保」之心得，即卦象而體之，乃繫之〈彖辭〉，以發明卦象得失吉凶之所繇。周公又即文王之〈彖〉，達其變於〈爻〉，以研時位之幾而精其義。孔子又即文、周〈彖〉〈爻〉之辭，贊其所以然之理，而為〈文言〉與〈彖〉、〈象〉之〈傳〉；又以其義例之貫通與其變動者，為〈繫傳〉、〈說卦〉、〈雜卦〉，使占者、學者得其指歸以通其殊致。(〈周易內傳發例·一〉)[25]

伏羲始畫卦，天人之理盡在其中，而筮氏傳其所畫之象；文王即卦畫而體之，繫之〈彖辭〉（即卦辭），發明卦象得失吉凶之所由；周公又即文王之〈彖辭〉，通達其變而得〈爻辭〉，以研時位之幾微而精要其義；孔子又即文王〈彖辭〉、周公〈爻辭〉，贊其所以然之理，而作〈文言傳〉與〈彖傳〉、〈象傳〉，又研其義例之貫通與變動者作〈繫

---

25 〔明〕王夫之：《周易內傳》，《船山全書》，第二冊，頁649。

辭傳〉、〈說卦傳〉、〈雜卦傳〉，使占者、學者能得其指歸以通殊用。

伏羲成卦畫，文王作卦辭，周公作爻辭，孔子作〈文言傳〉、〈彖傳〉、〈象傳〉與〈繫辭傳〉，四者一脈同體，構成之《周易》文本。而船山強調，應就此脈絡方向來解經。

> 蓋孔子所贊之說，即以明〈彖傳〉、〈象傳〉之綱領，而〈彖〉、〈象〉二〈傳〉即文、周之〈彖〉、〈爻〉，文、周之〈彖〉、〈爻〉即伏羲之卦畫，四聖同揆，後聖以達先聖之意，而未嘗有損益也，明矣。使有損益焉，則文、周當舍伏羲之畫而別為一書，如揚雄《太玄》、司馬君實《潛虛》、蔡仲默《洪範數》之類臆見之作。豈文、周之才出數子之下，而必假於羲畫？使有損益焉，則孔子當舍文、周之辭而別為一書，如焦贛、京房、邵堯夫之異說。豈孔子之知出數子之下，乃暗相叛而明相沿以惑天下哉？繇此思之，則謂文王有文王之《易》，周公有周公之《易》，孔子有孔子之《易》，而又從曠世不知年代之餘，忽從畸人得一圖、一說，而謂為伏羲之《易》，其大謬不然，審矣。世之言《易》者曰：《易》者意也，唯人之意而《易》在。嗚呼！安得此大亂之言而稱之哉！（〈周易內傳發例·一〉）[26]

船山認為，《周易》本文有著創作之連續性與內在理路之連續性。孔子贊《易》之說（應指孔子作〈文言傳〉、〈繫辭傳〉、〈說卦傳〉、〈雜卦傳〉等內容），以明〈彖傳〉、〈象傳〉之綱領；而孔子〈彖傳〉、〈象傳〉即文王〈彖辭〉、周公〈爻辭〉而成；而文王〈彖辭〉、周公

---

26 〔明〕王夫之：《周易內傳》，《船山全書》，第二冊，頁649-650。

〈爻辭〉即伏羲之卦畫而成。四聖同揆，後聖以達先聖之意，而未嘗有損益。如有損益，則文王、周公當捨伏羲卦畫而別為一書，就如揚雄《太玄》、司馬君實《潛虛》、蔡仲默《洪範數》那般成其臆見之作。試想，文王、周公之才豈在這些人之下，這些人能別為一書，文王、周何嘗不能為，何必憑藉伏羲卦畫，卻又損益其理，大費周章地迂迴立說。孔子情況也一樣，如有損益，孔子當捨文王、周公之辭而別為一書，就如焦贛、京房、邵堯夫那般自立異說。以孔子之才豈不如焦贛、京房、邵堯夫？孔子如有異說，必別為一書，怎可能選擇暗相叛而明相沿以惑天下這種著述方式。由此思考，伏羲、文王、周公、孔子創作一貫，理路亦當一貫。世間或謂文王有文王《易》，周公有周公《易》、孔子有《易》，以及年代不可考之時，畸人得一圖一說，即附會為伏羲《易》，如此裂解《周易》文本，此皆大謬不然。又世之言《易》者曰：「《易》者意也，唯人之意而《易》在。」倘若以此言《易》，《易》道詮釋勢必隨心所欲任意而為，安能得此大亂之言而稱許之呢。

> 此蓋卜筮之家，迎合小人貪名幸利畏禍徼福之邪心，詭遇之於錙銖之得喪，窺伺其情，乃侮聖人之言、違天地之經以矜其前知，而學者因襲其妄，以之言微言大義之旨，如「元亨利貞，孔子之言四德，非文王之本旨」之類，竟以先聖通志成務、窮理盡性之制作，為《火珠林》鬻技之陋術，《易》之所以由明而復晦也。篇中如此類者，不得已廣為之辨，即〈象〉見〈象〉，即〈象〉明〈爻〉，即〈象〉、〈爻〉明〈傳〉，合四聖於一軌，庶幾正人心、息邪說之遺意云。（〈周易內傳發例・一〉）[27]

---

27 〔明〕王夫之：《周易內傳》，《船山全書》，第二冊，頁650。

這種詮釋的任意性，蓋出於卜筮家迎合小人貪名幸利畏禍徼福之邪心，不以規矩反而不擇手段於錙銖利害之得喪，由此窺伺卦情，乃侮聖人之言、違天地之經而自矜其固有之知，而學者因襲其妄，還視之為微言大義，如云「元亨利貞，孔子之言四，德非文王之本旨」之類，竟以先聖歷代相通之志所成之務、窮理盡性之制作，化為《火珠林》鬻技之陋術，此即《易》之所以由明而復晦的原因。此陋習已久，使船山不得不廣為之辨。理解《周易》，當即〈象〉見〈彖〉，即〈彖〉明〈爻〉，即〈彖〉、〈爻〉明〈傳〉，合四聖於一軌，傳承賢人正人心、息邪說之遺意。

船山是否批評得當，容有商榷空間，其所言的《周易》形成歷史，涉及史前傳說，亦僅聊備一格。然該注意的，是船山一再強調卦象、〈彖辭〉、〈爻辭〉、與諸傳間之關聯有何意義。無論《周易》各段文獻作者為誰，船山已然將經傳視為一整體，一個理路一貫的思想流脈。一方面給出一個《周易》的詮釋範圍，劃分孰為任意的越界的解釋，孰為有本的有根據的解釋；一方面則是提出理解《周易》文本之方向，即〈象〉見〈彖〉，即〈彖〉明〈爻〉，即〈彖〉〈爻〉明〈傳〉。透過這思考，便能理解船山實服膺以〈傳〉解〈經〉之詮釋傳統，而四聖同揆的背後，亦蘊含〈彖〉〈爻〉一致的詮釋進路。

第四節 〈彖〉〈爻〉一致

四聖一揆既立，〈彖〉〈爻〉一致便成船山解經之基本前提，卦辭與爻辭必關聯起來，缺一不可。

> 昔者夫子既釋〈彖〉、〈爻〉之辭，而慮天下之未審其歸趣，故〈繫傳〉作焉。求〈彖〉、〈爻〉之義者，必遵〈繫傳〉之旨，

舍此無以見《易》，明矣。〈傳〉曰：「觀其〈彖辭〉，則思過半矣」，明乎〈爻〉之必依於〈象〉也。故曰：「〈彖〉者材也，〈爻〉者效也。」材成而斲之，在車為車，輪輿皆車也；在器為器，中、邊皆器也。各效其材，而要用其材，故曰：「同歸而殊塗，一致而百慮。」（〈周易內傳發例・九〉）[28]

船山認為孔子釋〈彖辭〉、〈爻辭〉，作〈彖傳〉〈象傳〉時，考慮人們未能把握《易》道旨趣，故作〈繫辭傳〉。以〈彖〉、〈爻〉必遵〈繫辭傳〉之旨，捨此無以見《易》。而〈繫辭傳〉曰：「觀其〈彖辭〉，則思過半矣」，表明〈爻〉之必依於〈象〉。又曰：「〈彖〉者材也，〈爻〉者效也。」材成而斲，依效而運，為車則輪輿皆車，為器則中、邊皆器。各效其材，而用其材，故〈繫辭傳〉曰：「同歸而殊塗，一致而百慮。」以材為質，以效為用，有根源定向之依據，亦有應乎現象之落實，兩端相繫而一致，這就是為何能殊途同歸一致百慮的道理。

舍其同歸一致，叛而之他，則塗歧而慮詭於理，雖有卮言之不窮，猶以條枚而為棟梁，析豫章而為薪蒸，材非其材，烏效哉？說《易》者於〈爻〉言〈爻〉，而不恤其〈象〉；於〈象〉言〈象〉，而不顧其〈爻〉；謂之曰未達也，奚辭！（〈周易內傳發例・九〉）[29]

如果捨此同歸一致，斷離這連結，則走入歧途，陷入詭論，雖然天理之言無窮，卻選擇以枝幹為棟樑，以樟樹為薪柴，材非其材，所用非

28 〔明〕王夫之：《周易內傳》，《船山全書》，第二冊，頁661。
29 〔明〕王夫之：《周易內傳》，《船山全書》，第二冊，頁661。

物，何能見效？是故言《易》僅於〈爻〉言〈爻〉，而不在乎〈彖〉；於〈彖〉言〈彖〉，而不顧及〈爻〉。〈彖〉、〈爻〉兩不相涉，必難以通達《易》道。

> 《易》之辭簡而理微，舍其同歸一致，而叛離以各成其說，簡者莫能辨也，微者可移易而差焉者也，則亦可詭遇以伸其說，而為之言曰，文自文也，周自周也，孔自孔也，則亦終莫之悟也。（〈周易內傳發例‧九〉）[30]

〈彖〉、〈爻〉一致為何重要？《周易》本辭簡理微，如果捨此同歸一致，斷離連結以自圓其說，將使原本簡略的《易》辭更加難讀，至於《易》道隱微處，更可能因文意誤讀失之毫釐差之千里。也因為如此，也使不擇手段之曲解得以任意發揮，而言文王《易》自文王，周公《易》自周公，孔子《易》自孔子，彼此互不相干，申述甚多，卻與本旨愈離愈遠。斷離了卦辭與爻辭的思想聯繫，文本彼此割裂支離破碎，使得《周易》詮釋失其定向與範圍，便容易誤解曲解與任意詮釋，《易》道自然更加隱晦而不明。

> 今以略言之：〈乾〉唯具四德，故雖在「潛」而德已為龍，他陽之下者莫能擬也。「勿用」者，以養其元亨利貞之德也。〈坤〉唯「喪朋」而後有慶。故上六處西南極高之位，以得朋而疑戰。〈屯〉唯「利建侯」而勿用攸往，故九五之屯膏，而委其利於初九。〈蒙〉唯「瀆則不告」，以貞為吉，故六三以近昵而為不貞之女。推此而求之，〈彖〉為〈爻〉材，〈爻〉為

30　〔明〕王夫之：《周易內傳》，《船山全書》，第二冊，頁661。

〈彖〉效，以〈彖〉之經，求〈爻〉之權，未有不鍼芥相即者也。(〈周易內傳發例・九〉)[31]

〈彖〉與〈爻〉之聯繫，是具體而明顯的。舉例言之，如〈乾〉☰，卦辭言元亨利貞四德，意謂〈乾〉☰之初爻雖潛隱，卻已具龍德，他陽之下者莫能比擬。故〈乾〉☰之爻辭言「勿用」，以養元亨利貞之德；[32]〈坤〉☷，卦辭有西南得朋，東北喪朋之慶，故上六爻辭有得朋而疑戰之事；[33]〈屯〉☳，卦辭言利建侯，而勿用有往，故爻辭有九五屯於澤之辭（膏者，澤也），處兩陰之中，孤掌難鳴，守中而不為外難所動；[34]〈蒙〉☶卦辭言瀆則不告，以貞固為吉，故爻辭之六三因不躬其夫而為不貞之女，而無攸利。[35]由這些例子看來，爻辭都直接呼應了卦辭，兩者並非毫無關聯。〈彖〉為〈爻〉之材，〈爻〉為〈彖〉之效，以〈彖〉為根本，以〈爻〉為發揮，卦辭與爻辭沒有絲毫相違，反而若合符節彼此呼應。

---

31 〔明〕王夫之：《周易內傳》，《船山全書》，第二冊，頁661-662。

32 〈乾〉卦卦辭：「乾。元亨利貞。」〔明〕王夫之：《周易內傳》，《船山全書》，第一冊，頁43。初爻爻辭：「初九，潛龍勿用。」〔明〕王夫之：《周易內傳》，《船山全書》，第一冊，頁45。

33 〈坤〉卦卦辭：「坤。元亨，利牝馬之貞。君子有攸往，先迷後得主，利。西南得朋，東北喪朋，安貞吉。」〔明〕王夫之：《周易內傳》，《船山全書》，第一冊，頁73-74。上爻爻辭：「上六，龍戰于野，其血玄黃。」〔明〕王夫之：《周易內傳》，《船山全書》，第一冊，頁82。

34 〈屯〉卦卦辭：「屯。元亨利貞，勿用有攸往，利建侯。」〔明〕王夫之：《周易內傳》，《船山全書》，第一冊，頁91。第五爻爻辭：「九五，屯其膏，小貞吉，大貞凶。」〔明〕王夫之：《周易內傳》，《船山全書》，第一冊，頁97。

35 〈蒙〉卦卦辭：「蒙。亨。匪我求童蒙，童蒙求我。初筮告，再三瀆，瀆則不告，利貞。」〔明〕王夫之：《周易內傳》，《船山全書》，第一冊，頁98。第三爻爻辭：「六三，勿用取女，見金夫不有躬，无攸利。」〔明〕王夫之：《周易內傳》，《船山全書》，第一冊，頁103。

　　至如〈履〉〈象〉「不咥人」，而六三「咥」者，舍其說以應
　　〈乾〉之成德而躁以進也，而〈象〉已先示以履虎之危機。
　　〈同人〉亨「于野」，而六二「于宗」而吝，亨者在陽，而吝
　　在陰，兩相同而得失固殊也。〈豫〉「建侯行師」之利，九四當
　　之，非餘爻之所能逮。〈咸〉備三德，而〈爻〉多咎吝，以利
　　在「取女」以順，而妄感皆非。(〈周易內傳發例・九〉)[36]

當然，卦辭與爻辭也有不盡相同的時候。如〈履〉☰，卦辭言不咥
人，而六三爻辭卻言咥人，船山解釋這是因為六三爻捨內卦之〈兌〉
體，而應外卦之〈乾〉體，過於躁進才有問題，對此，卦辭提早顯示
了履虎之危；[37]又如〈同人〉☰，卦辭以同人於野為亨，是亨通關
係，而爻辭六二卻言同人於宗而吝，閉塞而不通，與卦辭似有矛盾，
船山解釋這是視角不同之故，於陽觀之，眾陽求同於六二所以亨，於
陰觀之，交不能遠，故為吝，實則一事，然得失有別；[38]再如〈豫〉
☷，卦辭利建侯之利，為何除爻辭九四外，餘爻皆遇困難？因為
〈豫〉由〈震〉☳〈坤〉☷而成，雷地為豫，為群陰孤陽之象，九四
孤陽為群陰所圍，唯九四之陽具動能振起而一呼而百應，帶動群陰而
有所作為；[39]又如〈咸〉☰，卦辭言亨利貞三德之善，但爻辭卻多咎

36　〔明〕王夫之：《周易內傳》，《船山全書》，第二冊，頁662。

37　〈履〉卦卦辭：「履虎尾，不咥人，亨。」〔明〕王夫之：《周易內傳》，《船山全
　　書》，第二冊，頁135。第三爻爻辭：「六三，眇能視，跛能履。履虎尾，咥人凶。
　　武人為于大君。」〔明〕王夫之：《周易內傳》，《船山全書》，第一冊，頁138。

38　〈同人〉卦卦辭：「同人于野，亨。利涉大川，利君子貞。」〔明〕王夫之：《周易
　　內傳》，《船山全書》，第一冊，頁155。第二爻爻辭：「同人于宗，吝。」〔明〕王夫
　　之：《周易內傳》，《船山全書》，第一冊，頁158。

39　〈豫〉卦卦辭：「豫，利建侯行師。」〔明〕王夫之：《周易內傳》，《船山全書》，第
　　一冊，頁175。〈豫〉卦爻辭：「初六，鳴豫，凶。」、「六二，介于石，不終日，貞
　　吉。」、「六三，盱豫，悔，遲有悔。」、「九四，由豫大有得，勿疑，朋盍簪。」、

吝，原因在於男女之相感，在於順天地萬物之情，以天地觀之則亨利貞，以人觀之，心不能貞定之相感，便容易出問題。[40]

> 繇其所以異，觀其所以同，豈特思過半哉！〈爻〉之義無不盡於〈彖〉中，而何讀《易》者弗之恤邪？篇中以〈爻〉不悖〈彖〉為第一義，故破先儒之說，而不敢辭其罪。釋《經》者得句而忘其章，得章而忘其篇，古今之通病也。近世姚江之徒，拈單辭片語以伸其妄，皆此術爾，亦釋氏離鉤得魚之淫辭，而君子奚取焉！（〈周易內傳發例·九〉）[41]

由其所以異，觀其所以同，理解豈過半而已。爻辭之義，無不盡涵於卦辭之中，讀《易》者何能不觀？船山認為爻辭之義不悖卦辭之義，為讀《易》之第一義，故不辭獲罪於先人，而廓清先儒之說。讀句而忘章，讀章而忘篇，未能掌握文本之全貌，是古今之通病。近世陽明後學，隻辭片語便任意發揮，都是這樣的問題，此亦佛門得魚忘鉤之辭，如何能認同。

　　船山對於過往《易》學詮釋方式有著深切不滿，對於近世陽明後學以及佛學之評價亦激切批評。這些批評是否準確，或容商榷，然更需重視的是船山之四聖一揆、〈彖〉〈爻〉一致所形成的《周易》內在

　　「六五，貞疾恒不死。」、「上六，冥豫，成有渝，无咎。」〔明〕王夫之：《周易內傳》，《船山全書》，第一冊，頁177-180。

40　〈咸〉卦卦辭：「咸。亨利貞，取女吉。」〔明〕王夫之：《周易內傳》，《船山全書》，第一冊，頁275。〈咸〉卦爻辭：「初六，咸其拇。」、「六二，咸其腓，凶居，吉。」、「九三，咸其股，執其隨，往吝。」、「九四，貞吉，悔亡。憧憧往來，朋從爾思。」、「九五，咸其脢，無悔。」、「上六，咸其輔頰舌。」〔明〕王夫之：《周易內傳》，《船山全書》，第一冊，頁278-282。

41　〔明〕王夫之：《周易內傳》，《船山全書》，第二冊，頁662。

一致性。卦辭與爻辭間密切關聯，〈傳〉與〈經〉之間密切相連，這不僅構成《周易》文本之緊密結構，同時也是解讀《周易》之必要線索，讀爻辭需研析卦辭，讀卦辭需體察爻辭，兩者相即，方有所本，而不致任意而為。

第五節　〈大象〉別立

在談〈大象傳〉前，筆者先概括船山對《易傳》之看法。船山相當重視《易傳》，認為〈文言傳〉、〈象傳〉、〈彖傳〉、〈繫辭傳〉、〈說卦傳〉、〈雜卦傳〉皆出自於孔子，在四聖一揆、〈彖〉〈爻〉一致之原則上，強調經傳一體，以傳解經。《易傳》之作者，未必是孔子，甚至亦非一時一地一人之作，然視之為孔子思想之遺緒並無問題。經傳一體，以傳解經，亦是由來已久之詮釋傳統。不過，應當留意兩點，其一，船山雖重視《易傳》，卻沒接受〈序卦傳〉；其二，〈大象傳〉之義理與〈彖〉、〈爻〉未必一致。

船山批評〈序卦傳〉甚烈，諸傳中，唯以〈序卦傳〉非聖人之書。其反對理由有三：其一，船山認為，卦有條理，但無定序，倘若卦有定序，其解釋勢必牽強附會彼此矛盾；其二，將〈乾〉〈坤〉視為眾卦之一，即失卻〈乾〉〈坤〉並建作為眾卦根源之核心意義；其三，《易》道是一動之哲學，變之哲學，而非一制式規律，其變動之背後，關乎存有之律動，而此律動則關乎人事是非得失之抉擇，故《易》因道而動，因人參贊其幾而動，而此動之神妙莫測，豈可以制式規律作定序。此皆是船山不滿京房《易》、邵雍《易》之根本原因。由此，船山對於〈序卦傳〉所言卦與卦間「相因」、「相成」、「相反」之關係，皆逐一駁正。並提出「二經」、「歸屬」、錯卦綜卦之關係，來體現眾卦之條理。關於船山駁正〈序卦傳〉之部份，林文彬先

生有相當完整的研究，故本文不再於此贅述。[42]至於〈大象傳〉之特殊性，論者鮮及，故本節將作一概述。

　　〈大象傳〉義理與〈彖〉、〈爻〉未必一致，這樣情況很常見，如《周易內傳・需》九五爻時，船山云：

> 此言「酒食」，文與〈大象同〉，而義自別。〈大象〉觀全卦之象，示學《易》者之大用；〈爻〉乃〈彖辭〉旁通之情，示占者時位之宜。〈大象〉言「飲宴」，發憤忘食後樂之旨；此言「酒食」，明宴好待賢之義。文偶同爾。讀《易》者，不可以〈大象〉強合於〈爻辭〉，類如此。[43]

認為〈大象傳〉觀全卦之象，示學《易》之大用；〈爻〉則為〈彖辭〉旁通之情，示占者時位之宜。故〈需卦〉〈大象傳〉言「飲宴」發憤忘食而後樂，有別於九五「酒食」明宴以待賢之義。文辭偶同，但讀《易》者，不可以〈大象〉強合〈爻辭〉。此亦視角不同之故，林安梧先生認為，〈爻辭〉是由下而上觀，而〈大象傳〉則是由上而下之綜觀，進路方向有別。[44]類似情況，又如《周易內傳・小畜》云：

> 「文德」，禮樂之事，「懿」，致飾而盡美也。禮樂自上興，無所施治於物，而以風動四方；君子以「風行天上」之理自修明於上，而無為之化，不言之教，移風易俗，不待政教而成矣。此卦〈大象〉與〈彖〉殊異，故讀《易》者不可執〈彖〉以論

42　林文彬：《船山易學研究》（臺北：臺灣師範大學國文研究所博士論文，1994年），頁73-90。

43　〔明〕王夫之：《周易內傳》，《船山全書》，第一冊，頁110。

44　筆者從學林安梧先生之課堂筆記。

〈大象〉，則不可執〈大象〉以論〈爻〉明矣。[45]

〈大象傳〉不僅與〈爻辭〉不同，與〈彖辭〉亦殊異。〈彖傳〉言
「〈小畜〉，柔得位而上下應之曰〈小畜〉」，意指六四，雖孤陰處眾陽
之中，然當位，與初九有應，能止陽，而養之畜之。與〈大象傳〉言
禮樂之風行教化顯然不同。又如《周易內傳·履》云：

> 「辯」與辨通。〈大象〉之義，與〈彖〉全別。舊說據此以釋
> 初、上二爻，非是。〈履〉本凶危之卦，於德無取，而陰陽既
> 有此數，物理人情即有此道，善學《易》者，舍其本義而旁觀
> 取象，以議德行，若〈履〉，若〈剝〉，若〈明夷〉之類是已。
> 風、火皆地類，唯澤最處卑下，與天殊絕，各履其位而不相
> 亂。君子之於民，達志通欲，不如是之間隔，惟正名定分，禮
> 法森立，使民知澤之必不可至於天，上剛嚴而下柔說，無有異
> 志，斯久安長治之道也。三代之衰，上日降而下日升，諸侯、
> 大夫、陪臣、處士遞相陵夷，匹夫起覦覬之思，唯志不定而失
> 其所履，雖欲辯之而不能矣。[46]

船山認為，〈履〉〈大象傳〉之義與〈彖辭〉全別。舊說據〈大象傳〉
來解釋初九、上九，是錯誤的。〈履〉卦本凶危之卦，於德無取，然
而陰陽既有此數，即意謂現實之物理人情即有此道存在，善學《易》
者，當舍其本義而旁觀取象，以議德行，若〈履〉、〈剝〉、〈明夷〉之
卦皆此類。此亦意謂並非所有卦，皆有卦德，解卦當依脈絡而調整，
再做學習。〈履〉〈大象卦〉言「上天下澤，履，君子以辯上下，定民

---

45 〔明〕王夫之：《周易內傳》，《船山全書》，第一冊，頁131。
46 〔明〕王夫之：《周易內傳》，《船山全書》，第一冊，頁136-137。

志。」船山認為，辯通辨，強調作出分別。風、火皆地類，唯澤最下，與天殊絕，各履其位而不相亂。君子之於民，本能達志通欲，有所感通，未有間隔，唯獨正名定分，禮法之嚴，不能含糊，故將此自然對應民間，使民知必不可至於天，上剛嚴而下柔說，無有異志各守其分，而成此長治久安之道。三代之衰，上位者日降而下位者日升，諸侯、大夫、陪臣、處士彼此遞相陵夷，匹夫起覬覦之思，唯志不定而失其所履，欲辯之而不能。很顯然，〈大象傳〉之「履」，行其位分之謂，各履其位，不應失其所履；而有別於〈彖辭〉「柔履剛」，戒慎不當之履。又如《周易內傳·姤》云：

> 天之所以資始萬物者，非但風也；而下施於物，則暄風至而物皆生，涼風至而物皆成，物乃得以遇天之施矣。王者之積德以為天下父母，而民或不喻其志，則假誥命以詔之，而天下喻焉，取象於此。顧其發為王言，必深切出於至誠，以巽入於人之隱微，非飾辭而人遂動也，道配天而後化如風也。然唯君道宜然，以其所及者遠，故必誥而後喻。降此以下，唯務躬行，以言感人，則抑末矣。〈姤〉本不貞之卦，而〈大象〉專取天、風之義、與〈彖〉全別。聖人不主故常，觀陰陽之變，而即變以取正。故讀《易》者不可以〈大象〉例〈彖〉也，類如此。[47]

〈姤〉〈大象傳〉曰：「天下有風，姤，后以施命誥四方。」船山認為，天之所以資始萬物者，非僅風而已，然而下施於物，暄風至而物皆生，涼風至而物皆成，物乃得以遇天之施。王者積德以為天下父母，而百姓未喻其志，王則藉誥命以詔之，而天下皆喻，故取象於

---

47 〔明〕王夫之：《周易內傳》，《船山全書》，第一冊，頁363。

此。顧其發為王言，必深切至誠，以異入於人之隱微，非巧言令色使
人遂動，道配天下而使德化如風。然唯君道宜然，以其影響及遠，故
必誥命而後喻曉。自此以下，則唯務躬行，以言感人，則末節矣。
〈姤〉本不貞之卦，而〈大象傳〉專取天、風之義申述其德，與
〈彖〉全別。聖人不主故常，觀陰陽之變，能即變而取正。故讀
《易》，不可以〈大象傳〉例〈彖〉，皆如此類。〈彖〉言〈姤〉之不
貞，以孤陰力不能敵眾陽，故巽以相入，求得陽之心，而逞其不軌之
志，貌弱而情壯，故〈彖〉〈爻〉皆為陽戒，戒由下而上之巽入。而
有別〈大象傳〉之王居正位，申誥命使百姓喻曉，由上至下政令巽入
民情之貌。又如《周易內傳·歸妹》云：

> 澤流下，雷終奮出而不為衰止。男已長，女方少，不憂其不偕
> 老而說從之。推此志也，貧賤、夷狄、患難，皆可以永焉者
> 也。天下無不可終之交，無不可成之事。君子明知事會之有
> 敝，而必保其終，情不為變，志不為遷，蓋體此象以為德。庸
> 人不知敝而妄覬其終之利，智士知其敝而為可進可退之圖以自
> 全。孔子曰：「道之不行，已知之矣。」文信國曰：「父母病，
> 雖知不起，無不藥之理。」聖人之仁所以深，君子之志所以不
> 可奪也。〈大象〉此類皆與〈彖〉殊指，不可強合者也。[48]

〈歸妹〉〈大象傳〉曰：「澤上有雷，歸妹，君子以永終知敝。」船山
認為，澤流下，雷中奮起而不衰止。男長，女少，老少配，不憂其不
偕老而說從之。推此志行天下事，則貧賤、夷狄、患難之交，皆可以
永。天下無不可終之交，無不可成之事。君子明知事之有敝，而必保

---

48 〔明〕王夫之：《周易內傳》，《船山全書》，第一冊，頁435。

其終，情不變，志不遷，改以此象為德。庸人不知敝而妄圖其終之
利，智士知其敝而為可進可退之圖以自全。孔子曰：「道之不行，已
知之矣。」文信國曰：「父母病，雖知不起，無不藥之理。」是知其
不可為而為之，聖人之仁所以深，君子之志所以不可奪之因。無此心
志，何得永終。〈大象傳〉認為永終知敝，能情不變，志不遷是好
事，而〈彖〉則認為〈歸妹〉，男舍其家，出而就女以為歸，是失分
之舉。〈大象傳〉與〈彖〉義懸殊過大，故船山以為「不可強合者
也」。〈大象傳〉為何別為一義，獨樹一幟，船山有作解釋。其言云：

> 〈大象〉之與〈彖〉、〈爻〉，自別為一義。取〈大象〉以釋
> 〈彖〉、〈爻〉，必齟齬不合，而強欲合之，此《易》學之所由
> 晦也。《易》以筮，而學存焉，唯〈大象〉則純乎學《易》之
> 理，而不與於筮。蓋筮者，知天之事也；知天者，以俟命而立
> 命也。……若夫學《易》者，盡人之事也。盡人而求合乎天
> 德，則在天者即為理。天下無窮之變，陰陽雜用之幾，察乎至
> 小、至險、至逆，而皆天道之所必察。苟精其義、窮其理，但
> 為一陰一陽所繼而成象者，君子無不可用之以為靜存動察、修
> 己治人、撥亂反正之道。故〈否〉而可以「儉德辟難」，〈剝〉
> 而可以「厚下安宅」，〈歸妹〉而可以「永終知敝」，〈姤〉而可
> 以「施命誥四方」；略其德之凶危，而反諸誠之通復，則統
> 天、地、雷、風、電、木、水、火、日、月、山、澤已成之法
> 象，而體其各得之常。……〈大象〉，聖人之所以學《易》
> 也。「無大過」者，謙辭也。聖人之集大成，以時中而參天
> 地，無過之盡者也，聖學之無所擇而皆固執者也，非但為筮者
> 言也。君子學聖人之學，未能至焉，而欲罷不能，竭才以從，
> 遺其一象而即為過，豈待筮哉！所謂「居則觀其象」也。嗚

呼！此孔子之師文王而益精其義者，豈求異于文王乎！神而明
之，存乎其人，非聖人而孰能與於斯！讀《易》者分別玩之，
勿強相牽附，以亂〈爻〉、〈象〉之說，庶幾得之。[49]

船山認為，〈大象傳〉自別為一義，取〈大象傳〉以釋〈彖〉、〈爻〉，
必齟齬不合，而歷來多強合之，此《易》學晦澀不明之緣由。《易》
有筮，亦有學，唯〈大象傳〉純乎學《易》之哲理，而不與於占筮。
筮者，知天之事，知天者，以俟命而立命；學《易》者，盡人之事，
盡人而求合乎天德，則在天者即為理。天下無窮之變，陰陽雜用之
幾，察乎至小、至險、至逆，皆天道所必察。學《易》苟精其易、窮
其理，但為一陰一陽所繼而成象者，君子皆能用之以為靜存洞察、修
己治人、撥亂反正之道。故〈否〉象而可以「儉德辟難」，〈剝〉象可
以「厚下安宅」，〈歸妹〉之象可以「永終知敝」，〈姤〉象可以「施命
誥四方」。略其卦德之凶危，反身而誠以感通復歸，則統天、地、
雷、風、電、木、水、火、日、月、山、澤已成之法象，而體其各得
之常理。〈大象〉者，聖人之所以學《易》也。言五十以學《易》而
「無大過」，謙辭也。聖人集大成，以時以中參天地，必無過而能盡
道，聖學之無所揀擇而皆固執者在此，非因占筮才有所作為。君子學
聖人之學，未能至者，怎勉力為之欲罷不能，竭才已從，遺漏一象即
以為過，又豈求異於文王。神而明之，存乎其人，非聖人孰能至此。
讀《易》者當分別玩之，勿牽強附會，而亂〈爻〉〈象〉之說，便能
得之。

　禍福際遇聽之於命，是非得失則操之吾心。君子依〈大象傳〉以
學《易》，從天地自然之象，見安身立命之德。〈大象傳〉之存在，同

---

49 〔明〕王夫之：《周易內傳》，《船山全書》，第一冊，頁674-675。

時印證《周易》原初雖為卜筮之書，但歷經四聖一揆之建構，《周易》非僅卜筮而已，更成蘊含聖賢教化之經典著作。船山不僅多次強調〈大象傳〉之特殊，更著成《周易大象解》一書，使學者易於領略《易》道哲理，同時亦避免〈大象傳〉與〈彖〉〈爻〉混淆之失，使得《易》道之理，不再由明見晦。然而也應當注意，〈大象傳〉雖與〈彖〉〈爻〉殊異，但並非完全斷裂毫無關係，讀者在守其區別，疏通文脈領略《易》旨後，應再將兩端之義理連結起來，互濟相參而同歸於道。

第六節　卦主之尋

　　船山認為〈乾〉〈坤〉無卦主，而眾卦則有主輔，當尋其卦主，領略卦爻事態變動之關鍵。其言云：

> 唯〈乾〉〈坤〉以純為道，故〈乾〉曰「時乘六龍以御天」，又曰「天德不可為首」，九五雖尊，不可任為群陽之主，而各以時乘；〈坤〉曰「德合無疆，承天而時行」，六二雖正，而下不能釋初六之凝陰，上不能息上六之龍戰。（〈周易內傳發例・十一〉）[50]

唯〈乾〉〈坤〉以精純為道，故〈乾〉☰言「時乘六龍以御天」，又言「天德不可為首」，〈乾〉☰九五雖當位居中處於君位，但不可任群陽之主，六爻皆龍，皆涵龍德，而能乘時利用；至於〈坤〉☷，則言「德合無疆，承天而時行」，所以六二雖當位居中而正，但下不能釋

50　〔明〕王夫之：《周易內傳》，《船山全書》，第二冊，頁664-665。

初六之凝陰，上不能止上六之龍戰，而應柔順守中，承天而時行。
〈乾〉六爻皆主，而〈坤〉則是承天以為主，亦當〈乾〉〈坤〉並建
而觀，不能遺漏一端。六十二卦皆有卦主可尋，唯〈乾〉〈坤〉不可
尋。船山接著逐一敘述卦主之判斷方式。其言云：

> 自此而外，則卦各有主。或專主一爻行乎眾爻之中，則卦象、
> 卦名、卦德及爻之所占，皆依所主之爻而立義。或貞悔兩體相
> 應，或因卦變而剛柔互相往來，則即以相應、相往來者為主。
> （〈周易內傳發例·十一〉）[51]

自此以〈乾〉〈坤〉以外之眾卦，卦皆有主。或專主一爻行乎眾爻之
中，使卦象、卦名、卦德與爻之所占，皆依主爻而有意義變化。一種
是貞（內卦）悔（外卦）相應之爻為主爻，一種是卦變後使內卦外卦
能相互往來者為主爻（爻因卦變而移位）。主爻的判斷，嚴格說並不
一致，船山亦云不可為典要，需理解卦之「時義」，依其脈絡來判
斷。大抵來說，以爻論，孤陰孤陽容易視為卦主，然孤爻亦有兩種情
況，一如〈剝〉，眾爻皆剝，唯上九止剝，作為最後之標準，故上九
為主；一如〈履〉，眾爻非履，唯六三柔履剛（詳於下段）。而王弼
〈周易略例〉，則有統之有宗，會之有元，以一統多之原則，群陽中
以孤陰為主或群陰中以孤陽主爻，不過此亦非定式，不可為典要。[52]

---

51 〔明〕王夫之：《周易內傳》，《船山全書》，第二冊，頁665。
52 不可為典要之思考，意謂不可拘於定式。以王弼〈周易略例〉為例，其闡明諸多
《易》例原則，以此原則覆核其注釋，其判斷亦未必一致。因為這是構成理解
《周易》的線索之一，而非理解《周易》之定式，《易》例有助於解《易》，然過於
拘於《易》例，反而有礙義理，適得其反。不可為典要，賦予一種彈性思考，讓
《周易》能由諸多線索中去作選擇性之闡釋，有線索故有方向，非定式故其彈性，
王弼如此，程頤如此，船山亦如此，當代學者屈萬里先生亦如此。此為讀《易》之

以卦論，則內卦為本為體，外卦為末為用，外卦可代表官方，內卦代表民間，內外並觀，若「當位」、「居中」、「得應」，便很可能為主爻，故五爻跟二爻，作為主爻之機會很高，但此非定則。

> 或卦象同，而中四爻之升降異位，或初、上之為功異道，則即以其升降剛柔之用爻為主。非在此一卦，而六爻皆有其一德也。一爻行乎眾爻之間，如〈履〉唯六三為柔履剛，則餘爻之陽皆其所履，不可於外三爻而言履他爻；初、二與三同為〈兌〉體，雖有〈履〉道而未履乎剛，故咥不咥不與焉。〈復〉卦唯初九為能復，〈大有〉唯六五為有乎大，而餘爻皆聽復而為柔所有。[53]〈姤〉、〈同人〉、〈豫〉、〈小畜〉之類，其義皆然。(〈周易內傳發例‧十一〉)[54]

有一種是卦象相同，而中四爻升降異位，有一種則初爻、上爻作用有別，此即以升降剛柔之用爻為主爻。非在此一卦，而六爻皆有其卦之德。一爻行乎眾爻之間，如〈履〉卦☱，為〈乾〉☰〈兌〉☱之和，天澤為〈履〉，獨六三為柔履剛，故為主爻，其它諸爻則為陽所履，不可於六三爻以外言履他爻；又〈履〉☱之初九、九二同為〈兌〉☱之體，所以雖有〈履〉道之義而未履乎剛，沒「履虎尾」，故無被虎咬之問題。也就是說六三之柔履剛，為〈履〉卦之主要事件故為主爻，而外卦之〈乾〉☰處事件之外，針對事件有所回應，雖為〈乾〉

共識。可參考〔魏〕王弼著，樓宇烈校釋：《王弼集校釋》(北京：中華書局，1980年，2009年四刷)。〔宋〕程頤著，王孝魚點校：《周易程氏傳》(北京：中華書局，2011年)。屈萬里：《先秦漢魏易例述評》(臺北：臺灣學生書局，1975年再版)。

53 「而餘爻皆聽復而為柔所有」，筆者疑此應斷句為「而餘爻皆聽復，而為柔所有」。前句「而餘爻皆聽復」指〈復〉卦，後句「而為柔所有」指〈大有〉卦。

54 〔明〕王夫之：《周易內傳》，《船山全書》，第二冊，頁665。

卦之尊，但並非主角。類似之例子又如〈復〉䷗，初九為主爻，唯初
爻有動力能「復」；又如〈大有〉䷍，六五爻為主爻，因為唯六五柔
順守中能成其胸襟之大。〈姤〉䷫、〈同人〉䷌、〈豫〉䷏、〈小畜〉䷈
之類義皆如此。

> 二爻相往來，而以所往來者為主，如〈損〉之損三而益上，
> 〈益〉之損四而益初，則唯所損、所益之兩爻為主，而餘爻皆
> 受損、益者也。〈恆〉之初與四固藏以持久，餘爻非有恆道；
> 〈需〉、〈晉〉之五居尊而遙相待，上與四隔絕，所繇以俟
> 〈需〉、〈晉〉者，則〈需〉與所需、〈晉〉與所晉者異矣。（〈周
> 易內傳發例·十一〉）[55]

出而行於天下曰「往」，退而自正曰「來」。如果是二爻相往來，以所
往來者為主爻，如〈損〉䷨之損三而益上，六三爻為主爻，〈益〉䷩
之損四而益初，六四爻為主爻，皆以所損所益往來之該爻為主爻，其
餘眾爻則為受損、受益之爻。〈損〉䷨、〈益〉䷩分別為〈泰〉䷊、
〈否〉䷋之變卦，〈泰〉䷊之九三與上六互換即為〈損〉䷨，〈否〉䷋
之上九與六三互換即為〈益〉。〈泰〉䷊興盛繁榮，故變為〈損〉卦
時，代表民間有餘裕進獻官方；〈否〉䷋上下不交，故變為〈益〉
䷩，代表官方賑濟民間之象，待民間復甦生長，又能支撐官方。上卦
與下卦代表著官方民間之互動關係，而〈損〉䷨三爻與〈益〉䷩四爻
皆其事件之關鍵，卦義皆聽其而動。

　言及卦變，〈恆〉䷟亦是〈泰〉䷊之變，〈泰〉之初九與六四互換
則為〈恆〉䷟，以變爻為主爻，此外餘爻則為受恆之爻；至於〈需〉

---

55 〔明〕王夫之：《周易內傳》，《船山全書》，第二冊，頁665。

卦☷〈晉〉卦☲，則五爻為主爻，因上爻與四爻隔絕，而言「需」、「晉」之道，不過兩卦第五爻陰陽不同，形成不同事件，故〈需〉☵言「所需」和〈晉〉☲言「所晉」意義迥異。

> 以相應不相應為主者，中四爻之合離有得失之異，如〈中孚〉之二、五得中，相合而孚其類，以感三、四，故三、四非能孚者，初、上則尤不與於孚者也。（〈周易內傳發例・十一〉）[56]

以相應不相應為主爻者，在於中四爻之合離有得失之區別，如〈中孚〉☲之九二與九五，能守中同志而相孚其類，由此感通六三、六四，故處於事件之外的六三、六四，雖同為陰類卻非能具孚德，而初九、上九亦是。

> 或卦象略同而三、四升降異，如〈賁〉柔來二以飾陽，故〈賁〉須終不得為大文；〈噬嗑〉剛自五而來初，以齧合交雜之陰陽而非道；則〈賁〉唯二與上為致飾，〈噬嗑〉唯初與上為強合；有賁者，有受賁者，有噬者，有受噬者，不得概言飾與合也。（〈周易內傳發例・十一〉）[57]

內卦外卦卦象略同，而第三爻、第四爻升降變化，如〈賁〉☲與〈噬嗑〉☲。〈賁〉☲為〈泰〉☷之變化，〈泰〉☷之六四與九二互換即為〈賁〉☲；〈噬嗑〉☲為〈否〉☰之變化，〈否〉☰之九五與初六互換即為〈噬嗑〉☲。〈賁〉☲以陰柔至二爻飾內卦之陽，故〈賁〉終不得為天地之大文；又如〈噬嗑〉以五來初，以齧合交雜之陰陽而非大

---

56 〔明〕王夫之：《周易內傳》，《船山全書》，第二冊，頁665。

57 〔明〕王夫之：《周易內傳》，《船山全書》，第二冊，頁665。

道；故〈賁〉䷕唯六二與上九成極致之飾，〈噬嗑〉䷔唯初九與上九成強力咬合。有賁，有受賁者，有噬者，有受噬者，不可一概視為文飾與咬合。

> 中四爻象同而初、上為功異者，如〈家人〉以剛閑得位之貞，而〈蹇〉以柔用；〈解〉以柔解失位之悖，而〈睽〉以剛爭；則中四爻之得失皆聽乎初、上，不自為合離行止矣；有閑者，有受閑者，有解者，有受解者，有啟其疑似睽者，有致其慎而蹇者，未可無辨以離爻於全卦之象也。觀其〈彖〉以玩其〈象〉，則得失之所由與其所著，吉凶之所生與其所受，六爻合一，而爻之義大明矣。(〈周易內傳發例·十一〉)[58]

中四爻象同，而初爻、上爻之作用便成關鍵。則如〈家人〉䷤初、上為陽爻，以剛嚴管教中四爻，使中四爻之「得位」能貞固；〈蹇〉䷦則初、上為陰爻，寬柔對待得位之中四爻，謹慎克制避免不當干預；又如〈解〉䷧初、上為陰爻，以寬柔緩解，解中四爻「失位」之悖亂；而〈睽〉䷥則以剛嚴來約束中四爻之「失位」，統合烏合之眾。這四個卦，中四爻之得失皆聽乎初爻與上爻，而不是獨立的合離動靜。有閑禦者，有受閑禦者，有緩解者，有受緩解者，有啟疑而眾目睽睽者，有至慎而似難行者，未可不辨其爻象結構來總觀全卦。觀其〈彖〉，以玩其〈象〉，則得失所由與其所成，吉凶之所生與所受，六爻合一，統而觀之，爻辭之義便能清楚明瞭。

> 舊說概云當某卦之世則皆有某卦之道，主輔不分，施受不別，遇〈履〉則皆履物，遇〈畜〉則皆畜彼，至於說不可伸，則旁

---

58 〔明〕王夫之：《周易內傳》，《船山全書》，第二冊，頁665-666。

立一義，如〈訟〉九五為聽訟，而不問所訟者為何人之類，揆
之卦畫，參之彖辭，絕不相當，非義所安，審矣。篇內疏其
滯，會其通，非求異於先儒，庶弋穫於三聖耳。（〈周易內傳發
例・十一〉）[59]

船山批評舊說以某卦之世當有某卦之道，主輔不分，施受不別，遇
〈履〉則皆履物，〈畜〉則皆畜物，以至其說不通難以發揮，便另立
新說，如〈訟〉☰☵九五聽訟，卻不管訟者是何對象，是故揆度卦畫，
參照彖辭，絕不相應，而難以令人信服。有鑑於此，船山自言其《周
易》篇內疏通義理，並非標新立異於先儒，而是獲得三聖資糧之故。
透過卦主之尋，整理船山卦主之判斷方式：

一、〈乾〉〈坤〉無卦主可尋，〈乾〉六爻皆主，〈坤〉虛受以承
　　天，以〈乾〉為主。
二、或專主一爻行乎眾爻之中。如〈履〉六三。
三、或貞悔兩體相應。如〈泰〉九五。
四、或因卦變而剛柔互相往來，則即以相應、相往來者為主。如
　　〈損〉六三、〈益〉初九。
五、卦象同，而中四爻之升降異位。如〈萃〉九五。
六、中四爻象同而初、上為功異者。則如〈家人〉初九、〈睽〉上
　　九、〈蹇〉初六、〈解〉上六。
七、以相應不相應為主者，中四爻之合離有得失之異。如〈中孚〉
　　九五。
八、卦象略同而三、四升降異。如〈賁〉六二、〈噬嗑〉九四。

59　〔明〕王夫之：《周易內傳》，《船山全書》，第二冊，頁666。

概括有八種，且不可為典要，可謂變化萬端。由此可體會到船山玩卦之嫻熟，從孤爻之殊，內外之應，上下往來之視點，進到卦變之對照，從一卦之觀，至兩卦並觀，甚至四卦並觀之對照。能尋一爻之主，更能映襯一卦之特色，而兩兩對比，互濟相參，亦兩端而一致之思考，使情境就算變化，占者亦能統整理序尋得方向。

第七節　占學一理

　　船山常批評《火珠林》讞術算卦，但船山其實不反對占筮，他反對的是「無學之占」以及「無占之學」。

> 以《易》為學者問道之書而略筮占之法，自王弼始。嗣是言《易》者不一家，雖各有所偏倚，而隨事以見得失之幾，要未大遠於《易》理。唯是專於言理，廢筮占之法於不講，聽其授受於筮人，則以筮玩占之道，不能得先聖人謀鬼謀、百姓與能之要。(〈周易內傳發例・二十一〉)[60]

船山認為《周易》本是占學合一，占筮與問道兼俱，略占筮自王弼始，《周易》僅視為哲理之書。此後，言《易》者紛紛，雖各有所偏倚，然未大遠於《易》理。只是專言哲理，而不講占筮之法，逐漸使占筮的詮釋權，全都讓給了算卦人。而缺乏哲理內涵的算卦人，能體會之《易》道有限，只能計較利害得喪，不能得先聖之智慧，給予百姓真正需要的東西。

---

60 〔明〕王夫之：《周易內傳》，《船山全書》，第二冊，頁678。

至朱子作《啟蒙》，始詳焉。乃朱子之法，一本之沙隨程氏，其三爻變以上無所適從，但以晉文公之筮貞〈屯〉悔〈豫〉為證，至五爻變則據穆姜之筮〈隨〉，而又謂史妄引〈隨〉之〈象辭〉。今按三爻變，則占本卦及之卦之〈象辭〉。假令筮得〈乾〉，而三、五、上變為〈歸妹〉，〈乾〉〈象〉曰「元亨利貞」，而〈歸妹〉曰「征凶無攸利」；又令筮得〈家人〉，初、二、四變為〈姤〉，〈家人〉〈象〉曰「利女貞」，〈姤〉曰「女壯勿用取女」；得失吉凶，相反懸絕，占者將何所折衷耶？其四爻、五爻、六爻變，皆舍本卦而專取之卦，本之不立，急於趣時，以靜為動，以動為靜，於理不安之甚。（〈周易內傳發例‧二十一〉）[61]

至朱子作《周易啟蒙》，學者才重新重視占筮之法。但朱子之法，本於程頤，對於爻變之解釋能力有限，凡三爻變以上便無所適從。其引《左傳》《易》例來詮解，卻又責讓《左傳》之引文有誤，顯然未能真正信服《左傳》。[62]對此，船山試著循朱子理路，理解三爻變「本卦」與「之卦」之卦辭。假如卜得〈乾〉☰，而三、五、上則變為〈歸妹〉☳，那麼〈乾〉之「元亨利貞」，就會變成〈歸妹〉之「征凶無攸利」；[63]又如卜得〈家人〉☲，而初、二、四變為〈姤〉☴，那麼

---

61 〔明〕王夫之：《周易內傳》，《船山全書》，第二冊，頁678。

62 船山亦不相信《左傳》關於《周易》之記載。其云：「如《春秋傳》所記，附會支離，或偶驗於一時，而要不當於天人性命之理。」以此流及後世，《易》則流為窺伺天機錙銖利害之物，理不具焉。〔明〕王夫之：《周易內傳》，《船山全書》，第一冊，頁505-506。

63 〈乾〉卦卦辭：「乾。元亨利貞。」〔明〕王夫之：《周易內傳》，《船山全書》，第一冊，頁43。〈歸妹〉卦卦辭：「歸妹。征凶，无攸利。」〔明〕王夫之：《周易內傳》，《船山全書》，第一冊，頁432。

〈家人〉卦辭之「利女貞」，就會變為〈姤〉之「女壯勿用取女」。[64]
如此得失吉凶，便會完全相反矛盾。這樣占筮者實難折衷其理進行詮
釋。且朱子之四爻、五爻、六爻變都捨「本卦」取「之卦」，本之不
立，而急於探求變化之時，這樣只會動靜顛倒，理不能安。

> 蓋所謂之卦者，一出於筮人，而極於焦贛四千九十六之繇辭。
> 若以易簡而知險阻言之，則三百八十四之〈爻辭〉通合於六十
> 四〈象〉之中，已足盡天人之變。如以為少而益之，則天化物
> 理事變之日新，又豈但四千九十六而已哉！故贛之《易林》，
> 詭於吉凶，而無得失之理以為樞機，率與流俗所傳《靈棋
> 經》、《一撮金》，同為小人細事之所取用，褻天悖理，君子不
> 屑過而問焉。(〈周易內傳發例・二十一〉)[65]

所謂「之卦」之說，本出於算卦人，又為焦贛大加發揮，而成四千九
十六繇辭。若以「易簡」原則觀之，則三百八十四爻通合六十四卦，
足以盡天人變化。倘若真要強調事態變化之迅速與複雜，四千九十六
爻又豈會足夠。故焦贛之《易林》，詭論於吉凶，卻不俱備是非得失
之理以為樞紐，這樣便與流俗的《靈棋經》、《一撮金》沒多少區別，
同為小人細事錙銖必較之用，如此探求天機，則褻瀆上天違背道理，
君子不屑問焉。

是之卦之說，三聖之所不用，亦已審矣。唯《春秋傳》晉文、

---

64 〈家人〉卦卦辭：「家人。利女貞。」〔明〕王夫之：《周易內傳》，《船山全書》，第
　一冊，頁312。〈姤〉卦卦辭：「姤。女壯，勿用取女。」〔明〕王夫之：《周易內
　傳》，《船山全書》，第一冊，頁361。

65 〔明〕王夫之：《周易內傳》，《船山全書》，第二冊，頁678。

穆姜之占，以之卦為說，乃皆曰八，則疑為《連山》、《歸藏》之法，而非《周易》之所取。其他《傳》之所載，雖曰某卦之某，所占者抑唯本卦動爻之辭，且概取本卦一爻以為占，未必其筮皆一爻動而五爻不動。意古之法，動爻雖不一，但因事之所取象、位之與相當者，一爻以為主而略其餘。特自王弼以來，言《易》者置之不論，遂失其傳，而沙隨程氏以臆見為占法，則固未足信也。(〈周易內傳發例・二十一〉)[66]

故「之卦」之說，三聖之所以不用，這很清楚。至於《左傳》《易》例，則疑為《連山》、《歸藏》之遺緒，而非《周易》所取。《左傳》所載，雖言某卦變之某卦，所占的或「本卦」動爻之辭，且取「本卦」一爻以為占，未必意謂卜其一爻動而餘五爻皆不動。揣測古意，動爻雖不一，但因事件之所取象、位之與相當者，故以一爻作為代表，而省略餘爻。自王弼以來，言《易》者多置占筮不論，其後失傳，爾後雖有程頤再度重視，但多以臆見為占法，不能令人信服。

　　船山對於焦贛、王弼、程頤、朱子之評價是否準確，或容商榷。但就強調占學一理用心而言，讓《周易》恢復本有完整之功能，占筮、哲理合一對於解讀《周易》亦有助益。船山認為，《易》道哲理固然重要，但占筮之斷亦不可棄，倘若占筮詮釋皆讓給算卦人，使其獨占占斷之話語權，其對於《周易》之曲解，便難有導正之可能，而吉凶占斷之背後，也勢必失卻是非得失之教化哲理。「占」「學」相即，則占有所本，學有所用，民間之談《易》，在知吉凶悔吝之餘，更能有是非得失，過咎之反省。徒求趨吉避凶，小人之道，君子不取，亦非恆久之至道。

---

66 〔明〕王夫之：《周易內傳》，《船山全書》，第二冊，頁678。

故船山常引張載「《易》為君子某，不為小人謀。」之語，自愚者言之，得失易知，吉凶難知，自知道者言之，吉凶易知，得失難知。愚者在乎吉凶，仁者在乎得失。後者樂天知命故不憂，知凶之大者極於死，然人莫不有死，只是時候早晚的問題，既然死是自然之則，便無須多慮。但是非得失不同，納關乎人之所以為人的價值，關乎人，更關乎眾人，關乎天地物我人己之大道，非僅利害得喪之計較。易之占卜，需知吉凶，更需明得失，於此恪守理念，提昇見識，作出判斷，天道方能相應並顯現於人間。

小結

船山之《易》例原則，概括而言，為〈乾〉〈坤〉並建、四聖一揆、彖爻一致，與占學一理，得失吉凶一道。

船山藉〈太極圖〉說，闡釋道體之生化與結構。太極生兩儀，非以創生言生，而是隱顯之生。太極由無分別相之渾淪為一，進到陰陽分別相之兩端造化，由此談四象、八卦、眾卦、眾爻之生成。無分別相，在於言其根源，分別相，在於言其絪縕翕闢成變之造化，別與無別皆有其意義。陰陽各有動靜，自形著卦象爻象，便有健順、剛柔、清濁、輕重、虛實、大小、男女、文武、君子小人之別，一旦分立，便不相紊亂，各有其能各有其分。

〈乾〉〈坤〉，實存而有，為萬有之基，樹立人道之極之依據。船山以兩端而一致之辯證思想思考問題，使其言理又言心，言道亦言器，彼此兩端皆辯證起來，不容缺失一端或偏於一端。缺一則有偏，有偏則失衡。在過往社會裡，多主〈乾〉而略〈坤〉。〈乾〉〈坤〉之並建，能讓側重君權至上、父權高壓、男性中心之主從關係，導向一個兩端互尊共容的相濟關係。這不僅是哲學思考，亦是一種能適應時代的思想。

　　談到《周易》之著成，歷史之探源考究不易，但可以確定的是，船山讀《易》之歷史感甚深。無論是源頭之追溯，還是歷代《易》學詮釋之衡定，船山絲毫沒有迴避過往之歷史傳統。儘管其批判或容商榷，但就其視域之擴大而言，這是值得借鏡與效法的。

　　四聖一揆，〈彖〉〈爻〉一致，將《周易》文本視為一個整體，認定其創作之一致與內在理路之一致性，給定一個詮釋範圍。歷來詮釋《周易》何其多，各家說法莫衷一是，給定詮釋之範圍，闡明卦辭爻辭傳文之聯繫，便能大致確立理解《周易》之準則與方向。

　　船山以傳解經，然諸傳之間性質有別，船山認為〈大象傳〉獨樹一幟，專言哲理，從天地自然之象，見安身立命之德，以卦象之視角綜觀全局，而與〈彖〉〈爻〉文脈殊異，故不可強合。歷代《易》學，或以〈大象〉釋〈彖〉〈爻〉，使得《易》道由明轉晦。故船山於《周易內傳》多次辨析，並著成《周易大象解》一書。一方面作為《易》學哲理入門，一方面則避免詮釋思考之混爻。

　　卦主之尋，概括有八種方式，且不可為典要，可謂變化萬端。由此可體會到船山玩卦之嫻熟，從孤爻之殊，內外之應，上下往來之視點，進到卦變之對照，從一卦之觀，至兩卦並觀，甚至四卦並觀之對照。能尋一爻之主，更能映襯一卦之特色，而兩兩對比，互濟相參，亦兩端而一致之思考，使情境就算變化，占者亦能統整理序尋得方向。

　　占學一理，得失吉凶一道，一方面可視為「學」、「用」之兼備，一方面則可視為學界與民間之結合。無占之學，徒有哲理，推廣有限，並讓出占斷之詮釋權，放任算卦人詮釋；無學之占，則道理不明，徒知趨吉避凶，而不明是非得失。兩者相即，能學，亦能用，能闡發哲理，亦能推廣於民間。趨吉避凶是人之常情，但應當順此人之常情，深入道理治療人心，如此才能真正進到《易》道造化之中。

第五章
八卦之思想

　　前一章確立船山《易》例原則，本章以八卦為範圍，來檢視船山具體論卦之內容。依八卦而有八節，總和船山《周易內傳》、《周易外傳》與《周易大象解》內容，來體現船山之八卦思想，並參考王弼與伊川之《易》學，以對比出船山義理之特色。[1]

第一節　論乾

一　《易》之源

　　船山認為，《周易》源自伏羲畫卦，當時未有《易》名，所以夏稱《連山》，商稱《歸藏》，猶如占筮之書。到了周文王，本著伏羲之卦畫，體察天地人三才之道，推尋性命之根源，窮極物理人事之變化，明察得失吉凶之所以，於此始作《周易》。而《易》之道雖本源於伏羲，但其旨趣已非卜筮而已，更含著文王德行與聖賢教養之思想。

---

[1]　體例方面，由於船山〈乾〉〈坤〉之論最精，篇幅最多，故標題依內容調整，而不同於六子卦一律以「彖辭、彖傳、大象傳」、「六爻」、「外傳」之行文結構。這也可留意到船山《周易外傳》與《周易內傳》分卷之區別。作為早期作品的《周易外傳》其卷一為〈乾〉、〈坤〉、〈屯〉、〈蒙〉、〈需〉、〈訟〉、〈師〉、〈比〉、〈小畜〉、〈履〉、〈泰〉、〈否〉，以十二卦為一卷，卷二、卷三、卷四皆如此，此中〈乾〉〈坤〉與諸卦並置。晚期寫成之《周易內傳》則不同，不僅卷分上下，亦將〈乾〉、〈坤〉獨立出來，作為卷一上。「乾坤並建」之論，《周易外傳》就已出現，至《周易內傳》時，更將〈乾〉、〈坤〉獨立一卷，更加強調這個概念。

　　追溯到上古傳說，因為史料缺乏，眾說紛紜，不易定論。但可以確定的是，《周易》早期作為卜筮之書，其後卻有著價值核心之轉變。經過周代，由文王、周公，到孔子，《周易》非僅卜筮而已，已成蘊含民本關懷、聖賢教養與天人思想之不朽經典。

　　所謂《易》，是指「道」絪縕相盪，翕闢成變之造化。《周易》之書，以〈乾〉、〈坤〉並建為首，作為《易》之體，而六十二卦錯綜於三十四象彼此交列之關係，[2]則為《易》之用。為何強調〈乾〉、〈坤〉並建，因為徒有〈乾〉或徒有〈坤〉皆不足成《易》，唯有〈乾〉、〈坤〉相對以並立，《易》道方在，而這種兩端相濟之關係，即兩端而一致之辯證思想，是船山《易》學常見之思考方式，不僅出現在〈乾〉〈坤〉之兩端，亦見於錯卦綜卦之關係，天人合一、道器合一、理勢合一、理欲合一等思想脈絡。

　　從〈屯〉、〈蒙〉以下，或為「錯卦」之幽冥易位，或為「綜卦」之往復易幾。相互變易於六位之中，則天道之變化，人事之通塞盡於其中，而人之應對萬事、進退行藏、質文刑賞之原理原則，由此而在。面對《易》道，失則相易而得，得而相易而失，神化莫測之妙，即存於常言常行一剛一柔之中。天地不能悖此造化，人亦不能悖此造化。

　　陰陽之感通，成就天下之生生相續，而形成兩端相易之大用。占筮所得之數，為天無所私心之動，無論是怎樣的占筮結果，最終都將合於兩儀之象數。萬物之始，皆陰陽之創造，而人之情態，皆蘊含健順之幾微。天下無不可合之數，無不可用之物，無不可居之位，特別是兩相變易者各有趨時之道，順之則吉，逆之則凶。聖人彰顯陰陽之仁，昭告百姓於憂患，存乎於《易》而已。所以才說：「憂悔吝者存

2　《易》為卦六十四，錯綜凡三十六，除〈乾〉〈坤〉外，餘六十二卦，錯綜三十四象。〔明〕王夫之：《周易內傳》，《船山全書》，第一冊，頁41。

乎此介」，此介者，即錯卦綜卦兩端相易之幾微。以此之故，故名為
《易》。

二　道與天地

　　道並非夐絕超然與物相隔，而是存於物中無所不在。物生而有
「象」，所謂的「象」，有現象、兆象與意象等意涵，以此形成「卦
象」。「象」成而有「數」，「數」即「卦數」、「爻數」。卦數、爻數，
因其動靜而有功效變化，以此實踐而與「道」相貫通。「德」是作為
「道」所賦予萬物之本性，由此本性，方能復歸於道。

　　因卦數、爻數以推尋卦象，便能理解卦象源於自然，道是自然
的，不需要依傍於人；而人乘道利用，透過實踐以觀「德」。「德」乃
不容已，能致此不容已，則可效法道；道不需依傍於人，然人同生物
般，終生徒待天之流行順其自然，則人廢道。人效法道，則擇陰陽之
精粹以審天地之常度，透過《易》以統括天道。〈乾〉取象之德以進
於道，而非取道之象，因為天象之自然不可以體求，唯德性之內具可
以擴充，聖人之所以能扶人而成就其能在此。天是象，〈乾〉是德，
故《易》不言天，而言〈乾〉。

　　船山主〈乾〉〈坤〉並建，以此詮釋天地，推衍六十二卦之妙
用。儘管船山在一些脈絡中時有褒陽貶陰的意思，但言及純陰純陽
時，〈乾〉〈坤〉之間是互需共存的關係，不能割裂地論。作為大地，
共構一場域，創生萬物長養萬物。

　　天地生養萬物，那麼天地之先，還另有根源嗎？於此，船山批評
老子「有物混成，先天地生」之說，認為老子「見其合而不知合之
妙」。船山認為，天地之先，並非先有一「道」之存在，道即寄寓於
天地以運行，兩者相即，無分先後。這意謂，非從天地之外另尋一個

道，所謂的道，非抽象之推理，亦非無根之冥想，而是立於天地之中來體會。

老子之言「混成」，徒見合之象，而未知合之妙用。不知無極而太極，無極必太極。太極動而生陽，靜而生陰，動靜各有時序，一動一靜，亦各有秩序。所謂的道，即函此一切之總根源總規律。如運化水穀為清濁之氣的消化過程，是同時俱化，卻又功效有別，無此合與分，便出問題。同理，倘若道是作為陰陽未判之先的混成狀態，則必缺陰陽之分用，如此，道何能生出天地，其言造化則不通矣。

所謂的道生天地，即天地體道之意。天體道以為行，則為健動不息之〈乾〉；地體道以為勢，則為順載萬有之〈坤〉，道與天地，無分先後。整全之道，其行與勢，各有其德，無所謂始混而後分，而是有分有合，分合俱在。言其分，為太極動靜之殊用；言其合，則形器之間，相合而無偏重。船山認為，此道器合一，方可謂之「混成」，而老子之「混成」，是彰顯不出這種意義的。

船山反對於天地之先，別立一道，而認為道終始不離天地。而所謂的「分」、「合」並無先後之別，亦無先合後分之序。造化運行之中，合與分相即不離。太極動而生陽，靜而生陰，動靜各有時序，一動一靜，各有秩序。而太極因動靜所生之陰陽，純陽為〈乾〉，純陰為〈坤〉。陽有其動靜，陰亦有其動靜，而兩者之間，緊密關聯，由此生成眾卦諸象。而諸象所顯之造化運行，即是道。

三　元、亨、利、貞

〈乾〉者，純陽，天之象。有別於陰氣之凝結，為形為魄，恆凝而有質，收攝凝聚；陽氣行於形質之中，為氣為神，恆舒而畢通，散發舒展。如水一般，至熱則蒸發為水汽，散發於空氣之中，無所不

在；至寒則凝結為冰，形固而實在。熱即陽，強調其普遍性、感通流通與動能，寒即陰，強調其個體性、具體落實與長成。陽能推盪陰而善於變化，至大無外，至小無內，無所不在。其作用和煦溫暖，卻又無所披靡，故以「健」許之。故船山云：

> 以純陽為〈乾〉者，蓋就陰陽合運之中，舉其陽之盛大流行者言之也。六十二卦有時，而〈乾〉、〈坤〉無時。〈乾〉於大造為天之運，於人物為性之神，於萬事為知之徹，於學問為克治之誠，於吉凶治亂為經營之盛，故與〈坤〉並建，而〈乾〉自有其體用焉。[3]

以純陽為〈乾〉，是就陰陽合運之造化，舉其陽之盛大流行者來說。其他六十二卦皆有「時」，而〈乾〉〈坤〉「無時」，無時無刻都在。以〈乾〉言天之運、人之性、知之徹、學之治，與世之處，示其無所不在，任何時間，任何事，任何處境，都能體察〈乾〉之大用。而〈乾〉之德為何，即元、亨、利、貞：

> 元、亨、利、貞者，〈乾〉固有之德，而功即於此遂者也。「元」，首也；取象于人首，為六陽之會也。天下之有，其始未有也，而從無肇有，興起舒暢之氣，為其初幾。形未成，化未著，神志先舒以啟運，而健莫不勝，形化皆其所昭徹，統群有而無遺，故又曰「大」也。成性之後，於人而為「仁」；溫和之化，惻悱之幾，清剛之體，萬善之始也，以函育民物，而功莫侔其大矣。「亨」，古與烹、享通。烹飪之事，氣徹而成

3　〔明〕王夫之：《周易內傳》，《船山全書》，第一冊，頁43。

熟；薦享之禮，情達而交合；故以為「通」義焉。〈乾〉以純
陽至和至剛之德，徹群陰而訢合之，無往不遂，陰不能為之礙
也。「利」者，功之遂、事之益也。〈乾〉純用其舒氣，徧萬物
而無所吝者，無所不宜，物皆於此取益焉。物莫不益於所自
始，〈乾〉利之也。「貞」，正也。天下唯不正則不能自守；正
斯固矣，故又曰正而固也。[4]

元、亨、利、貞，為〈乾〉固有之德，造化即此而成。元，首也，取
象於人首，為六陽之會聚。天下之有，其始未有，從無生有，興起舒
暢之氣，為其初始之幾微。形未成，化未著，神志先舒暢以啟運，而
健動不息莫不勝之，形化皆其所彰顯貫徹，統群有而無遺漏，故又曰
大。成性之後，於人而為「仁」；溫和之造化，悱惻之幾微，清剛之
氣體，萬善之大始，以涵育民生萬物，功莫比此大者。亨，古與烹、
享通。烹飪之事，氣徹而成熟；祭祀薦享之禮，因真情上達天聽而與
天相合，故以為「通」。〈乾〉以純陽至和至剛之德，彰顯貫徹於群陰
而感通之，無往不遂，陰不能為之阻礙。「利」者，功之遂，事之
益。〈乾〉純用其舒展之氣，徧施萬物而無所保留，無所不宜，物皆
於此取益。物莫不由此開始，此〈乾〉益之之故。「貞」，正也，天下
唯不正不能自守；能正斯固矣。正則保有〈乾〉之諸德。

「元」，具有根源性，能作為發端，亦作為主宰，有沛然莫之能
禦之動能，亦有能容天下萬物之大。道賦予人之天性，是仁，是惻隱
之幾微，此體清而無雜，剛而直切，作為萬善之始的存在，以此仁之
天性涵育民生萬物，則有無窮之可能，非它者所能比擬。「亨」，具感
通之能力，這感通可以上下左右觀之。上下者，天人之感通，透過烹

4 〔明〕王夫之：《周易內傳》，《船山全書》，第一冊，頁43-44。

餼，以薦享祭禮，敬以奉天，則能上達天聽，天人相感。左右者，人與人之感通，人與物之感通，人與世界之感通，透過感通，能讓敵意與隔閡減少，善意與互助增加，使「善」不僅獨善其身，還能兼善天下。「利」不是義、利相對之利，而是立「義」以導「利」，尋得是公益，而非私利。因為無所偏私，秉公節度，所以才能保住群體之益，而群體之益，實也保住諸個體之利。所以才說「無所不宜，物皆於此取益焉」。「貞」，正。〈乾〉以元而大，亦以亨而大，利而大，正而大。正，是直，是誠，是堅持，透過貞，完成諸德之造化，保住諸德之造化。〈乾〉之元、亨、利、貞，彼此息息相關，缺一不可。而〈乾〉之四德，又能與五常之德目相通。〈文言傳〉曰：

> 元者善之長也，亨者嘉之會也，利者義之和也，貞者事之幹也。君子體仁足以長人，嘉會足以合禮，利物足以和義，貞固足以幹事。君子行此四德，故曰「〈乾〉元亨利貞」。[5]

元，作主，善之長。亨，感通，嘉之會。利，公益，義之和。貞，堅持，事之幹。而船山曰：

> 「貞」者，事之幹也，信也。於時為冬，於化為藏，於行為土，於得為實，皆信也。[6]

以「信」言「貞」，是船山特有之詮釋。認為「貞」於四時為冬，[7]於

5　〔明〕王夫之：《周易內傳》，《船山全書》，第一冊，頁58。
6　〔明〕王夫之：《周易外傳》，《船山全書》，第二冊，頁824。
7　筆者認為，元、亨、利、貞，皆能比配於四時，而分別為「春、夏、秋、冬」，於化則「生、長、收、藏」。

造化為藏，於五行為土，於效果為實，此皆「信」之德所至。船山認為，元、亨、利、貞，為〈乾〉之德，是天道。仁、禮、義、信，為君子之德，是人道。理相通而功用自殊，通其理則人道合天。何謂善之長？物創生之後，本性存之，此性源自於天。天之始物，以清剛至和之氣，無私而不容已，人以此為生之理而不昧於心，君子克去己私，擴充惻隱，以體此生理之不容已，固為萬民之所託，而足以為君長；何謂嘉之會？四時相濟，萬物互助，不相悖害，而彼此感通。此感通之條件在於，君子喜怒哀樂發而中節而得其和，能與萬物之情相得，文質彬彬而有禮，無過與不及；何謂義之和？生物各有其義而得其宜，使物各順其情而利。之所以利物，在君子去一己之私利，審度事情之宜而制裁之以益於物，故雖剛斷而非損物以自益，則行有義而情自和；何謂事之幹？指本末兼顧，事有終始，則各正性命。如何貞固之，體天之正而持之固，心有主而事無不成，信以成之也。此君子之四德之所以上達天之四德。筆者製表三，示其性質及其比配：

表三

元	亨	利	貞
首	通	益	正
為根源，為君長，亦為起始之動能。	為感通，與物相感，上達天聽。	為公眾之益，遍施於物，無所不利。	正以守之，使〈乾〉諸德之作用得以保存。
善之長	嘉之會	義之和	事之幹
於人為「仁」	於人為「禮」	於人為「義」	於人為「信」
春	夏	秋	冬
木	火	金	土
水資於木、火、金、土。智未有專位，附麗於仁、禮、義、信。			

〈乾〉之德為元、亨、利、貞。元為首，作為根源，君長，亦為起始之動能；亨通，作為感通，與物相感，上達天聽；利為益，作為公眾之益，遍施於物，無所不利；貞為正，正以守之，使〈乾〉諸德之作用得以保存。「元、亨、利、貞」與「仁、禮、義、信」五常相通，亦與「火、木、金、土」五行比配。學者張學智，認為船山為「元、亨、利、貞」，配之「仁、義、禮、信」，非是。[8]而王孝魚以「仁、禮、義、信」，當配「木、火、金、土」，亦非是。[9]船山行文有三特色：一、精於對仗，對比性文字；二、前後文脈絡次序相應；三、順著經傳文字逐步進行詮釋；四、《讀四書大全說》亦有類似比配。[10]筆者認為船山談「元、亨、利、貞」，是順著〈文言傳〉而言「仁、禮、義、信」，而「仁、禮、義、信」則依序比配「火、木、金、土」。[11]有意思的是，通過這樣比配，那麼五常之「智」與五行之

8　張學智：〈王夫之《乾》卦闡釋的兩個面向〉，《北京大學學報・哲學社會科學版》2011年第2期，頁14-22。

9　王孝魚：《周易外傳選要譯解》（北京：中華書局，2014年），頁12-13。

10　船山言五行比配四季、五常，亦見《讀四書大全說》。其云：「以在天之氣思之：春氣溫和，只是仁；夏氣昌明，只是禮；秋氣嚴肅，只是義；冬氣清冽，只是智。木德生生，只是仁；火德光輝，只是禮；金德勁利，只是義；水德淵渟，只是智。」除「冬」配「水」、「智」與本章有殊，比配皆與本章同。船山三十七歲著成《周易外傳》，四十七歲著《讀四書大全說》，於《易》言「仁義義信」，於《四書》則言「仁禮義智」，可由此見其思想之變與不變。〔明〕王夫之：《讀四書大全說》，《船山全書》，第二冊，頁1070。

11　值得留意船山曾於《讀四書大全說》云：「此唯《中庸》鄭註說得好：『木神仁，火神禮，金神義，水神性，土神知。』火之炎上，水之潤下，金之從革，土之稼穡，不待變而固然，氣之誠然者也。」此段所言五行五常之比配，與本章殊異。鄭玄以水配信，土配智；本章則認為，水配智，土配信。這是否代表船山有兩種理路，而自我矛盾呢？筆者認為，就《讀四書大全說》之脈絡，船山強調的並非是鄭玄之五常配五行，而是讚賞鄭玄點出五行，性之「固然」，從而言氣誠然如此，再以此連結人性。故船山云：「故『水之就下』，亦人五性中十德之一也，其實則亦氣之誠然者而已。」由氣之誠然，言人性善之固有。〔明〕王夫之：《讀四書大全說》，《船山全書》，第二冊，頁1058。

「水」又該如何定位呢？其言云：

> 然則四德何以不言智乎？〈彖〉曰：「大明終始，六位時成」，
> 則言智也。今夫水，火資之以能熟，木資之以能生，金資之以
> 能瑩，土資之以能浹。是故夫智，仁資以知愛之真，禮資以知
> 敬之節，義資以知制之宜，信資以知誠之實；故行乎四德之
> 中，而徹乎六位之終始。終非智則不知終，始非智則不知始。
> 故曰「智譬則巧也」，巧者聖之終也。曰「擇不處仁，焉得
> 智！」擇者仁之始也。是智統四德而遍歷其位，故曰「時
> 成」。各因其時而藉以成，智亦尊矣。雖然，尊者非用，用者
> 非尊，其位則寄於四德而非有專位也。[12]

船山認為《易》道並非不言「智」，〈彖傳〉曰：「大明終始，六位時
成」即言「智」。水與智相通，水能與五行諸元素相互作用，火資水
能熟物，木資水能生物，金資水能澄明，土資水能浹流。同樣的，智
亦能與五常諸德相互作用，仁資智以知愛之真，禮資智以知敬之節，
義資智以知制之宜，信資智以知誠之實。仁禮義信資於智，智則行於
四德之中，而貫徹六位之終始，沒有智，亦不知始不知終。所以說
「智譬則巧也」，巧者聖之終也。以射喻之，則智譬為巧，聖譬為
力，方向是否準確關乎智，但能否有力量到達目標則關乎聖。所以說
「擇不處仁，焉得智！」抉擇即仁之發端。而智統四德遍歷其位，所
以說「時成」，各因其時而得以完成。「智」寄於四德而非有專位，四
德需智之條件以終成，智亦因四德得其定位而不偏。缺四德，智亦不
得安立。船山云：

12 〔明〕王夫之：《周易外傳》，《船山全書》，第二冊，頁824。

今夫水，非火則無以濟，非木則無以屯，非金則無以節，非土則無以比。是故夫智，不麗夫仁則察而刻，不麗乎禮則慧而輕，不麗乎義則巧而術，不麗乎信則變而譎，俱無所麗，則浮盪而炫其孤明。幻忽行則君子荒唐，機巧行則細人捭闔。故四德可德而智不可德；依於四德，效大明之用，而無專位。故曰「君子行此四德者」，知而後行之，行之為貴，而非但知也。[13]

水非火則無以濟物，非木則無以生物，非金則無以調節，非土則無以匯聚。[14]智無仁則察近苛刻，無禮則慧近輕薄，無義則巧近權術，無信則變近譎詭，皆無所附麗，則浮盪失根而炫其自是之聰明。虛幻其行則君子荒唐，機巧其行而小人操弄。故四德可為美德而智不可，智需依四德，效法正大光明之用，而無專位。所以說，「君子行此四德者」，知而後行之，行之更為珍貴，而非停留於知。於此，船山批評了老子之「上善若水」、釋氏以「瓶水青天之月為妙悟之宗」，以及等而下之者，刑名之察，權謀之機，皆有「崇智以廢德」之問題。

從天之德到君子之德，是內在本性與天道根源間之連結。談〈乾〉元，強調根源之啟動，能有所主之指導性原則；談成與得，則強調人參贊其幾之實踐歷程。無〈乾〉元為首，則失去定向。缺參贊實踐，則生命走向異化而天道不顯。從天之德到君子之德，此亦「人能弘道，非道弘人」之意。而談到君子之德時，「智」連結仁、禮、義、信諸德，不僅意謂諸德間之互補性，實也顯示人類根身限制之所

---

13 〔明〕王夫之：《周易外傳》，《船山全書》，第二冊，頁824。

14 王孝魚則詮釋為，水非火則無以成〈既濟〉，無木則無以成〈屯〉，無金則無以成〈節〉，無土則無以成〈比〉。以卦言之，亦可留意。但是〈彖傳〉、〈象傳〉之言象，水雷成〈屯〉，〈震〉卦無木之象，水澤成〈節〉，〈兌〉卦無金之象，以此解釋，亦有難處。然大抵言之，此段要義在於水不離火、木、金、土，而存功，就此而言，意義相同。王孝魚：《周易外傳選要譯解》（北京：中華書局，2014年），頁14。

在，徒有「智」，人很可能會出問題。於此，船山批評了佛家，也批評了法家。其言云：

> 釋氏之言，銷總、別、同、異、成、壞之六相，使之相參相入，而曰「一念緣起無生」。蓋欲齊成敗得失於一致，以立真空之宗。而不知敗者敗其所成，失者失其所得，則失與敗因得與成而見，在事理之已然，有不容昧者。故獎成與得，以著天理流行之功效，使知敗與失者，皆人情弱喪之積，而非事理之所固有，則雙泯理事，捐棄倫物之邪說，不足以立。雖然，於以言資始之「元」，則未也。
>
> 是故合成敗、齊得失以為宗，釋氏「緣起」之旨也。執成敗、據得失以為本，法家「名實」之論也。執其固然，忘其所以然，而天下之大本不足以立；以成為始，以得為德，而生生之仁不著。吾懼夫執此說者之始於義而終於利矣。[15]

船山認為，佛教銷泯總、別、同、異、成、壞之六相，使之相參相入，而言「緣起」，齊成敗得失於一致，來談「性空」。而不能了解，敗者在於敗失其所成，失者在於失其所得，失與敗是因沒了得與成才以出現，此事理皆然，如何能混淆不清。所以獎成與得，以彰顯天理流行之功效，使人了解敗與失，皆因人情弱喪之積累，而非事理之固有。如此，雙泯理事，捐棄人倫之邪說，便不足以成立。然而，儘管如此駁正佛教，只談成與得，並不足以言乾元之資始。佛教合成敗、齊得失而言「緣起」。而法家則執成敗、據得失而言「名實」。執其固然，忘其所以然，而天下之大本不足以立；以成為始，以得為德，而

---

15 〔明〕王夫之：《周易內傳》，《船山全書》，第一冊，頁45。

生生之仁不得彰顯。船山擔憂執此說者，雖始於義，而終歸於利。

　　船山批評佛教，認為其銷泯了六相之界限而言「緣起」，不能了別失、敗與得、成之關聯，也不能瞭解之所以失與敗，之所以得與成之緣由。失、敗與得、成是不可能共具的，否則失與敗就稱不上失與敗了。而之所以能得與成，在於天道之效法，之所以失與敗，則于人情之墮落。由此，應當有所了別，應當有所振起，恰當地理解失與敗，恰當地理解得與成，然後反省前者，推崇後者。而反省與推崇，應由人道拉到天道，拉到乾元之資始來體會，否則得、成之推崇，將流於事功之競逐而已。

四　彖傳與象傳

　　何謂「彖」？船山云：

> 文王以全卦所具之德，統爻之變者謂之「〈彖〉」。言「〈彖〉曰」者，孔子釋〈彖辭〉之所言如此也。「〈象〉曰」，義同。[16]

〈彖辭〉，指卦辭，是周文王以全卦所具之德，統爻之變化而有的文字，即《周易》原有之經文。而文獻中之「〈彖〉曰」，是孔子釋卦辭之言，此即〈彖傳〉，〈彖傳〉表明卦之時義與性質。

　　船山認為，乾之〈彖傳〉詮釋著卦辭之「元、亨、利、貞」。以「大哉乾元，萬物資始」詮釋「元」，以「雲行雨施，品物流行」詮釋「亨」，以「大明終始，六位時成，時乘六龍以御天。乾道變化，各正性命，保合太和，乃利貞」詮釋「利貞」。乾元，為萬物之本，

---

16 〔明〕王夫之：《周易內傳》，《船山全書》，第一冊，頁51。

事情之始，善之根源，無所不在，無所不用。然而，如果天道充塞一切無所不在，惡又何來呢？船山云：

> 夫人無忌於羞惡，不辨於是非，不勤於恭敬，乃至殘忍刻薄而喪其惻隱，皆由於惰窳不振起之情，因仍私利之便，而與陰柔重濁之物欲相暱而安；是以隨物意移，不能自強而施強於物，故雖躁動煩勞，無須臾之靜，而心之偷惰，聽役於小體以懷安者，弱莫甚焉。[17]

羞惡無忌，是非不辨，恭敬失卻，惻隱喪而流於殘忍刻薄，皆起於懶惰懈怠不知振作之人情，以及因仍私利之便，而與陰柔重濁之物欲相暱而安。其後，逐物而生，意念隨物而遷移，失去本性而不能自強，更弗論改善事物，如此，雖躁動煩勞，卻無片刻寧靜，而心之偷惰，為生理欲求宰制而苟且偷安，沒有事物比這還脆弱的。

在船山看來，並非有一「惡」之根源在作祟，而是不知體〈乾〉道之健，清剛之氣之振起、天之賦予於人之仁心、不雜物欲之至剛與不傷于物之至和，由此而異化與墮落。於己無自覺，於人無同情，失去動能，失去節制，失去定向，亦失去本性。物欲本身並非罪惡，但倘若沒有的調節，甚至任陰作主，逐物而生，則流於惡，從而物失其本，事失其成，善失其根。陰之存在，需要陽之調劑，方得其定位，施其功能。故〈彖傳〉云：「雲行雨施，品物流行」，即天氣行於太虛，澤被萬物，理氣流於形中，無所阻礙，無所不貫，陽能貫通於陰，天與大地相連，此即「亨」。而船山又云：

---

17 〔明〕王夫之：《周易內傳》，《船山全書》，第一冊，頁51。

> 方生之始，形有穉壯大小、用有強弱昏明之差，而當其萌芽，
> 即函其體於纖細之中，有所充周，而非有所增益，則終在始之
> 中；而明終以明始，乃誠始而誠終，故曰「大明終始」而「六
> 位時成」也。[18]

言創生之始，形雖有幼壯大小之別，用雖有強弱以及精明與否之不
同，但當其萌芽時，乾元之德即函於其體充塞於任何角落之中，無有
增益，亦無須增益。如此，性善之基本條件已足，亦理出實踐之目的
與方向，此即終在始之中。而善不能停留於發端，需透過實踐歷程，
完成善實現善，有善之結果才能證成善之內在本具，此即明終以明
始，而誠始而誠終。由此而言「大明終始」而「六位時成」。六爻時
位不同，但皆為乾元所貫通，無有偏差，而能無所不用。六龍各效其
能，而各有成就。〈乾〉道能於任何時位，發揮作用，各正性命，保
合太和之造化，而皆利貞。船山於此稍作總結：

> 〈乾〉之以其性情，成其功效，統天始物，純一清剛，善動而
> 不息，豈徒其氣為之哉？理為之也。合始終於一貫，理不息於
> 氣之中也。法天者，可知利用崇德之實矣。[19]

〈乾〉以其卦德，成就其功效，統天生物，以純一清剛之氣，生生不
已，動而不息，然非徒氣也，理在氣中之故。本末相連，終始一貫，
則理不息於氣之中。效法於天者，則能知乾德造化之真實無妄，而造
福天下。船山認為，〈象傳〉釋〈彖〉之餘，皆以人事終之，供人效
法學習。不過〈乾〉言聖人之治，堯舜以下莫敢當，學《易》者不可

18　〔明〕王夫之：《周易內傳》，《船山全書》，第一冊，頁53。
19　〔明〕王夫之：《周易內傳》，《船山全書》，第一冊，頁53。

蹢等而失下學之位分。所以占筮若得〈乾〉，必所問非義，占者不誠，神不屑告，而策偶然成象。此外，也有可能，是天下將出聖人造化萬物，而偶然見其兆。

何謂「象」？所謂象，即道象，融現象、意象、想像，而擬之為卦象。〈象傳〉分〈大象傳〉與〈小象傳〉。「〈象〉曰」者，是孔子對伏羲所畫之卦象之詮釋，即〈大象傳〉；而〈小象傳〉，則是孔子對周公所作之爻辭之詮釋。〈大象傳〉是對一卦之象的詮釋，〈小象傳〉是對一爻之象的詮釋。船山云：

> 因其象以體其德，蓋為學《易》者示擇善於陰陽，而斟酌以求肖，遠其所不足，而效法其所優也。數之積也，畫已成而見為象，則內貞外悔，分為二象，合為一象，象於此立，德於此著焉。[20]

船山認為孔子能因象體其德，為學《易》者示範如何擇善於陰陽，而斟酌以求相似，遠其不足，效其所優。策數之積，卦畫成而形成象，內卦貞，外卦悔，分為二象，內外合一，象由此立，卦德由此顯著。《周易》有天、地、雷、風、水、火、山、澤，八卦之象，而合同以化，各自為體，皆可效法以利用之。君子觀於天地之間諸自然之象，比之於義，而無所不學。而取象示義，也是〈象傳〉不同於〈彖傳〉的地方。不同於〈大象傳〉言一卦之象，〈小象傳〉，則關注一爻之象，爻與它爻之間，有剛柔升降、應違得失等現象，與爻辭相比對，便能理解爻辭皆因象而立。此中有陰有陽，中位不中位、當位不當位、應與不應、承乘、進退等關係。因其時位，而取義不一，故不可一概而論來言其優劣。

---

20 〔明〕王夫之：《周易內傳》，《船山全書》，第一冊，頁53。

〈乾〉小象釋「用九」，船山即云：「天無自體，盡出其用以行四時、生百物，無體不用，無用非其體。」[21]林安梧先生認為「天無自體」，是指天非一孤體，非一與物有對之體。[22]天無分別相，無所限制而能容一切作用於一切。

五　六爻

卦爻之形成，船山之解釋是：

> 「初」者，筮始得之爻。「上」，卦成而在上也。「九」者，過揲之策三十六，以四為一則九也。於象則一，而函三奇之畫。一，全具其數；三，奇而成陽；三三凡九。陰，左一，右一，中缺其一；三二而為六。陽，清虛浩大，有形無形皆徹焉，故極乎函三之全體而九。陰，聚而吝於用，則雖重濁，而中固虛以受陽之施，故象數皆有所歉而儉於六。[23]

一卦六爻，卜筮始得之爻為「初爻」，卦成而在上者為「上爻」。揲蓍，經第一變、第二變、第三變後，如總結其餘為十三策，將四十九策減去十三策，則得三十六策，三十六策再除以四，便得九，名之為「重」，是為老陽。「於象則一，而函三奇之畫。一，全具其數；三，奇而成陽」，三奇，三畫，三畫成陽之「一」，此為陽爻之結構。陰爻不同，陰左一、右一，中間缺其一。陽三乘三畫為九，陰三乘二為六。為何以三乘之，船山未言。可能「每一畫」即含著天地人三才，故三

21　〔明〕王夫之：《周易內傳》，《船山全書》，第一冊，頁58。
22　筆者從學於林安梧先生之課堂筆記。
23　〔明〕王夫之：《周易外傳》，《船山全書》，第二冊，頁824。

才乘之三畫而得九，三才乘之兩畫而得六。陽無所缺，清虛舒展而浩大，有形無形皆遍及之，故能極乎三才之全體而得九之數；而陰凝聚而重濁，其中虛之以受陽之施，故於象於數皆有所缺，而得六之數。

關於爻位，船山初爻、上爻，先言卦位，後言象數，由此成卦。以〈乾〉來說，「初」先「九」後，言「初九」，「上」先「九」後，言「上九」。二爻、三爻、四爻、五爻，則先言象數，後言卦位，由此成象，認為「初畫已定六畫之規模，聽數之來增以成象也。」[24]而初爻言龍，六爻皆龍。此中六爻，參三才而兩之，初爻、二爻，地位；三爻、四爻，人位；五爻、上爻，天位。然《易》之為道，無有故常，不可為典要，故唯〈乾〉、〈坤〉方有此天地定位，分六爻為三才，它卦非能以此觀之。此外，〈乾〉之六爻，不名之為貴賤，而名之曰先後，關鍵在「時」，先後者時也，故曰「六位時成」。船山云：「君子之安其序也，必因其時。先時不爭，後時不失，盡道時中以俟命也。」[25]序非貴賤之序，而是時間變化之序，因時而動，應幾而起，參三才以成化，即領略《易》道思想之關鍵。

初九，「潛龍勿用。」在地之下，龍之蟄伏於地中，所以稱「潛龍」。「勿用」，則為占者言，非為龍言。船山認為，爻辭會描寫一爻之情境，有時亦會告誡占者當有何作為。龍潛固不用，無需言止。作為龍，是才盛德成，無不可用的，然而用必待時以養其德。而占者，作為人，則有其限制，當有所戒慎，「因其時，循其道，當體潛為德而勿用焉。才德具足於體而效諸事之謂用」[26]這等待之過程，無論是學習、教學、治身、出處、事功，還是志行，皆端正身心，含藏收斂，於諸項事物仍有所堅持與準備，絕非荒廢、放任，而無所作為。

24　〔明〕王夫之：《周易外傳》，《船山全書》，第二冊，頁824。

25　〔明〕王夫之：《周易外傳》，《船山全書》，第二冊，頁827。

26　〔明〕王夫之：《周易內傳》，《船山全書》，第一冊，頁45。

卦有小大之別，而此類為大卦，任何事上都可由此推而通之。不過，
船山也慎重告誡：「唯夫富貴利達，私意私欲之所為，初非潛龍，其
求聞達，不可謂之用，非《易》所屑告者。張子曰：『易為君子謀，
不為小人謀。』」[27]

船山很常引述張載這段話。占筮能顯示吉凶，但吉凶悔吝與是非
得失是彼此相應的，所以《周易》有占筮之斷，亦有教化之義，是占
學合一，得失吉凶一道的思想。趨吉避凶固然人之常情，但也應當體
會，所謂的「道」是關乎總體根源總體規律，關乎眾人如何安身立命
之事，絕非作為個人私心利害所設想。《周易》能顯道，但如果是私
欲私利之用，則道不為之顯，道亦不為之用，「易為君子謀，不為小
人謀」。

〈乾〉德，可擬一代之運，一王之德，天地之數與人之身況。船
山認為，〈乾〉之「潛」，周之先王得之，如太王、公劉，有其
「潛」，所以效其「見」。而秦之王，如繆、康以來，獻、武以降，汲
汲於用以速其飛，而早已自處於亢。當其潛而不能以潛養之，則非龍
德矣。[28]

九二，「見龍在田，利見大人。」田，在地之上，以重卦觀之，
出乎地上，龍由潛而現，以貞悔言之，則得內卦之中，有德行作為之
象。「利見大人」，為知遇，如伊尹遇商湯，顏回遇孔子，際遇當有所
變化。不過，「易為君子謀，不為小人謀」，見小人而邀其榮寵，褻瀆
此占，則為災而已。

九三，「君子終日乾乾，夕惕若，厲無咎。」乾之又言乾，健而
不已之意。「惕若」，憂此行之過健而有的告誡。「厲」，危也，疢也。
船山認為，爻辭言「無咎」，就代表可能出現過咎，使之避免，而言

---

27 〔明〕王夫之：《周易內傳》，《船山全書》，第一冊，頁46。
28 〔明〕王夫之：《周易外傳》，《船山全書》，第二冊，頁828。

無咎。三、四爻為人位，人立乎地以建功，於此言君子之道。爻至九三，內卦已成，乾道已定，故曰「終日」。不過，九二德施已普，而九三猶健而不止，必極其至，故曰「乾乾」，恐其有過，故曰「惕若」。「厲」即疚，但因為有「惕若」省此「乾乾」，故能「無咎」。

九四，「或躍在淵，無咎。」四超出下卦之上，故曰「躍」。居上卦之下，承二陽而為退爻，陽爻處陰位不當位，故又曰「在淵」。或躍，或在淵，疑而未決。然志健慮深，其躍不以躁進為疚；在淵，不以怯退為疚，兩者似疚而皆無咎也。躍與不躍，進與止，是兩端相繫之考量。以占者言，進退與否，實關乎個人氣象，無論是何選擇，都沒有錯，故言「無咎」。不過從爻辭歷程以及〈象傳〉「進無疚也」、〈文言傳〉「自試也」、「乾道乃革」等促進之象看來，終究會是進的。

九五，「飛龍在天，利見大人。」五，天位，君位，積清剛之陽氣而履天位，能到這位分，非他人所能預測，亦非自己所能預期。唯不舍健行，一旦豁然貫通，而有此天德之全，王業之成。天下不是爭來的，是依道而行，才有天下。此爻之德，占者弗敢當，學者亦弗敢自信，為聖人作而天下利見之象。聖賢雖歿，君子樂道願學，亦能利見之。而小人遵之而行，亦可為寡過之民。

上九，「亢龍有悔。」「亢」，自高抑物之謂。行之未有大失，而終不歉於心之謂「悔」。初九、九三、九五皆當位，九二、九四、上九不當位，陽處於陰位。然二爻內卦居中，居地位，利於上升，故多譽，四爻、上爻則不然。上爻遠於人，又履天位之極，無有餘地。占筮則積策至二百一十六，已無餘數。這樣情況下，依舊健行不已，而後有悔。不過，船山並不以此為罪，而認為「此爻於理勢皆君子之所戒，唯學問之道不然，憤樂而不知老之將至，任重道遠，死而後已，不以亢悔為憂。」[29]認為繼承道統傳衍斯文，當無有止進地繼續發展下去。

---

29 〔明〕王夫之：《周易內傳》，《船山全書》，第一冊，頁49。

用九「見群龍無首，吉。」「用九」，六爻皆九，陽極而動。「見」，知其道，見天則以盡其能則吉。乾之六爻為潛、為見，為躍，為飛，為亢，無有差等，皆能用之，此即「群龍無首」，是齊頭式之各盡其能，而非今日所謂失去領導作為負面意思的群龍無首。而是無分別相，不斷積累，自強不息。

六　文言傳

何謂「文言」？船山云：

> 「文」，〈繫辭〉之所謂「辭」，文王周公〈彖〉、〈爻〉所繫之辭也。「言」者，推其立言之意，引伸之而博言其義也。〈乾〉〈坤〉為《易》之門，詳釋其博通之旨。然以此推之，餘卦之義類可知矣。[30]

「文言」之「文」即「繫辭」之「辭」，同是卦辭、爻辭所繫之辭。而「文言」之「言」，是推敲其立言用意，引伸之而詳述其義。獨〈乾〉〈坤〉有〈文言傳〉，而為《易》之門徑，透過〈文言傳〉之解釋，有助理解眾卦之義。

在揲蓍的過程裡，六爻積卦德乃成，而觀變玩占，則在成卦之後，要分觀諸爻，亦要能從爻中，看出其皆載本卦之德。所謂的爻，是變動的，有變，亦有動，本著卦德，持續向上遞昇之歷程，所以〈乾〉之初九言「龍」，六爻皆龍，而變動中，可看出龍因各時位而呈現之不同狀態。船山認為，群龍皆有首出之能，而無專壹之主，故

---

30 〔明〕王夫之：《周易內傳》，《船山全書》，第一冊，頁58。

曰「天德不可為首」，明非一爻一策之制命以相役也。[31]

　　初九，龍隱。隱有兩層意涵，以位而言是隱居，以德而言是靜存而未見動。世有盛衰，但秉正而立者，世易而道不易。有事功才有名，而靜修之事是自信其心而無有跡所以無名，與世俗異趨而遯世。因為無名，所以人不知靜處時實踐之情實。「潛」之時固然不行，但它為「樂行」、「憂違」之時作準備，立陽剛之質以為德性基礎，由此行乎二、五爻之樂地則利見，行乎三、四之憂地則遠疚。無論是行之還是違之，都是以剛健之德，作為退藏之實，而不可動搖。通統一卦以贊一爻之德，此爻雖潛但龍德已成。

　　九二，正中。以貞悔而言，二、五皆居中位，以三才之位言之，二爻五爻之間，地之上，天之下，造化流行，亦屬中。九二雖陽居陰位，但〈乾〉無當位不當位之別，凡位皆其位，天之造化無所不在。「在田」，故知人情物理，以制言行，並信謹行之。由於剛健以「閑邪」，執中以「存誠」，故體民情，卻不偏私鄉愿，能辟邪，亦能有所主。

　　九三，乾惕。乾之又乾，而曰「進德」，益盡人事之當為以應變，故曰「修業」。德業皆透過歷練應變而成長，而之所以能「進」能「修」，則在於忠信之心，在於誠。九二「存其誠」，九三「立其誠」，可見立身處事之基皆在「誠」。能誠，就能如實面對自心，面對天理，面對事實，有所警惕與反省，如此，雖處危地健動至極，依然能克服險阻而無咎。

　　九四，進退。自初至三，談進德修業立身處事之準備，應物盡變而〈乾〉德已成。至四爻以上，則以功效言之。四爻，位下卦之上，上卦之下，陰位，為退爻，故言「退」，因為〈乾〉剛，近乎五，故

---

31 〔明〕王夫之：《周易外傳》，《船山全書》，第二冊，頁830。

曰「進」，因進德修業已有所準備，所以無論進或退，都無過咎。不過，最終仍是會「進」。

九五，飛龍在天。陽當位居中，事業盛大之貌，萬物彼此感通，各從其類，各得其位。

上九，亢龍有悔。陽居上位，無位、無民、無輔，故動而有悔，不過雖有悔，龍德不屈。〈文言傳〉言：「窮之災也。」，[32]指出上九情境之困。船山云：

> 時之窮，窮則災矣。然而先天而勿違，則有以消其窮；後天而奉天時，則有以善其災。故曰「擇禍莫若輕」。知擇禍者，悔而不失其正之謂也。朱、均之不肖，堯、舜之窮也；桀、紂之喪師，禹、湯之窮也。堯、舜不待其窮，而先傳之賢以消其窮，災不得而犯焉。[33]

窮，是時之窮。窮之災，是因時窮而有災。倘若，先天而物勿違，則能消其窮；後天而奉天時，則能善應其災。故言「擇禍莫若輕」。知擇禍者，在於悔不失其正。丹朱、商均之不肖，即堯、舜之窮；桀、紂之喪師，則禹、湯之窮。堯、舜不待其窮，禪讓天下於賢者，以消其窮，故災不得犯。面對時之窮，聖人應時而消窮免災，然而，倘若困境避無可避又當如何呢？〈文言傳〉言：「亢之為言也，知進而不知退，知存而不知亡，知得而不知喪。其唯聖人乎！知進退存亡而不失其政者，其唯聖人乎！」[34]顯然認為，其位雖困，但君子不畏。於此，船山云：

---

32 〔明〕王夫之：《周易內傳》，《船山全書》，第一冊，頁66。

33 〔明〕王夫之：《周易外傳》，《船山全書》，第二冊，頁829。

34 〔明〕王夫之：《周易內傳》，《船山全書》，第一冊，頁73。

> 剛而不止，居高而不肯下，亢也。亢之為道，率由於不知；而
> 龍之亢，非不知也，稟剛正之德，雖知而不失也。唯若孔子，
> 知不可為而為之，而不磷不緇者不失，乃能與於斯。[35]

剛而不止，居高不下，亢也。以亢為道，多由不知；然龍德之亢，非
不知也，是稟剛正之德，雖知而不失，知其不可為而為之，禍福際遇
無所動於心，稟於〈乾〉德而壹之。林安梧先生認為，「亢龍有悔」
非貶損之意，高而無位情境雖無奈，但仍有所堅持，是一更高之標
準，作為一底線作為一典型而存在。高而無位，能與初九之遯世無悶
相呼應。[36]初爻潛，上爻亢，於世事皆無所著力，卻都稟〈乾〉德以
堅持，無所動搖。〈乾〉以健動始，以健動終，生生不已健動不已。

第二節　論坤

一　彖辭、彖傳、大象傳

〈坤〉者，純陰，地之象。〈坤〉卦六爻皆陰，柔靜至極。諸卦
取象於物理人事，獨〈乾〉〈坤〉以德立名。陰陽二氣絪縕相盪以為
萬物之基，〈乾〉〈坤〉並建為諸卦之統宗，彼此相即不離，又各具其
體，自有獨運之功效。〈乾〉〈坤〉、陰陽，是兩端而一致辯證思考，
能一而二，又二而一，而錯卦綜卦亦是兩端而一致辯證思考下形成
《周易》諸卦間兩兩相應之結構。對於〈乾〉〈坤〉之關係，船山云：

> 〈坤〉之德，「元亨」同於〈乾〉者，陽之始命以成性，陰之

---

35 〔明〕王夫之：《周易內傳》，《船山全書》，第一冊，頁73。
36 筆者從學於林安梧先生之課堂筆記。

始性以成形，時無先後，為變化生成自無而有之初幾，而通乎
萬類，會嘉美以無害悖，其德均也。陰，所以滋物而利之者
也。然因此而滯於形質，則攻取相役，而或成乎慘害，於是而
有不正者焉。故其所利者「牝馬之貞」，不如〈乾〉之以神用
而不息，無不利而利者皆貞也。凡言「利」者，皆益物而和義
之謂，非小人以利為利之謂，後倣此。[37]

〈乾〉〈坤〉皆有「元亨」，純陽始於天命以成性，純陰始於天性以成
形，無分先後，變化生成自無而有之初幾，而通乎萬物，匯聚美好之
質以無害悖之情，其德相均無有差等。然而，陰有滋物利物之能，因
此會滯於形質，執於攻取，而形成慘害，於是不正者存焉。很顯然，
陰有正與不正之顧慮。〈坤〉所利「牝馬之貞」是有所限定之「貞」，
而未如〈乾〉之「貞」，為無所限定無所不利而所利皆貞。《周易》言
「利」，為公眾之益，符於公義之恰當行為，非小人逐利之謂。

　　船山認為〈坤〉同〈乾〉一樣重要，是萬物長成之關鍵，但與
〈乾〉相較，〈坤〉有滯於形質之限制，其利牝馬之貞，亦限定之
貞，而不若〈乾〉之無所限定健動不息，且「利牝馬之貞」，亦須關
聯著〈乾〉方發揮作用。船山云：

馬之健行，稟〈乾〉之氣而行乎地，陽之麗乎因者也。「牝馬
之貞」，與〈乾〉合德以為正也。「君子有攸往」以下，為占者
告也。〈乾〉之龍德，聖人之德；〈坤〉之利貞，君子希聖之行
也。剛以自彊；順以應物。〈坤〉者，攸行之道也。君子之有
所往，以陰柔為先，則欲勝理、物喪志而「迷」；以陰柔為

37　〔明〕王夫之：《周易內傳》，《船山全書》，第一冊，頁74。

後，得陽剛為主而從之，則合義而利。此因〈坤〉之利而申言之，謂君子之利於〈坤〉者，「得主」而後利也。[38]

〈乾〉為龍，〈坤〉為馬，馬依憑〈乾〉氣而行於地，陽附麗於陰。「牝馬之貞」，與〈乾〉合德以為正。〈乾〉卦是龍德、聖人之德，〈坤〉，則君子效法聖賢之作為。剛以自強，順以應物。〈坤〉，所行之道也。君子之所行。如以陰柔為先，則欲勝理、物喪志而「迷」；以陰柔為後，得陽剛為主而從之，則合義而利。〈坤〉「得主」而後利也。由此，可知〈乾〉德待〈坤〉德為之行，而〈坤〉德待〈乾〉為之主，有主有行，兩德相即，缺一不可。而這種互動，《周易》又以朋友關係、地理環境相擬。同類相比曰「朋」，西南高山積雪，為陰所聚，故「得朋」，東北平地緣海，地氣不足，故「喪朋」。〈坤〉之境，先「西南得朋」，後「東北喪朋」，先得其所聚，後散其所聚。因「喪朋」，散其私黨，而順受陽施。為何能得陽之助？陽九陰六，陽為至大之數而有餘，陰為至小之數而不足，以有餘補不足，此自然之數；地以外皆天所函，地氣不足，故得天氣充之。地本不足以承天，其貞之故，能不恃其盈而躁動，以從一而安為貞，非以堅持不屈為貞。〈坤〉之貞，安於〈乾〉德方吉。

〈坤〉六爻皆陰，純陰，大地之象。船山於《周易大象解》云：

六陽既純，上升而為天；六陰自純，下降而為地。地之順，地之「勢」也，因以為「德」。中無不虛，自得之數無不約，斯以受物為量矣。夫子之于父，且有幹蠱；臣之於君，且有匡救，非必順也。惟物之資我以生者，已而各有其志欲，各有其

---

38 〔明〕王夫之：《周易內傳》，《船山全書》，第一冊，頁75。

氣矜，積以相加而不相下，則可順而不可逆。乃君子之順物，厚其德而已矣。物氣之悍，不能俱靡，而但載之以敬；物志之盈，不能屈徇，而但載之以恕。無不敬而終身於恕，所謂「直方」，所謂「通理」也。若夫欲張固翕，欲取固與，則「堅冰」之隱慝矣；固翕乃張，固與乃取，則疑陽之「龍戰」矣。君子奚取焉！[39]

六陽既純，上升為天，六陰既純，下降為地。地之順，是地「勢」之故，因以為德。六爻皆陰，中無不虛，自得之數無不簡約，虛懷若谷，故有受物之量。然而，順與不順，因事而異。父子、君臣之間，當君過六、父過嚴時，臣、子便有匡救、補過之責，非必順之，這是責任之故。唯獨萬物之資我以生，其後各有志欲、氣矜，積累相加而彼此不相下，則可順而不可逆。君子之順物，在於厚其德。物氣之悍，不能俱銷，而以敬載之；物志之盈，不能屈順，以恕載之。於物無不敬無不恕，故〈坤〉能「直方」而「通理」。不過，倘若欲張卻翕，欲取卻與，則有「堅冰」隱過；如果欲翕卻張，欲與卻取，則忌疑陽而「龍戰」。與物不能同心，知行不能一致，心機如此，君子不取。

　　君子體〈坤〉，能合各種才性之人，順其性情而成之。不以己之所能，強責於人；又能心存仁義，不為世事憂患所動搖。六十四卦之變動，皆能切合人事，然而，如用之不得其宜，則將鑄成惡事，就如〈乾〉〈坤〉之德，倘若顛倒其用，亦可能適得其反。船山認為，如以剛健治物，則與物之性相違；柔順待己，則立身之道荒廢。唯以〈乾〉自強，以〈坤〉治人，上承天命，下順物性，健以振起，柔以待物，內聖外王之道方備。諸卦之德，皆以此為宗，諸卦之用亦以此為鑑。便能概括天下事理原則，為人所理解而效法。

39　〔明〕王夫之：《周易大象解》，《船山全書》，頁699。

二　六爻

　　初六，「履霜堅冰至。」陰凝而結霜冰，堅冰，酷寒之至，而人履其上，象徵立足於艱困環境，占者於此當戒慎以對。霜冰至，萬物蕭條，是自然之數，而非老天有多殘酷。萬物之生與殺，無損於天地之仁，因為那是自然；而世間之治亂，無損於天地之義，因為天地始終是那個天地，治亂之緣由，在於人之作為。初爻、上爻雖以氣數言之，但人之作為，依舊至為關鍵。船山云：

> 氣數非有召而至，陰陽不偏廢而成。然則《易》言「履霜」，而聖人曰「辨之不早」，使早辨之，可令無霜而冰乃不堅乎？則可令大化之有陽而無陰乎？
> 曰：霜者露之凝也，冰者水之凝也，皆出乎地上而天化之攸行也。涸陰沍寒，刑殺萬物，而在地中者，水泉不改其流，艸木之根不替其生，蟄蟲不傷其性，亦可以驗地之不成乎殺矣。天心仁愛，陽德施生，則將必於此有重拂其性情者。乃遯於空霄之上，潛於重淵之下，舉其所以潤洽百昌者聽命於陰，而惟其所制，為霜為冰，以戕品彙，則陽反代陰而尸刑害之怨。使非假之冰以益其威，則開闔之艸木，雖至今存可也。治亂相尋，雖曰氣數之自然，亦孰非有以致之哉！故陰非有罪而陽則以怨，聖人所以專其責於陽也。[40]

氣數並非人所召而至，陰陽亦不偏廢而成。然《易》言「履霜」之時，〈文言傳〉對曰「辨之不早」，倘若及早辨之，就能使霜不降使冰

---

40 〔明〕王夫之：《周易外傳》，《船山全書》，第二冊，頁834。

不堅嗎？能使大道運行，有陽而無陰嗎？回答是這樣的：霜為露之凝，冰為水之凝，皆出乎地上而受天化之所行。陰凝而寒，刑殺萬物，但在地底下，水泉不改其流，草木之根能生，蟄蟲不傷其性，亦可體會地之不成乎殺。天心仁愛，陽德施生，但總有違背其性情者，遜於天上，潛於地下，將其所以滋潤生長萬物之能，皆聽命於陰，為陰所制，為霜為冰，以傷萬類，陽反代替陰執行刑害之怨。氣運固然有其自然，但假使沒有冰來增其威虐，否則自有世界以來之草木，至今猶可存活。治亂相尋，雖曰氣數之自然，然又孰非人之作為，何以致於此呢。所以陰非有罪而陽則有過，聖人專責於陽在此。

六二，「直方大，不習無不利。」是〈坤〉卦關鍵之一爻，談陰之為德。船山云：

> 陰之為德，端凝靜處而不妄，故為「直」；奠位不移而各得其宜，故為「方」；純乎陰，則「大」矣。直、方，其德也；大，其體也。唯直、方固能大，其大者皆直、方也。秉性自然而於物皆利，物無不載，而行無疆矣。九五，〈乾〉之盛也。六二，〈坤〉之盛也。位皆中，而〈乾〉五得天之正位而不過，〈坤〉二出於地上而陰不匱。故飛龍者、大人合天之極致；直方者，君子行地之至善也。[41]

陰以直、方為德，端正凝神靜處而不虛妄，為直；穩住位分不被動搖使物各得其宜，故方。直、方純乎於陰，則能大，而大者，皆直、方。秉此本性自然於物皆利，無所針對無所偏私，則物無不載，行無所限。九五，〈乾〉之盛，六二，〈坤〉之盛。〈乾〉五得天之正位陽

41　〔明〕王夫之：《周易內傳》，《船山全書》，第一冊，頁79。

盛大而不為過，〈坤〉二出於地面而陰之運不虞匱乏。飛龍者，是大人合天之極致；而直方，則是君子具體實踐之至善。

六三，「含章可貞，或從王事，無成有終。」船山認為，六三居六二之上，成乎〈坤〉體，含六二之直方大，故云含章可貞，雖以陰居陽，而不失其正。三為進爻，出而圖功之象。履乎陽位，故曰「從王」，如〈象辭〉所謂「喪朋」而承天時行。言「或」，不必然之謂，「含章」非必「從王」，而是因時而出，行乎不得不行，故能功成不居。言「終」，內卦象德，外卦象位，三爻，德之終，成就內卦之意。六三，雖從王事，然志在自盡其道。[42]

六四，「括囊，無咎無譽。」括囊，藏之固。柔居陰位，四為退爻，不求譽而避咎之道。四與初同道，不同在於，初六居地位之下，埋伏自怙，六四居重陰中之人位，韜光養晦退而自守。避譽不居，是免咎最好辦法。船山云：「危言則招禍，詭言則悖道，括囊不發，人莫得其際，慎之至也。」[43]

六五，「黃裳元吉。」黃，大地之色，非素非炫，於五色得其中。衣上裳下，以芾佩掩之；飾在中，與衣以文質相配。六五居外卦之中，其德自六二已成，六五同六二之志，「體天時行，若裳以配衣，深厚而美自見，宜乎其吉。」[44]實踐〈坤〉道而與〈乾〉合德。非以求吉而固吉，故曰「元吉」。

上六，「龍戰於野，其血玄黃。」龍，陽物也。於野，卦外之象。陰六至極，陽必奮起而戰。〈坤〉六陰皆見，然六陽隱而固在，至上六，陰盛極而竭，陽伏而將興，戰而交傷，勢所必然。船山云：「陽之戰陰，道之將治也，而奮起於涸陰之世，則首發大難，必罹於害。

42 〔明〕王夫之：《周易內傳》，《船山全書》，第一冊，頁80。
43 〔明〕王夫之：《周易內傳》，《船山全書》，第一冊，頁81。
44 〔明〕王夫之：《周易內傳》，《船山全書》，第一冊，頁81。

陳勝、項梁與秦俱亡，徐壽輝、張士誠與胡俱殞。民物之大難，身任之，則不得辭其傷。《易》為龍惜，而不恤陰之將衰，聖人之情可見矣。」[45]陰盛而衰，陽起而戰，這樣的情況，就如當權者惡質至極，從而引發人民起義革命，起事者為民發難，恐罹其害卻無懼其難。

〈坤〉初爻「堅冰」、上爻「龍戰」之危，是氣運使然。船山認為，〈坤〉卦純陰，六爻均柔順之道，而中四爻皆君子之辭，唯獨初爻、上爻以世運爭亂言之。〈乾〉〈坤〉本太極固有之內容，各有其德，不可相無。體道者，當學其可用者而不能極其數。綜觀六爻：二、五得中而不過；三、四人位，君子參贊其中，調理陰陽之用，故其德，美者極盛，次亦寡過；初、上，則處地下、天上，調理無所施。故以氣運言之，為潛、六，為凝、戰。〈乾〉之初、上，陽雖無功而過淺，君子可因時應對有所堅持，聖人逢悔而不憂：〈坤〉則不同，初六困而不舒，上六過而不忌，所以以堅冰、玄黃之血，成此世運之傷，這是〈坤〉初、上特別危困的原因。不過，卦體純而不雜，抑天數自然，非人事過咎。「堅冰」、「龍戰」關乎氣運，占者當謹微體知天命，〈坤〉道之純，非他卦凌雜致咎，是人事造孽所致。所以「〈坤〉之初、上，皆不言凶。」[46]

用六，「利永貞。」九者，數之至，六者，數之不足。船山認為，〈坤〉安於不足，雖質雖凝滯，但虛中以聽陽之施，能以順為正，成陰之貞。「喪朋而安貞，始終如一，以資萬物之生長，無不利而永得其正。」[47]陰若能離其朋黨，依陽而正，便能〈乾〉〈坤〉合德生養萬物，物無不利永得其正。

---

45 〔明〕王夫之：《周易內傳》，《船山全書》，第一冊，頁82。

46 〔明〕王夫之：《周易內傳》，《船山全書》，第一冊，頁82-83。

47 〔明〕王夫之：《周易內傳》，《船山全書》，第一冊，頁83。

三 文言傳

「坤至柔而動也剛，至靜而德方。」船山認為，「至」，意謂六爻皆陰，柔靜至極。柔者，無銳氣，能委順於陽之造化。陰之動是與陽俱動，不同於陽氣舒緩，陰氣堅實緊密果於所為，生殺運權能見其剛。陰體凝定，非陽不動而靜。唯其至靜，高下剛柔各有一定之宜而不移，所以隨陽之施，能依其成形，而各自具備靈、蠢、動、植之性質而終古如一，此即〈坤〉德之「方」。柔靜，是牝道。動而剛，在於雖牝卻仍舊是馬。如何能「方」，在於牝馬之貞。同此以剛柔動靜言陰，〈繫辭傳〉曰：「立地之道，曰柔與剛。」又曰：「夫〈坤〉，其靜也翕，其動也闢。」動靜剛柔，起初並非陰陽分判，非各據一端互不相屬之僵固道理。類此，所以天地、水火、男女、血氣，皆可分陰陽，而不能執於陰陽之分。拘泥於形式名言者，只會視天地如冰炭，器官百骸間相互仇視對立，如此一再區分與對立，何以體道？[48]

「後得主有常，含萬物而化光。坤道其順乎，承天而時行。」船山認為，「主」，〈乾〉也。〈坤〉先「得朋」後「喪朋」，而與〈乾〉合德。六爻皆陰，陽何以作主？船山認為陰陽非「有無」消長，而是「隱顯」變化，陰六爻顯，便意謂陽六爻隱，陽雖隱仍存，故能為之主。以〈乾〉為主，〈坤〉仍以柔順為常，換個角度，〈坤〉之柔順至極，方能虛心容陽之施，含容萬物而造化。[49]

初六。初爻為陰，未必壞事。六十四卦有三十二卦初爻為陰，其中亨利而吉者九，無咎者六。陰之起，如有陽節之主之，則喪朋有慶。反之，如果陰之起無所節制，順其情而「馴致」，則積不可揜。船山云：

---

48 〔明〕王夫之：《周易內傳》，《船山全書》，第一冊，頁84。

49 〔明〕王夫之：《周易內傳》，《船山全書》，第一冊，頁84-85。

> 亂臣賊子，始於一念之伏，欲動利興，不早自知其非，得朋而
> 迷，惡日以滋，至於「龍戰」，雖其始念不正，抑以積而深
> 也。「辨之」，斯悔其非道之常，而安其貞矣。「順」如「順過
> 遂非」，即所謂「馴致」也。不道之念一萌，不能降心抑志，
> 矯反於正，為君父者又不逆而折之，唯其欲而弗違，順陰之
> 志，無所不至，所必然矣。[50]

亂臣賊子，皆始于一念之隱伏，欲念之動利害之心起，得朋而迷，惡念日漸滋長，以至「龍戰」，初念之不正，積累已深。「辨之」，是反省悔悟其無道失常，而安於天道之貞。然而，如果「順」是「順過遂非」，則馴至。不道之念萌，不能調之節之，反省矯正，而為君為父者又不懂逆而折之，使其順欲無所違，則陰之志將無所不順，其慘害亦無所不至。

六二。以正言直，以義言方。船山認為，主敬心不妄動則自無阻撓，行義守正無所動搖則事各有制，如此，德不孤必有鄰，不習無不利。六二居中，是敬德；順而不失天則，是義行。〈坤〉道，是君子立德實踐之本，中四爻皆言君子敬德修業之行。

六三。含六二之美，〈坤〉已成。船山認為，六三進爻，應外卦於上，所以〈坤〉道小成而不居其成，能夠「積學以待問，補過以盡忠，敬戒而無違，純乎順也。」[51]

六四。括囊無咎無譽。船山認為，六四退爻，純陰之世，陽隱而不見，天閉不出，地閉不納，為堅冰之時，為夷狄、女主、宦寺作主之世，以隱為賢。六四柔得位而不敢履中，故能以謹德歸之。

---

50 〔明〕王夫之：《周易內傳》，《船山全書》，第一冊，頁86。
51 〔明〕王夫之：《周易內傳》，《船山全書》，第一冊，頁87。

六五。黃中之美。六五與六二合德，敬、義其中，故曰「通理」，盛德發於事業，美之至。船山認為，〈坤〉無君道，「以二為內美、五為外著，君子闇然日章之德也。」[52]

上六，陰疑於陽必戰。〈坤〉卦，既言〈乾〉〈坤〉合德，又言陰陽之戰，其合與爭，時也，位也，道也。中四爻言君子敬德修業，初上爻則言氣運之盛衰，船山於此感慨甚多。上六，為陰盛極而衰。其言云：

> 陰陽各六，十二位而嚮背分。陽動而見，陰靜而隱，其恆也。六陰發動，乘權而行陽之道。陰嚮而陽背，疑於陰之且代陽而興矣。六陽稟剛健之性，豈其終隱？陰盛極而衰，陽且出而有功；必戰者，理勢之自然矣。陽欲出而險怙其勢，非能不戰而靜退者也，乃言陰戰，則陰為主；而不見陽之方興，故卦無龍體著見，而稱龍以歸功於陽。《春秋》以尊及卑，以內及外，王師敗績於茅戎，不言敗之者，此義也。「未離其類」者，陽雖傷，而所傷者陽中之陰也，剛健之氣不能折也。故秦漢、隋唐之際，死者陳勝、楊玄感而已，皆龍之血也。陽以氣為用，陰以血為體。傷在血，陰終不能傷陽，而陰衄矣。[53]

陰陽各六，有十二位嚮背之分，陽動而現，陰靜而隱，以此恆運不息。〈坤〉六陰發動，乘用權勢而行陽之道。陰嚮而陽背，疑於陰將代陽而興，然六陽剛健之性，豈會終隱。當陰盛極而衰，陽當出而有功，陰陽之戰，理勢之自然。陽欲出而陰恃險護其勢，非能不戰而靜

---

52 〔明〕王夫之：《周易內傳》，《船山全書》，第一冊，頁88。
53 〔明〕王夫之：《周易內傳》，《船山全書》，第一冊，頁88-89。

以退之，言陰戰，陰為主之意；不見陽之方興，所以〈坤〉無龍體之見，卻稱龍以歸功於陽。《春秋》以尊及卑，以內及外，周王師敗績於茅戎，不言敗之者為「晉」，即此義。「未離其類」者，陽雖有傷，但所傷者為陽中之陰，剛健之氣無所折損與動搖。所以秦漢、隋唐之際，死者陳勝、楊玄感，此皆如龍之血。陽以氣為用，陰以血為體，傷者在血，即傷陽中之陰，陰終不能傷陽，如此則陰折損挫敗。

　　林安梧先生認為，船山言「勢」有二義。一為乘權作勢，是權力欲望等力量主導下之「情勢」。一為以理導勢，是透過天理常道所引導之「動勢」。由此，陽之戰陰，是以「理勢」之動能，扭轉權力欲望所宰制之「情勢」，而開啟一個新局。透過〈坤〉卦之「龍戰」，可知儒學是可談「革命論」的。秦漢之際、隋唐之際，皆有陰盛極而衰，陽振起而代之之象，政府暴虐無道失去天命，引發人民起義，如以道為依，終能成就「理勢之自然」，進到一個有道之局。[54]

第三節　論坎

一　彖辭、象傳、大象傳

　　〈坎〉卦之初，船山談到八卦不同於眾卦之性質。其言云：

> 伏羲之始畫卦也，三畫而八卦成。及其參兩而重之，陰陽交錯，分為貞、悔二卦之象以合於一，而率非其故。然交加屢變，固有仍如〈乾〉〈坤〉六子之象者。〈震〉得〈震〉，〈巽〉得〈巽〉，〈坎〉得〈艮〉，〈離〉得〈兌〉，〈艮〉得〈坎〉，

---

54 筆者從學林安梧先生之課堂筆記。

〈兑〉得〈離〉,[55]貞、悔皆為六子之象,與他卦異。蓋他卦為物化人事之變,隨象而改;而雷、風、水、火、山、澤,易地易時,大小殊而初無異也,重者仍如其故。……相因、相踵、相疊、相並,而其形體、性情、功效無異焉,故即以其三畫之德擬之,而仍其名以名之。此成象以後,見其不貳之物,變而必遇其常也。「習」,仍也。重卦八而獨加「習」於〈坎〉者,舉一而概其餘也。[56]

認為自伏羲始畫卦,三畫而八卦成。然在參兩而重之,陰陽交錯兩因素下,三畫之卦,重之為六畫之卦,分貞、悔二卦之象以合於一,並陰陽交錯形成眾卦變化。不過〈乾〉〈坤〉六子之象,貞、悔二卦皆一致,而與它卦相異。這是因為它卦為物化人事之變,隨象而改;而雷、風、水、火、山、澤,就算時空條件都變化了,其形體性質功效仍與原初相同。故以其三畫之德擬之,因仍其名以名之。此卦成象以後,顯現不貳之物,變動而必遇其常。所謂「習」,重複之謂。重卦者八,獨以「習」言〈坎〉,是舉其一而概括其餘。

　　〈坎〉者,險也,水之象。船山認為,〈坎〉內明而外暗,體剛而用柔,陽剛守於兩陰之中,為坎坷不平之象,其於造化則為水。水之性,依於陰以流蕩於虛而難測,及其盛大,則成江海之險而難踰。其流行,經地之不足則為澤,經地之有餘則為江海,澤為〈兑〉,江海為〈坎〉,此為靜之水與動之水之別。對於動靜,船山云:

---

55 筆者認為,此段文獻或有訛誤。據文意,應為〈震〉得〈震〉,〈巽〉得〈巽〉,〈坎〉得〈坎〉,〈離〉得〈離〉,〈艮〉得〈艮〉,〈兑〉得〈兑〉。強調〈乾〉〈坤〉六子之象,其貞、悔二卦皆一致,而與它卦相異。

56 〔明〕王夫之:《周易內傳》,《船山全書》,第一冊,頁260。

陰之凝也，堅濁以靜，而為地之形。陽之舒也，變動不居，而
為天之氣。故曰陰靜而陽動。陽非無靜，其靜也，動之性不
失。陰非無動，其動也，靜之體自存。水亦成乎有形者矣，而
性固動；靜則平易而動則險，已成乎形而動者存，是靜中之
動，幾隱而不易知者也。〈坎〉之德亦危矣哉！而陰陽必有之
幾，天地所不能無，雖聖人體易簡以為德，亦自有淵深不測、
靜以含動之神，則亦非但機變之士，伏剛於柔中以為陷阱者然
也。〈坎〉而又〈坎〉，其機深矣。而聖人于《易》，擇取元化
之善者以為德，而不效其所不足，故特於剛中之象，著其「有
孚」，謂其剛直內充，非貌柔以行狙詐，而易以溺人者之足貴
也。若老氏曰「上善若水」，則取其以至柔馳騁乎至剛，無孚
之〈坎〉，為小人之險，豈君子之所尚哉！[57]

陰之凝滯，堅濁以靜，而為地之形；陽之舒展，變動不居，而為天之
形。故言陰靜而陽動。然陽非無靜，其靜，動之性不失；陰非無動，
其動，靜之體自存。陰陽各具動靜，動與靜亦同時俱存彼此關聯。
〈坎〉卦為陽卦，以水而言，其成乎有形，而性固動，靜則平易而動
則險，成乎形而動者存，是靜中之動，幾微隱而不易知。〈坎〉德有
憂危之險象，然此陰陽必有之幾微，天地所不能無，雖聖人體易簡以
為德，亦有淵深不測、靜以含動之神。〈坎〉為自然之險，非人為機
心造作，非機變之士將剛爻潛伏柔爻中，視為陷阱之存在。〈坎〉而
又〈坎〉，其機更深，然聖人于《易》擇取根源造化之善以為德，而
不效其不足處，故特言〈坎〉剛中之象，彰顯其「有孚」，言其剛直
內充，而非貌柔以詭詐溺人為貴。若如《老子》曰：「上善若水」，擇

57　〔明〕王夫之：《周易內傳》，《船山全書》，第一冊，頁261。

取其柔來駕馭剛，無信之〈坎〉，為小人之險，豈君子之道。《彖辭》言「維心亨，行有尚」，即外之柔不足亨，唯剛中乃亨。剛中，人能有信，水能有止，故能行乎險境，以天之氣變動不居依地之形堅濁之靜而不妄，行可有「功」而足「尚」。然不只克服險境，亦能運用險境。船山云：

> 險亦自然不可廢之理，而必因乎險之時，善其險之用，非憑險以與物相難也。天以不可升為險而全其高，非以絕人自私。地以山川丘陵為險而成其厚，非以阻人于危。王公以城郭溝池為險而固其守，非以負險而肆虐。用險者非其人，不可也。[58]

險亦自然不可廢之理，當因乎險之時，善其險之用，非憑險與物相難。天險，高而不可升，非絕人而保其私；地險，山川丘陵為屏障，非阻人而置於危；王公以城郭溝池為險固守，非以恃險而肆虐。用險者，非其人則不可。唯君子能因其時善其用，以天之高、地之厚而待人，剛中有信，險困不困，而憑險守國。

　　對於「習坎」之重險，〈大象傳〉強調水之動能，源泉滾滾沛然莫之能禦。效法水「相沓以至，盈科而進，不舍晝夜。」[59]學有恆心，日新又新，又溫故知新。船山云：

> 水之「洊至」，不舍晝夜，波流如一，而後水非前水，則用其日新以為有恆者也。德行之常，非必一德；教事之習，非僅一教。有本而出，源源不舍，則德日以盛，教日以深，斯君子用〈坎〉之益也。「洊至」之勢盛，可以征才；「洊至」之威張，

---

58 〔明〕王夫之：《周易內傳》，《船山全書》，第一冊，頁263。
59 〔明〕王夫之：《周易內傳》，《船山全書》，第一冊，頁263。

可以明刑。而君子斂才而用之於德，緩刑而用之於教。蓋乘勢
者險在己，殫威者險在物，擇于習坎，而惟德教之敦，故足尚
耳。[60]

水洊至，水接連而來，不舍晝夜，源流如一，然後浪推前浪，用其日
新而有恆。德行之常則，非必一德：事物之學習，非僅一教。有本而
出，源源不舍，則德化日盛，教化日深，此君即子用〈坎〉之益。
「洊至」，其勢盛，可徵才，其威張，可明刑。君子收其才而用之以
德，緩其刑而用之於教。乘勢則險在己，殫威者險在物，擇于習坎，
謹諄德教，所以推崇之。

二　六爻

初六，「習坎，入于坎窞，凶。」言「習坎」，是據全卦已成之
象，言一爻之得失。初六陰居陽位，船山認為，處「習坎」之世，以
陰柔入於潛伏之地，「將以避險，而不知其自陷也。」[61]機心潛伏而
必凶。

九二，「坎有險，求小得。」船山認為，二以剛居柔，誠未篤，
行不決，有遠志，但行多險阻，能自保，然憂危仍存。〈坎〉內卦三
爻皆失位，所以九二雖中未亨；與此相類，〈離〉外卦三爻皆失位，
五雖中而多憂。〈坎〉九二未離「中」，故有「得」，只是未能出險，
所得者小。

六三，「來之坎坎，險且枕，入于坎窞。」來之坎坎，險之又險
之象。當二險相仍之際，柔不能決，隨波逐流來往於險中，無以為

60　〔明〕王夫之：《周易大象解》，《船山全書》，第二冊，頁715。
61　〔明〕王夫之：《周易內傳》，《船山全書》，第一冊，頁264。

用。六三乘陽，陰居陽位，處三之進爻，志不在陷二，故異於上六陷人而自陷。但有志卻不能自拔，終徒勞無功。

六四，「樽酒簋貳，用缶，納約自牖，終無咎。」以樽盛酒，以簋盛黍稷，間以缶為器，自牖納之。非合於禮，急於樂賓之故，所以無疚。六四，柔當位而承剛，載九五之陽而使安。以水言之，則溪澗合流大川之象，有孚而合，出險而夷。情已篤，雖失禮亦無過，如江河不擇細流之能容，終能無咎。〈坎〉如河川流動，險在源頭，至下游則平穩，所以內卦言險，外卦不言險，以四、五爻為美。

九五，「坎不盈，祗既平，無咎。」九五剛中得位，如水之下游，匯聚百川而成江海，流盛而不盈，不盈，亦不自是不自大之意。盛大流行之下，則險失其險，至於平矣，其上雖疑為陰所乘，然持之有道，進而有功，故無咎。

上六，「係用徽纆，寘于叢棘，三歲不得，凶。」雖陰當位，然憑高乘陽，陷人而將自陷，較初爻失道更甚，故凶之期尤長，三歲不得釋。

三　外傳

船山認為，〈坎〉以陽為心，其象剛中而不見於貌，心之退藏於密而不顯著。世俗邪說不知其心，徒肖其所成之貌，水之所以險在此。陰之用，在於流而不盈，能隨陽之善。而非所謂實以為體，虛以為用，應萬物以柔靡，佯退卻自恃堅悍。不盈者，非徒水，火、木、土、金皆然。〈坎〉道之貴，在有孚，在其不失信。船山云：

> 何以知其信之不失也？生之建也，知以為始，能以為成。〈乾〉知，〈坤〉能；知剛，能柔。知先自知，能必及物。及

物則中出而即物，自知則引物以實中。引物實中，而晶耀含
光，無之有改。故〈乾〉道之以剛為明者惟此，而水始得之以
為內景。物過而納之以取照，照而不遷其形，水固有主而不亂
矣。生之積也，初生而盛，繼生而減，減則因嬗以相濟。故
木、火與金，皆有所憑藉以生。而水無所藉，無所藉者，藉於
天之始化也。有藉而生者，有時而殺。故木時萎，火時滅，金
時蝕，而水不時窮。升降相資，波流相續，所藉者真，所生者
常，不藉彼以盛，不嬗彼而減，則水居恒而不間矣。不亂不
間，水之以信為體也。[62]

如何知其信之不失？在於〈坎〉蘊含〈乾〉〈坤〉之德。生之建，以
〈乾〉知為始，以〈坤〉能為成；知剛，能柔，知先自知，能必及
物。及物則中道而立落實於物，自知則引導萬物充實中道。引導萬物
充實中道，則閃耀光明而不滅，故〈乾〉道以剛為明者在此，而水始
得之以為內景，容納事物以觀照，觀照而不變遷其形，水固有主而不
亂。生之積，初生而盛，繼生而減，減則因更替以相濟，故木、火、
金皆有憑藉。而水無憑藉，無所藉，即藉天之始化。缺乏有限之憑
藉，而獲無限之憑藉。前者依時而存，時而生，時而殺，如木時萎，
火時滅，金時蝕；後者則無時不與，水不因時而窮，居恆而無間斷。
不亂不間斷，水之以信為體。有體而有用，論其用，〈坎〉居正北，
時在冬至，陽動於陰中，德於室，刑於野。代天潤萬物之生，不匱其
用，〈坎〉亦以信為用。船山云：「體用而皆信，乃捷取其貌者不易見
焉，故〈坎〉有孚而孚亦維心。〈坎〉之心，天之心也，『亨』以此
爾。」[63]有孚有信有心，〈坎〉之心，即天之心。儘管如此，心貌之

62 〔明〕王夫之：《周易外傳》，《船山全書》，第二冊，頁898。

63 〔明〕王夫之：《周易外傳》，《船山全書》，第二冊，頁899。

異，使信在中，而未顯於外，如此亦存險困。面對這樣的險困，當以信平之，以信守之。對於信，船山又連之土德。其言云：

> 故信，土德也，而水與土相依而不暫舍。以土制水，水樂受其制以自存。制而信存，不制而信失。未審乎此，而欲不凝滯而與物推移，顧別求「甚真」之信於「窈冥」之中，其居德不亦險乎！故君子於德行則常之，於教事則習之，而終不法其不盈，斯亦不惑于水之貌，而取其柔而無質者以為上善也。[64]

信，土德，水土相依不曾暫離。以土制水，則水樂受其制而存，有制則信存，不制則信失。不能對此瞭解，就妄自期待無所凝滯而與物推移，求至真之信於幽冥之中，其德不危險嗎？所以君子於德則依常道行之，透過聖賢教養學習練習，而終不效法機心之虛懷若谷，亦不惑於水外顯之面貌，誤認水之柔而無質方是上善。

船山強調〈坎〉之「中」，中道是陽，是實，是信，守中，〈坎〉之心能通天之心，化險而為夷；與此不同，船山批評老子之「上善若水」，是陰，是虛，是機心，徒見水之形，而不見水之心，看似機巧，實徒增險境而已。而信為土德，水土相繫，則強調土作為節制之存在，亦是作為與環境、地氣、生活世界之相連，而非虛玄之妄求。信是實之信，唯有真實與踏實的互信共感，才能孕育源泉滾滾沛然莫之能禦之動能，體察現況之虛實，克服險境繼續前進。

---

64 〔明〕王夫之：《周易外傳》，《船山全書》，第二冊，頁899。

第四節　論離

一　彖辭、彖傳、大象傳

　　〈離〉者，麗也，光明，火之象、日之象。〈離〉卦，一陰居二陽之中，陰附麗於陽，如火依於木而有炎有光。《彖辭》言：「離。利貞亨，畜牝牛，吉。」船山認為，「利」是「得所利以成其用」，「貞」是「居得其所而正」，「亨」是「能知所附麗而得中，美不必自己，而大美歸焉」，「利貞亨」是指陰爻，能得其用，正中其位，附麗於陽，柔順之至，任陽以施。而陽則畜陰，使陰不濫，得其信任，而成就陰之美。陰居中任陽，陽盡才而施，如周公之輔，如火炬之光。卜得〈離〉卦，為學當「虛中遜志，常若不足，而博學多通，強行不倦，則文著而道明，亦此理焉。」倘若相反，則剛愎中據，溺於私利，將如〈坎〉卦那般陷險。[65]

　　〈離〉卦之德在「麗」。〈彖傳〉云：「日月麗乎天，百穀草木麗乎土，重明以麗乎正，乃化成天下。」船山認為，「麗者，依質而生文之謂。」依質生文，文質相需。如日月附麗天，百穀草木附麗土，而離之光明麗乎正，由此教化天下。柔順乎中正，故能亨通而容剛，陽能畜陰而吉。言附麗，並非毫無原則去依傍它物，而是以中正為則，以柔順為容。所以附麗亦非單方之依託，因柔順而容物，因中正而能信任合作，進而成就彼此。以君臣之道來說，君王勿據尊而孤，而應端正其位任賢納才。而臣子則當依道行志，盡才以養君於善，如此則吉。[66]

　　〈離〉卦之象在「明」。〈大象傳〉云：「《象》曰：明兩作，離。

65　〔明〕王夫之：《周易內傳》，《船山全書》，第一冊，頁267-268。

66　〔明〕王夫之：《周易內傳》，《船山全書》，第一冊，頁268。

大人以繼明照於四方。」船山認為，明即「日」，不取象於火，火相迫
則上者滅，如此更替，新火舊火相異。「日」則不然，日復一日，不改
其故，故取象「日」，無窮相續之意。言「大人」，則表示德位俱尊，
無德無位，施明不已，則文有餘質不足，過於明亮，則文過其實。有
德有位，則文質相稱，虛己容物，日新又新，而「明照於四方」。[67]

二　六爻

初九，「履錯然，敬之，無咎。」船山認為，履，即實踐。錯
然，經緯相間、文采雜陳之貌。〈離〉卦陰陽交錯，有文采斑斕之
象。初九於卦之初，如以剛強有為之才，為六二倚任，則眩於錯然之
境急於自見而有咎。不過初九當位，位在潛退，有敬慎不敢嘗試之
心，故能無咎。[68]陽為陰用，何以有咎？在於卦之初，初臨此境，未
解全局，未得深信，急於表現，易出問題，所以初爻告誡占者，當敬
慎以待。

六二，「黃離，元吉。」頗類〈坤・六五〉「黃裳元吉」、「黃中通
理」。〈坤・六五〉為中而通天道之理。〈離・六二〉則能酌文質之
中，附麗於陽。〈乾〉〈坤〉並建，地道當合天道以生養，陰陽相濟，
陰當容陽而抒發光明。不過〈坤〉〈離〉不同在於，〈離〉之道，貴在
六二，而非六五。元吉，吉於始也。船山云：

> 水之相承，源險而流平。火之相繼，始盛而終爝。故〈坎〉道
> 盛於五，〈離〉道盛於二。人之有明，待後念之覺者；牿亡之

67 〔明〕王夫之：《周易內傳》，《船山全書》，第一冊，頁269。
68 〔明〕王夫之：《周易內傳》，《船山全書》，第一冊，頁269-270。

餘，僅存之夜氣，終不可恃也。若昭質之未虧者，一念初發，中道燦然於中，自能虛以受天下之善，而不蔽於固陋；迨其已知，更求察焉，則感於情偽而利害生、私意起，其所明者非其明矣。故愚嘗有言：庸人後念賢於前念，君子初幾明於後幾。天理在人心之中，一麗乎正，而天下之大美全體存焉，夫子所以譏季孫之三思也。其在治天下之理，則開創之始，天子居中而麗乎剛明之賢，以盡其才，則政教修明而中和建極。若中葉以後，更求明焉，雖虛己任賢，論治極詳，且有如宋神宗之祇以召亂者。此六二之吉，所為吉以元也。占者得此，當以始念之虛明為正。[69]

水之相承，源頭險困下游平順；火之相繼，始於盛而終消爍。故〈坎〉道盛於九五，〈離〉道盛於六二。人一念之光明，有待後念覺之者，當其平旦之氣牿亡，僅存之夜氣，終不可恃。倘若其昭明之質未虧，一念初發，立於中道，自能虛受天下之善，而不蔽於固陋；待已有智識，更求細察，有感於虛實真假而利害生、私意起，所明者已非其明。常人後念賢於前念，君子則初幾明於後幾。天理於人心之中，一旦附麗乎正，天下大美即全體俱存，故孔子譏季孫氏之三思。治天下之理，在於開創之始，天子居中而附麗剛中之賢才，如此便能政教修明中和建極。歷至朝代中葉，更求其明，雖虛己任賢，論治極詳，仍有遺憾如宋神宗召亂之例。故六二之吉，吉在始。占者得此，當始念之虛明為正。〈離〉之二、五皆中，然唯六二得其道。這一方面強調修身為政，貴在先知先覺，一方面則敬慎於歷程終始之變化，光明非必一直光明。

69　〔明〕王夫之：《周易內傳》，《船山全書》，第一冊，頁270-271。

九三，「日昃之離，不鼓缶而歌，則大耋之嗟，凶。」日昃，太陽偏西。初爻，日出，二爻，日中，三爻，日偏，三爻俱而〈離〉卦成。船山認為，九三日偏，前明垂盡，時機已過。然以剛居剛，處於進爻，不能安命自逸，懷忿忮繼起爭勝，日暮途窮，倒行逆施，故凶。[70]

九四，「突如其來如，焚如、死如、棄如。」船山認為，九四「前明甫謝，餘照猶存」，為前明餘燄。九四，不當位，失位之剛遽起而乘之，小人之象，如后羿、王莽之篡。作為餘燄，勢不可久。占於此，小人雖盛，可勿以為憂。〈離〉卦之貴，在於陰作主時能虛中任陽以施，強調陰陽相濟所展現之光明，而非陽之剛愎自用。此亦可看出，小人未必皆陰爻，時位不當，作為不當，陽爻亦成小人。[71]

六五，「出涕沱若，戚嗟若，吉。」船山認為，後明繼前明而興，以柔道居尊，就如殷高宗之憂，三年不言，又如周成王登基卻嬛嬛在疚，「盡仁孝以慕先烈，如艱難而戒臣工」。後人以柔居尊，效法先人，敬慎而行，即商、周復明之因。與此不同，為臣者，若如元祐諸賢之為政，求快一時，無惻怛之情，不能無過；為君者，若如曹丕定嗣而抱辛毗稱快，得意忘形，未能謙遜敬慎，國運可知。[72]

上九，「王用出征，有嘉，折首，獲匪其醜，無咎。」出征，征者有功，匪類獲罪。船山認為，君王登基之初，必有不軌奸徒乘之妄動，故六五憂危不釋。上九為五附麗以求明，為胤后徂征、周公東征之象。船山云：「誅其首惡而兵刑不濫，雖剛過而疑於亢，實所不得而辭。僅言『無咎』者，所謂周公且有過也。」上九不當位，居上位疑於過，於位分有疑，然天下未定，為護國懲惡，出征不得而辭。僅

---

70 〔明〕王夫之：《周易內傳》，《船山全書》，第一冊，頁271。

71 〔明〕王夫之：《周易內傳》，《船山全書》，第一冊，頁271。

72 〔明〕王夫之：《周易內傳》，《船山全書》，第一冊，頁272。

言「無咎」，意謂周公亦有過失。是何過失，船山並未明言。可能在位分之疑慮，時間之審視，與手段之考慮。以位而言，居上爻，代表最後之標準，上爻並非主事者，主事者在六五爻。〈離〉之歷程，在於上九得六五之信任，方能出征平亂；以時而言，此時處事件之終，處理過遲，故釀成兵事；以手段而言，動武實最後不得已之手段。如能洞燭幾微，制事之先，或許就能避免流血來解決問題。勞師動眾，傷及手足，代價實大。然而，周公東征，大公無私，心在護國，得君王信任，所以有咎終歸無咎。占者於此，為臣當如此盡心，為學者則當辟邪說以正人心，當仁而不讓。

三　外傳

船山認為，聖人之所以為聖，在於憂患意識，能與萬物同憂，使萬物生得其利，死畏其神，就算逝去，悲憫之情永存，教養之傳永續。如果只想任達怡生，恣情亡恤，捐心去慮，憂之不存，明則衰矣。〈離〉卦談的是如何光明，光明如何延續之問題。聖人之生，是為責任義務而生，為平民啟蒙，與物同患同憂，讓自身光明，亦期許天下皆能離暗而光明。生時付諸實踐，此聖人之力；死時而薪火相傳，此聖人之心。力盡心周而憂患方釋，而不為求自己之功名。故欲輔大器，成大功，特需注意託付得人。付於暗，則憂；付於明，則喜。《易》曰「不鼓缶而歌，則大耋之嗟，凶。」並非鼓勵人忘憂而廢同患，而是表示倘若託付得人，能以明繼明，當他人亦能共患難，具備光明而與己無異時，何需吝惜，又何需嗟嘆。

如有吝心，近而吝留於身，遠而吝留於子孫。縱有賢智人才，亦見隔閡，而為之掣肘。最終落於孤立無援之境，而為人所逼。故九四之來，亦物理之恆常，而成「突如」之勢。船山云：「帆低浪湧，門

固盜窺，剛以相乘，返而見迫，悲歡異室，賓主交疑，前薪焝盡，而後焰無根，以我之吝，成彼之攘，欺天絕人，無所容而不忌。三、四之際，誠今古寒心之至矣。」情況之所以凶險，情勢之所以否變，皆在於賓主交疑，前薪燒盡，而後燄無根，我之吝心，竟助成他人之攘，薪火不能相傳，賢才不能相助，結果喚來叛亂動亂之到來，違背天理滅絕人性，無所容於天地而無所顧忌。〈離〉三、四爻之際，所映現的事理，實今古最為寒心之事。[73]

　　主事者不能與民同憂同患，又懷吝心，導致孤立無援。如此，失之天步，毀之宗祧，人心不得啟蒙，日月不得重光。於心有私，則不能正大光明，於心有吝，光明便難以為繼。故孔子言「大道之公，三代之英，丘未之逮也。」憂周失其所繼，道失其所承，人將失卻安身立命之定向與光明。心懷道統，與民同憂，而非自樂其樂，聖人之為所以為聖人，在此。[74]

第五節　論震

一　彖辭、彖傳、大象傳

　　〈震〉者，動也，雷之象。震即雷聲，雷之用在聲，聲動而振起於物。一陽居二陰之下，震動群陰之象。陰之性，喜於斂而憚於發，非有心錮陽，然陰得其類聚，則遏陽而不受施。陽為陰所閟，不能舒散而見，故聚於一以求出，無所依待而驟發。陰愈聚以凝，則陽愈聚以出，故現象中，雷恆發於陰雲寒雨之下，而將晴朗時，則出之和而不震。出而有聲，非陽之聲。人之目力有限，故見之為空虛，實則絪

73　〔明〕王夫之：《周易外傳》，《船山全書》，第二冊，頁900。
74　〔明〕王夫之：《周易外傳》，《船山全書》，第二冊，頁901。

縕之和氣充塞無間。陽氣聚而銳出，劃破空中絪縕之氣，氣與氣相排
蕩而裂散，於是有震之聲。凡聲皆氣使然，故雷始地中，地中無聲，
而地上有聲。陽劃破絪縕之氣後，即散去陰陽之怙黨相恃，各失其黨
而相和以施，動植萬物受之以興。故陰曀昏暗之日，陽非不存，唯近
地之上，陰凝結更甚而已。陽出而未及散，因急聚而成形，故或得物
如斧如椎之狀，剎那間陰急受陽施，萬物由此創生。人未能覺，故感
驚異，而不知此〈震〉體之固然。雷震或驚殺人物，當其衝出，出不
擇地，人正而吉者，或祐之而不與相值，此抑天理之自然。陰之受
震，和則為祥，乖則為戾。[75]

　　談及創生，船山認為，二陰凝聚於上，位處高亢卻懈怠對萬物之
資生，故陽之專氣，由下至上，破陰而直徹其藏，揮散其停凝之氣。
陰愈聚則陽愈專，陽愈孤則出愈裂，乃造生物之大權，然陽非暴虐，
實以威為恩，造化萬物。而氣運之初撥亂，人心始動以興，根基立而
趨時急於治道，皆肖〈震〉之德，此亦皆亨道。何以能亨？震動以
興，陰受震而必懼，陰知戒，則陽亨之。陰積聚於上，其勢不易動，
陽之所以能無所阻撓，非僅憑剛直銳往之氣，陰自身亦有悚惕惟恐不
勝之情。震之來，陰虩虩，陽亦虩虩，物無不虩虩。陽之震陰，非在
傷陰，而在於使其惰歸，使散其聚、解其蔽而受交，成其資生之用，
由此陽之志得，陰之功成，物之生榮，而「笑言啞啞」，二陰亦能安
於上而無憂。[76]

　　雷聲至，氣必蕩，物有心者必驚。船山認為，雷有砉然而永者，
有殷殷而短者，然唯砉然能聞於百里。〈震〉內卦起之迅，外卦繼之
永，故百里皆驚，成〈震〉道之盛。一陽初起，承〈乾〉而繼祚，首
出以為人神之主，承受天命，故天子、諸侯親執匕載牲而奠鬯。震動

75 〔明〕王夫之：《周易內傳》，《船山全書》，第一冊，頁409-410。
76 〔明〕王夫之：《周易內傳》，《船山全書》，第一冊，頁410。

恭謹生於心，而振起臣民怠滯之情，交於鬼神，治於民物，莫不興奮以共贊安定。震之象，其德如此。以占《易》者言，其時不寧，然得主不亂，雖驚懼而必暢遂，勿憂可懼之形聲，而當自勉於振作；以學《易》者言，〈震〉、〈巽〉，為天地大用之幾，君子以之致用；而〈艮〉、〈兌〉，為天地自然融結之定體，君子以之立體。[77]

　　哀莫大於心死，非其能動，萬善不生，惡積而不自知。欲相暱，利相困，習氣相襲以安，此皆重陰凝滯之氣，閉人生理。對此，船山批評老子，或因而任之，恬而安之，謂此為靜，以制其心之動，無感於物，拘於幽暗而自喪神明，偷安自怡，始於笑而終於懼。人皆有惻隱之心，然因懈怠與欲念為盛，而逐漸退散。惻隱若存，面對羞惡、恭敬、是非之心，怵惕交集，必無一念之安，當奮起而集善。知懼，則有福，及其遠，守者能定。船山云：「王道盡於無逸，聖學審於研幾。〈震〉之為用，賢知所以日進於高明，愚不肖所以救牿亡而違禽獸，非〈艮〉之徒勞而僅免於咎者所可匹矣。」〈震〉卦之道，不在安逸居上，而在勤奮振起，下以貫上。於外震動百里，於內知懼敬慎，洞察造化之幾微，故能乘時而運，而非亡羊補牢。〈震〉之德，貴於〈艮〉者在此。[78]

　　〈彖〉傳曰：「震，亨。」天下之能亨者，未有不自震得，不震必不足以自亨。何以亨？在於「恐」。「恐」，非對物畏懼，亦非使物畏懼，而是畏天命、畏大人、畏聖人之言之「知懼」，知人己之不足，戒慎恐懼而省察之振作之。故船山云：

　　　但專氣以出，惟恐理不勝欲，義不勝利，敬不勝怠，發憤內

---

77 〔明〕王夫之：《周易內傳》，《船山全書》，第一冊，頁410-411。
78 〔明〕王夫之：《周易內傳》，《船山全書》，第一冊，頁411。

省，志壹氣動，而物自震其德威，致福之道也。「有則」者，如其震動恪共之初幾以行之，自不違於天則。[79]

　　陽專氣以出，唯恐理欲、義利、敬怠等關係本末異位，失去作主、相濟、節制之可能。發憤，故有志氣與動能；內省，則志氣動能貫注於身，蛻變而改進。如此，物能自震其德威，參贊造化而致福。如其震動恭謹之初幾來實踐，自能不違於天則，「有則」，故能「笑言啞啞」。船山認為，震驚百里，及於遠，非求務遠，戒慎恐懼之心，不忘於几席戶牖之間，便足以震動天下。相反地，懈怠逃避，則心之神明閉塞而不發，以為能守其身保其家國，殊不知心一閉塞，萬物交亂於前，利欲乘之，反而將使家國日益敗壞。唯有使此心之幾，震動以出，與民物之理互動不息，其後作主，御變而守常，小人方得受制，世局方得改善。欲保其國為人主者，皆從此道，故〈震〉一陽上承二陰，有主祭之象。[80]

　　〈大象傳〉以「洊雷」言〈震〉，雷之又雷之象。船山認為，君子之震，非威虐於物，亦非張皇紛擾而不安，而是戰戰兢兢，如臨深淵如履薄冰，時加克治，內省其失。震於內，非震於外。「內卦始念之憂惕為恐懼，外卦後念之加警為修省，象洊雷之疊至。」戒慎恐懼之警惕，念念相續而不斷。[81]《周易大象解》對於〈震〉則這樣解釋。其言云：

　　　　「恐懼」之下，其情易荼；「修省」之功，緩則罔濟。必如「洊雷」之震，興起迫屬，乃克為功。不懾于外，不懈于中，

79　〔明〕王夫之：《周易內傳》，《船山全書》，第一冊，頁412。

80　〔明〕王夫之：《周易內傳》，《船山全書》，第一冊，頁412-413。

81　〔明〕王夫之：《周易內傳》，《船山全書》，第一冊，頁413。

> 君子之震，所以主宗廟社稷者在此。震過於動，疑非靜理，乃
> 道不得靜，勿容自逸。若矯情鎮物，因循蒙安，非君子之尚久
> 矣。特勿取乎張皇危厲，以滋紛撓而已。[82]

恐懼之下，容易疲憊委靡，所以強調「修省」，緩則失濟。必如「洊
雷」，雷之又雷，乃克為功。不震攝於外，不懈怠於中，君子之震，
所以主宗廟社稷在此。震過動而無靜，實因道不得靜，不容自逸。若
矯情鎮定，因循偷安，則非君子之尚久。而張皇危厲，震懾於外，亦
徒增紛擾而已。

二 六爻

初九，「震來虩虩，後笑言啞啞，吉。」船山認為，初九為
〈震〉之主，故爻辭同〈彖辭〉。言「後」，非初爻有笑言之喜，而是
通二、三爻言，初爻已裕其理。未如〈彖辭〉言「亨」，是變「亨」
為「吉」，初爻僅具吉理，待成卦而後亨通。〈震〉之初爻與四爻同，
然初爻「吉」，四爻「泥」，差異很大；與此相類，〈艮〉三爻與上爻
同，而三爻「厲」，上爻「吉」，皆時位不同之故。〈震〉卦重視人心
初動之幾，天性四端之良能，所以重視初九。初九之存，奠定了二、
三爻之原則，而言吉；至九四，未若初九強調初念之善，其動在後，
感物之餘，易流於妄。

在〈震〉，船山談到「遏欲」，其言云「遏欲閉邪，天理原不舍人
欲而別為體」，認為天理人欲不應相離，而別立一體，欲是自然生理
需求，須調節之，而非斷絕之。如果從開始便突然禁欲，則絕人情而

---

82 〔明〕王夫之：《周易大象解》，《船山全書》，第二冊，頁727。

未得天理之正，必出現不須止卻強止之狀況，由此衍生後患。故〈震〉強調「動」，不同於〈艮〉之強調「止」。雖皆陰柔得中，然〈艮〉內邪息而外未能純，故堅守之以止幾微之過，方吉。[83]

六二，「震來厲，億喪貝，躋于九陵，勿逐，七日得。」船山認為，初九之震來，言其震而來；六二言震來，則是言初九之來震乎己。初九與九四之震，自震也，而四陰爻之震，為陽所震也。初九之動，幾甚銳，故以「厲」言其威嚴之相迫。古代十萬曰「億」，大之意。「貝」，則利也。指初九之來勢洶洶，使六二大喪其利，而不得寧，遠躋於至高之地，以避其銳。以雷言之，出於地上，劃破陰氣之絪縕，直上青霄。而既震之餘，陽氣瀰漫高空，與陰相協，則絪縕之氣仍歸其所；其於人心，一旦發動，則此前蘊積者，盡忘而不知其何往。而震動之後，天理與人情相得，日用飲食、聲色臭味還得其所欲，而非終於空寂，遠乎人情。〈震〉之幾，亦若天下治亂之幾，戡亂之始，武威之用，民生必有凋喪。戡亂已終，則民富堆積，流散者可還復其所。六二當位居中，安其位分，「勿逐」，則能「七日得」，逐之，則逆理數之自然，反喪其得。陽初以迫，終以和，天理不離人欲，造化不遠人情，用於初幾，本於天則，則能得理數之自然。[84]

六三，「震蘇蘇，震行無眚。」蘇，柔草。蘇蘇，緩柔貌。船山認為，六三遠於初九，懈怠鬆散，雖受震而猶蘇蘇，柔而不可驅策。然居於三爻，處進爻可以「震行」。倘若因震以行，則能「無眚」。震之忽來，怠緩者視其意外之災，其後與震俱動，則見其本非災眚而勉於行。[85]

九四，「震遂泥。」陽居陰位，不當位，「泥」者，滯弱而不能

83　〔明〕王夫之：《周易內傳》，《船山全書》，第一冊，頁413-414。
84　〔明〕王夫之：《周易內傳》，《船山全書》，第一冊，頁414-415。
85　〔明〕王夫之：《周易內傳》，《船山全書》，第一冊，頁415-416。

行。船山認為，迅雷之出甚厲，其後漸蘇蘇以緩，將散之際，又有爆然之聲，然漸以息，不能及遠。九四是震後復震之象，然不出於地，而震於空，其震既妄，故不能動物而將衰。人心一動，忽又再動，是私意造作，徒使心神不寧。初九之動，依天理而振起，其理不絕於人情；而九四之動，依私意而威懾，失理則且不接地氣，徒增紛擾而已。於史事，則如漢高祖之困平城，唐太宗之敗於高麗，皆足以為鑑。[86]

六五，「震往來厲。億無喪，有事。」前震去，後震來，似嚴厲，然不正之威，不能動陰，陰可安於尊位而無喪。船山認為，六五居中，非無能為者，必有作為，盡陰之才以見功，故曰「有事」。不言吉，待視占者處事之行為得失故未定。

上六，「震索索，視矍矍，征凶。震不于其躬，于其鄰，無咎。婚媾有言。」船山認為，應將上六跟初九、九四關聯起來理解。「震索索」，受震而神氣消沮。「矍矍」，驚視貌。為何有此神情，因上六遠於陽而無興起之情，受震而自失，心不能自得之故。此外，上六之位，卦之將盡，不能有為，受震而欲妄行則凶。然而，初九與九四皆能震上六，不同之震源，結果也將不同。上六與九四成外卦之體，為躬之震，而初九則為鄰。九四之震乃無端之怒，可勿驚懼；初九之震則君子之德威，不容不悚惕。上六如能不為九四所動搖，而直承乎初九，則無咎。有意思的是，九四與上六，陰陽合體，共成外卦，有夫婦之象，故曰「婚媾」。不為九四所動，而為初九所動，故九四有相責之言。雖如此，亦無需擔憂。初九能震及上六，足見君子之德威，能自地振起，劃破陰氣絪縕，而直上青霄，震驚百里而無所不至。[87]

---

86 〔明〕王夫之：《周易內傳》，《船山全書》，第一冊，頁415-416。

87 〔明〕王夫之：《周易內傳》，《船山全書》，第一冊，頁417。

三　外傳

　　船山認為，天下是變動的，但變動並非改變其常度，必有常度之存在，事方有所主。無主則不足以始，亦不足以為繼，而這也不只是家之宗廟、國之社稷才有此考慮。主很重要，然非誰都能作主，亦非設想一超越物外與世敻絕之體為之主。船山批評離乎陰陽未交之始以為主，認為另創杳冥恍惚幽玄模糊之境，作避世空玄之思想，此物外散士，不足以治中國；也批評乘乎陰陽微動之際以擇主，靈巧應對輕重動靜之機，機關算盡，此小宗別子，亦不足承擔宗廟社稷。要論主，當論常度，當從〈乾〉〈坤〉並建而入。純〈乾〉純〈坤〉並無特定之時刻，如有純〈乾〉之時，其無〈坤〉，萬物之形如何凝成；如有純〈坤〉之時，其無〈乾〉，象何以復明？屆時將空洞而晦明，又如何提出常度以為主？船山認為，夏至純陽並非無陰，冬至純陰並非無陽。下至黃壚上至青天，〈乾〉〈坤〉「用」隱而「體」不隱，無特定之時，無特定之位，無時不有，無所不在，就算有杳冥恍惚幽玄模糊之境，亦因〈乾〉〈坤〉之至變，相保以得其貞固，而終不再「杳冥」、「恍惚」。而輕重、動靜，迭相為君，無不彼此呼應配合，而終不可謂「靜為躁君」。[88]

　　船山繼續批評，人之有心，晝夜用之而不息，雖人欲雜動，然體覺天理，舍心何以為主。心之不用，在於寤寐，其主靜且輕。然旦晝之為，豈據寤寐之態以為之主。寤寐之夢，虛幻荒唐，不可為據，然論者卻主寤寐「靜」「輕」之情，據所夢者以為從，顯然顛倒錯亂。論者或言「言出於不言，行出於不行」，以為言行之主。卻不知「不言」在方言、「不行」在方行之際，口與足皆以「意」為之主。「意誠

88　〔明〕王夫之：《周易外傳》，《船山全書》，第二冊，頁946-947。

而後心正」，居動以治靜，動靜一貫，本末一貫。論者又言，不言、
不行，都需表現出來。真如此，那麼人之將言，必默然良久而有音，
人之將行，必聳立經時而後步。如此必斷續安排之久，如患痎瘧之間
日而發。這樣豈能代表天地之正，人之純粹之精。[89]

以理氣觀之，理以充氣，氣以充理。理氣交充相互扶持，和而相
守以為之精，故有所主。然而今日抑氣之動，求理之靜，彷彿強以野
人作國君，以不言不行，為言行之本，豈不荒唐。瘖者非不言，瘻者
非不行，其不言不行，在於彼理著而氣不至。如此觀之，求靜而失
動，是該反省的。

夫才以用而日生，思以引而不竭。江河無積水，而百川相因以注
之。須用之、動之、引之、注之而不絕。今日襃靜貶動，以不言不行
為用，則以杳冥恍惚以為真，以靜且輕者為根。如此，雖如大禹、周
公、孔子之能，亦將紛擾錯亂，為之所屈折：而飽食終日之徒，使之
窮物理，應事機，則亦將機巧盛發而不衰。如此，則豬賢於人，頑石
飛蟲又賢於豬，至誣也。所以不行者亦當出行，不言者亦當出言，相
互出之，均不可執之為主。然何以為主，船山曰：

> 自其為之主以始者帝也，其充而相持、和而相守者是也；非離
> 陰陽，而異乎夢寐。自其為之主以繼者〈震〉也，其氣動以充
> 理而使重者是也；非以陰為體以聽陽之來去，而異乎瘖瘻。帝
> 者始，〈震〉者繼，故曰：「帝出乎震。」又曰：「出可以守宗
> 廟社稷，以為祭主。」[90]

自其為主以始者為帝，其理氣兼具，充而相持，和而相守；非離陰

---

89 〔明〕王夫之：《周易外傳》，《船山全書》，第二冊，頁947。
90 〔明〕王夫之：《周易外傳》，《船山全書》，第二冊，頁948。

陽，而參〈乾〉〈坤〉之化，異乎夢寐，而應日畫之為。自其為之主以繼成者為〈震〉卦，其氣動以充理而使重荷承擔。而非以陰為體以聽陽之去來，〈震〉陽能主能動，而異乎痡瘻之不能言不能行。帝者為始，〈震〉者為繼，故曰：「帝出乎震。」又曰：「出可以守宗廟社稷，以為祭主。」能繼重任，傳承宗廟社稷之統，而為祭主。

　　船山認為，〈震〉可與〈復〉卦相參看。〈震〉有長子之責，承宗廟社稷之大任，其體承於帝而不偏承陰陽，其用則承〈乾〉而不承〈坤〉。〈坤〉已凝而陽生，是為〈復〉卦，作為人事之往來；未成乎〈坤〉而陽先起，則為〈震〉卦，此天機之生息。〈復〉為人事之改圖，從下而上，屢進而益長；〈震〉為天機之先動，初震能震百里，再震則遂泥。帝不容已於出，出即可為帝，故言與不言，行與不行，皆動靜互涵，以為萬變之宗。帝不容已於出，故君在而立太子，出即可為帝，君終嗣子立。〈震〉受命於帝而承祚於〈乾〉，故子繼父而不繼母；理氣互充於始，而氣以輔理於繼，故動可為君而出可以為守，兩端相濟。初以威德，振起於地，直上青霄，創生萬物，終則勿逐，陰陽相協，天理人情相和。[91]

第六節　論艮

一　彖辭、彖傳、大象傳

　　〈艮〉者，止也，山之象，一陽居二陰之上，堅確險阻之謂。船山認為，四陰已長，居中乘權而日進，陽乃亟止之，使不得遂，作為最後底線而堅守。如河水氾濫，山作為頹流之砥柱而擋下水患。天地

---

91 〔明〕王夫之：《周易外傳》，《船山全書》，第二冊，頁948-949。

造化萬物，陰資陽以榮，陽得陰而實，相與並行之中即有相制之用，無有陰氣方行，忽大力遏之之理。所以五行、四序、六氣、百物，皆無〈艮〉道，唯已成之象，山能如此。水之嚮背、雲日之陰晴、艸木之異態、風俗之差異，皆因山而畫為兩區，限之而不逾其域。人心有如此者，則不為世俗所遷，不為物欲所引，並克伐怨欲，制而使其不行，雖同室鄉鄰，亦皆閉戶，其自守之堅，救過之強，忍而有力可知。[92]

〈彖辭〉云：「艮其背，不獲其身。行其庭，不見其人，無咎。」船山認為，卦以內嚮為面，外嚮為背。背者，構成人體，然非人所用。以結構言，初爻，幾之動；中爻，道之主；三爻與上爻在外，成卦體而無用。陽止於上，防陰之溢，而陽成乎外見，故曰「艮其背」。艮非必於背，此卦則〈艮〉背之艮。船山盛讚〈艮〉之堅忍，其言云：

> 夫處於陰盛之餘，而欲力遏之以使之止，是以無用而制有情，則必耳不悅聲，目不取色，口絕乎味，體廢其安，有身而若無身，抑必一家非之而不顧，一國非之而不顧，褭然立於物表，有人而若無人，而後果艮也，果艮其背也，則不見可欲，使心不動，而後可以無咎矣。〈艮〉之善，止於此矣。[93]

〈艮〉道艱難。無懼盛陰而遏之止之不容易，無求於聲、色、味、安，有身若無身不容易，一家非之而不顧，一國非之而不顧，更不容易。傲立於物表，有人若無人，而後果斷艮之。果艮其背，則不見可

---

92 〔明〕王夫之：《周易內傳》，《船山全書》，第一冊，頁418。
93 〔明〕王夫之：《周易內傳》，《船山全書》，第一冊，頁419。

欲。心不動，不為外所誘，亦不為外所撼，由此而無咎。〈艮〉之善，止於此矣。

　　〈艮〉所面對的，是內外之困境，於內止，於外亦止，無懼強權威逼，亦無受溫情勸服。不為所動，談何容易。儘管不容易，卦卻不言「吉」，僅言「無咎」而已。〈艮〉道在止，作為最後底線之存在，除此，無有它用。〈艮〉有止之動能，但未如〈震〉有著劃破陰氣，承擔天命，創生萬物之動能。言無用，可以說，除「止」之外，已無它用；換個角度亦可說，任何紛擾都對其無用，〈艮〉用無用來成就其「止」。不過，儘管〈艮〉道實踐之結果僅能無咎，然要保住這無咎亦不容易。船山云：

> 雖然，既有身矣，撼一髮而頭為之動，何容「不獲」？既行其庭矣，吾非斯人之徒與而誰與，則何容「不見」？吾恐「不獲」者之且獲，而「不見」者之終見也，則以免咎也難，而況進此之德業乎！故〈震〉、〈坎〉、〈巽〉、〈離〉、〈兌〉，皆分有〈乾〉之四德，而〈艮〉獨無。夫子以原思為難，而不許其仁，蓋此意也。後世老莊之徒，喪我喪耦，逃物以止邪，而邪益甚，則甚哉艮而無咎以自免於邪，而君子為之懼焉。[94]

既然有身，撼一髮而動全身，何容「不獲其身」？既行其庭，勇於承擔，又何容「不見其人」？擔心「不獲」者之且獲，而「不見」者之終見也，欲免咎何其難，何況是由此進德修業。故〈震〉、〈坎〉、〈巽〉、〈離〉、〈兌〉，皆分有〈乾〉之「元、亨、利、貞」四德，而〈艮〉獨無。孔子以原思為難，而不許其仁，即此意，未能為生民更

94　〔明〕王夫之：《周易內傳》，《船山全書》，第一冊，頁419。

盡心力之故。此有別於老莊之徒之避世逃物，避世只會讓邪道更盛；
面對邪之盛，以〈艮〉止之而無咎，君子於此戒慎恐懼，故能止邪，
自免於邪。

　　〈彖傳〉：「艮，止也。時止則止，時行則行。動靜不失其時，其
道光明。」描述止與時之關係。這段文意，船山的解釋很特別，筆者
試舉伊川之說，以資對比。伊川云：

> 〈艮〉為止。止之道，唯其時；行止動靜不以時則妄也。不失
> 其時，則順理而合義。在物為理，處物為義。動靜合理義，不
> 失其時也，乃其道之光明也。[95]

伊川認為，〈艮〉為止，止之道，唯其時，當以時而行，以時而止，
行止動靜不以時則妄，不失時，則順理合義。物之中有理，相處之道
則為義，動靜合理義，意謂不失其時，體現道之光明。伊川點出行止
當與「時」配合，「以時」則順理合義，「失時」則妄，「時」具關鍵
意義。與此不同，船山云：

> 此通論行止之道，以見〈艮〉之一於止而未適於時也。身世之
> 有行藏，酬酢之有應違，事功之有作輟，用物之有豐儉，學問
> 之有博約，心思之有存察，皆繫乎心之一動一靜；而為行為止，
> 行而不爽其止之正，止而不塞其行之幾，則當所必止，一念不
> 移於旁雜，而天下無能相誘。當其必行，天下惟吾所利用，而
> 吾心無所或吝，行止無適，莫之私意，而天下皆見其心，非獨
> 據止以為藏身之固，而忘己絕人，以為姑免於咎之善術矣。[96]

95　〔宋〕程頤：《周易程氏傳》（北京：中華書局，2011年），頁299。
96　〔明〕王夫之：《周易內傳》，《船山全書》，第一冊，頁419-420。

船山認為，此段通論行止之道，以見〈艮〉之一貫於止尚未適應於時。身世有行藏，酬酢有應違，事功有作輟，用物有豐儉，學問有博約，心思有存察之分別，皆由乎心之一動一靜。而為「行」為「止」，「行」而不敗壞其「止」之正，「止」而不塞其「行」之幾，「行」與「止」之間不相違。當所必「止」，一念不移旁雜，而天下無能相誘；當其必「行」，天下惟吾所利用，而吾心無所吝，「行」「止」無特定歸向，莫以私意，而天下皆見其心，非獨據「止」以為藏身之穩固，而忘己絕人，作為姑且免咎的好辦法。

船山看來，「止」之道「未適於時」，「行止無適」，如何「行」「止」，關鍵在「心」之動靜。所當「止」，必一念不移，天下無能相誘，物無能動之，「行」「止」待「心」之動靜發用，而其心之定準則在公私之別。所以船山更關心的，是「止」之動機究竟是個人私意還是天下公心，本於公心，其後方有應時之考量。筆者認為，伊川「不失時」詮釋〈彖傳〉「時止則止，時行則行。動靜不失其時」頗合文脈。與此相類，王弼亦以「適於其時」來詮釋「止」道。[97]伊川、王弼詮釋此段皆未言「心」，獨船山以「心」言「止」，提出公心私意之反省，以此抉擇動靜發用，再以「行」「止」為之貫徹落實，這是頗為獨特之詮釋。[98]

---

97 〔魏〕王弼著，樓宇烈校釋：《周易集校釋》（北京：中華書局，1980年，2009年四刷），下冊，頁480。

98 曾昭旭嘗以「論君子之用時而不為時用」言船山之論時。其云：「船山之論義，嘗謂義乃由心所制，而繫事以立。君子由是而秉其義方，以進退春秋二百四十年間之事；並藉以明人道之尊，而嚴夷夏之辨，以為春秋萬事所取法。使百世之後，雖王道陵夷，人紀軼蕩，而大法依然具在，則人道未嘗不可剝極而復，此春秋之大用也。故春秋所以絕筆於獲麟者，以春秋迄吳越相爭之世，已歷三變而為夷，王霸不存，義無所歸。君子於此蓋不能屈大義以從貿然之事勢，則宜乎春秋之止於此也」。筆者同意這觀點，並認為這觀點能與船山以「心」言「行止」之詮釋相互應證。說見，曾昭旭：《王船山哲學》（臺北：里仁書局，2008年）。頁159-160。

　　〈彖傳〉：「艮其止，止其所也。上下敵應，不相與也。是以「不
獲其身，行其庭，不見其人，無咎也」。」船山認為，「艮其背」為隔
絕內外，一概皆止之道，必內不得已，外不見人，爾後以無咎終之。
所謂「無咎」，是有咎而免，原有咎也，然〈艮〉何咎？在於敵應。
背為止之體，故變「背」言「止」，「止其所」，背以為可止之地而止
之，以止為其所安。〈乾〉〈坤〉六子，皆敵應之卦，獨〈艮〉言「敵
應」，以其止又相敵，則終始皆不相應。行止各因時以為道，而動靜
相涵其中，靜以養動之才，則動不失靜之體，故聖人之心能感應萬
物，守之不移，成乎其止而無咎。再次強調，聖人心感於萬物，發為
動靜，以應於時。然而，這著實艱難。自我節制不容易，節制他人不
容易，不為所動不容易，最後，當杜絕萬緣一念不興之至虛守靜，能
不流於異端之避世也不容易。「止」之道不易，實踐「止」道亦有異
化之可能。造化之動不可止，以陰之用為陽之體，善止者於此行亦當
止之。[99]

　　〈象傳〉云：「兼山艮。君子以思不出其位。」船山認為，山終
古而定在，示「其位」之堅定。山醞釀靈氣，積之固而發生無窮，而
人則心之有思，即理窮之，義乃精，即事研之，道始定，不躁動於
外，於物亦不依賴，君子體〈艮〉以盡心在此，非絕物遺事，頹然如
委土，作一無所知覺避世之人。[100] 在《周易大象解》，船山則認為，
兼山之〈艮〉，止之尤者。當人將入邪迷途不返時，非大力止之，無
以救過。若待其行而遏之，則失之遲，或能暫止，然潛伏之動，後勢
更激，其禍更烈。欲「止」，須制事之先，而能否制先在於思。萬物
之幾，皆原於思，物未至，思妄動，則入邪，由此紛亂躁動，莫能禦
之。故君子未行之先，亟止其思，當位求實而不妄作，心靜則有防，

99　〔明〕王夫之：《周易內傳》，《船山全書》，第一冊，頁420。
100　〔明〕王夫之：《周易內傳》，《船山全書》，第一冊，頁420-421。

縱有無心之過，亦能及時息之。「故〈艮〉為治心之道，非治身之術也。」[101]船山再次強調心為關鍵，人之思有入邪之可能，亦有通萬物之幾微，領略大道之可能，治心，則心定而不亂，亦能制事之先，使事受止而不亂。

二　六爻

　　初六，「艮其趾，無咎，利永貞。」〈艮〉卦以人體部份來示其爻動，初爻趾，二為腓，三為腰、為脊，四為上身、為心，五為口，為言語，上為德，逐一言艮。船山認為，初六與六二，為九三所止，初為趾，陰居陽位不當位，止之於早而不妄動，故無咎。「利永貞」是戒辭，止邪於始易，保其終則難。未遇異物，其意不遷，然恐其感於外而變，得位而自恣，故戒之。如能受止不妄，則永貞而利。九三之止，雖不以道，但方動之初，進之不如止之，藉此躊躇審慮，以得行止之正。[102]

　　六二，「艮其腓，不拯其隨，其心不快。」船山認為，「腓」居下體之中，隨股以動而不躁，順乎行止之常。六二當位居中，願隨九三而行，然九三不能體恤其情而強止之，故六二失望而不快。有情有欲很自然，如得中正之節，與之互動，亦能順乎天理。不擇善與不善而一概止之，則矯拂人情。九三違背物理人情，私意以止，六二受制，何能不怨。[103]

　　九三，「艮其限，列其夤，厲熏心。」船山認為「限」，居上下分界，腰也。「列」，橫列於中。「夤」，脊也。九四居四陰之中，隔絕上

101　〔明〕王夫之：《周易大象解》，《船山全書》，第二冊，頁727-728。

102　〔明〕王夫之：《周易內傳》，《船山全書》，第一冊，頁421。

103　〔明〕王夫之：《周易內傳》，《船山全書》，第一冊，頁421-422。

下，橫列其中，為腰不能屈伸而脊受制之象，厲而危矣。欲止邪，必立身事外，耳目清、心志定，察其貞淫，動靜取捨皆能由己所裁，方不為邪所困。然九三置身眾陰繁雜之中，未能立身事外，便橫加裁抑，又抑之太甚，導致上下交逼，危及其身。處於群陰，所見所聞無非柔暗，其身孤立力有未逮，最後反為陰所同化，而危其心。危心甚於危身，厲薰心，至危也。止不以道，故未能止邪，反為邪所薰，成異化之止道。[104]

六四，「六四：艮其身，無咎。」六四，與六五同為上六所止。船山認為，六四為上身，身者，心之舍。由此發五官之靈、制言行之樞。靜以馭動，不同於腓、趾處被動之錮。當位，居退爻，樂聽上六之裁，上六以道止之，慎於自持，故六四聽之，無咎。〈小象傳〉言「止諸躬也。」意謂六四能反求諸己，躬行君子之道，加上上六有道，六四受制，並無不快之心。船山認為，〈咸〉卦九四爻為心，跟〈艮〉以六四為身，所指相同。差別在於，〈艮〉強調止外誘之私，故言身；〈咸〉以應群動之變，故言心。[105]

六五，「艮其輔，言有序，悔亡。」六五，不當位，以陰居中，故能虛受陽德。船山認為，「輔」為口輔，言語之象。言剛厲則簡當，忠言逆耳；柔則為甘言為巧說，口蜜腹劍。上九止之，使其所言皆恰當合序，而悔亡。六五本有悔，上六止之乃亡。〈咸〉卦以上六「輔頰舌」，有別〈艮〉以六五為輔，在於陽為德性，陰為形體，所以〈艮〉取象於身，僅至六五，而上九為止卦之德。〈艮〉卦由趾之止、腓之止、心之止，來此而為言語之止。於內，戒慎身、心與語言，於外則對上卦執政階層與下卦平民階層所可能出現的問題，做出反省與節制。[106]

---

104 〔明〕王夫之：《周易內傳》，《船山全書》，第一冊，頁422。

105 〔明〕王夫之：《周易內傳》，《船山全書》，第一冊，頁423。

106 〔明〕王夫之：《周易內傳》，《船山全書》，第一冊，頁423-424。

　　上九，「敦艮，吉。」上九，陽居陰位，不當位，亦無應，處〈艮〉卦之終，無位亦無援，作為最後底線之存在，然勢雖困，以道為依。船山認為，止之道，能終於止者，必其當止而終不可行者，然此難矣。無靜而不動，無退而不進，天之理數，人心自有之幾微，動靜進退皆彼此相須，並非說止便止，說行便行。止之急，則必不能敦。必瞭解歷程之變化，審其「行」「止」之幾，以得必不可行之至理，而後其止也歷萬變而不遷。上九立於四陰之上，物情事理皆能察知貞淫，亟力止其過咎，此堅定之止，為止於至善之定靜，而非私意造作強為遏制。故其止，純正無妄，能修己治人而莫不吉。[107]

三　外傳

　　船山對於「定」，有一套看法。其言云：

因性而授之以處之謂位，得處而即于安之謂所。有定性，無定位；有定位，無定所。定所也者，先立一道以便性而不遷也。處高拒卑，制物以己，而制遇以心也；或物起相干，而絕憂患以自鎮也；抑物至利交，而杜情好於往來也；如是而後得以有其定所。故有定所則己成，己成則物亦莫亂之，而物成。各擅其成，己與物有不相保，皆所不謀，而惟終恃其成，而後其為定所也，長建而不易。於其定所見其定位，於其定位行其定性，此絕憂患，杜情好，不介通，不立功，而自成乎己者也，則〈艮〉是已。[108]

107　〔明〕王夫之：《周易內傳》，《船山全書》，第一冊，頁424。

108　〔明〕王夫之：《周易外傳》，《船山全書》，第二冊，頁949-950。

對本性之定，位分之定與歸所之定，船山皆予以說明。因性而授之以
居處之謂位，得居處而即于安之謂所。因其本性而授其位分，但本性
定，無位分之定；因其位分而即于歸所，位分定，無歸所之定。定所
者，先立一道，以便本性不遷。處高以拒卑，制物以己，制遇以心；
或物起冒犯，而絕除憂患使自身鎮定；或物興利誘。而杜絕私情友好
於往來交誼。處〈艮〉道，於己節制，對於它物亦節制；無懼物犯之
憂患，亦無動於利交之情好，一概皆止，一概皆斷。如此，便有其定
所。有定所則己成，己成物莫能亂，而物成。各專其成，己與物互不
相保，皆所不謀，而惟終仰仗其成，而後其為定所，長久建立而不改
易。於其定所見其定位，於其定位行其定性，此絕憂患、杜情好，不
傳通，不立功，而立成乎己者，則〈艮〉是已。然而，這樣僅能小
成。船山云：

> 夫無定所以為定位，則出入皆非其疾，位以安安而能遷，曰素
> 位。無定位以為定性，則尊卑皆非可逾，性以下濟而光明，曰
> 盡性。素者，位之博也；盡者，性之充也。遷以安者，有事以
> 為功於位也；下濟而光者，情交以盡性而至於命也。功立則去
> 危即安，身有可序之績；情交則先疑後信，人有相見之榮。績
> 著於身，而非以私，不得訾之以為功名之侈；榮被於人，而非
> 以徇世，不得薄之以為情欲之遷。是身非不可獲，而人非不可
> 見也。[109]

無「定所」以為「定位」，則出入皆非其病，位以心安所安而能遷，
曰素位。無「定位」以為「定性」，則尊卑皆非可逾，性以下濟而光

---

109 〔明〕王夫之：《周易外傳》，《船山全書》，第二冊，頁950。

明，曰盡性。素者，位之博大者；盡者，本性之充實者。遷而能安，
遇事有所作為以功於位；下濟而光，情交以盡性而至於天命。功立則
去危即安，身有可序之功績；情交則先移後信，人有相見之榮盛。績
著於身，而非求以私，不得詬病其求功名之過分；榮盛環繞，而非曲
從於世，不得輕視為情欲之轉變。由此看來，身並非不可獲，而人並
非不可見。

　　船山認為，功名與情欲，去其不正者而止，豈必悖於常情，超然
物外，一切皆絕，連正者亦拒之。拒其正者，則不能素位而博，不能
盡性而充。不博，則逼避於側而無位；不充，則孤立怪異而性有缺。
謝事絕交，恃物之自成，而小成於己，不與物相保，亦不與物相謀，
豈不有疚？然〈艮〉終不以咎為恤。[110]船山云：

> 高在上者，陽之位也；亢不與者，陽之情也。保其位，任其
> 情，二、五得位，而曰「我終處其上」；四陰同體，而曰：「不
> 可與為緣」。尊位在彼，則處其上者直寓也，位寓則身廢；同
> 體不容相舍，則靳其交者已隘也，性隘則庭虛。乃〈艮〉終不
> 以此為恤者，彼誠有所大恤，而視天下皆咎徒也；謂承〈乾〉
> 三索之餘，而處陰方長之世也。[111]

高在上爻，是陽之位，六而不與，是陽之情。保其位，任其情，面對
二、五之得位，而曰：「我終處其上」；面對四陰同體，而曰：「不可
與為緣」。尊位在彼，則處其上寓寄之，位寓寄則身廢；同體不容相
舍，則靳咎其交已狹隘，性隘則庭虛。然〈艮〉終不以此為恤，彼誠
有大恤，而視天下皆過咎之徒；其承〈乾〉三陽之餘，而處陰方長之

---

110 〔明〕王夫之：《周易外傳》，《船山全書》，第二冊，頁950。
111 〔明〕王夫之：《周易外傳》，《船山全書》，第二冊，頁950-951。

世。〈艮〉之所以高亢而拒往來，非私意之造作，而是自覺其為〈乾〉陽之餘，處盛陰之世，就算於卦之末，無權無勢，孤掌難鳴，亦當有所作為，義無反顧，大力止之，為彼等過咎之徒樹立一最後標準。

　　船山認為，處陽氣之餘者才弱，憂患不在世，而在己。欲忘憂患，則先忘招致憂患之功名。敵方長者其意漫無準則，情好雖有正，亦可能淫於邪，則先正其無情無好已無退路之險境。功不可強立，情不可偶合。歸於不當歸則情不固，放蕩其性，離其位則自喪，〈艮〉惟此咎為恤，遑論有身以與人相見。[112]船山云：

> 故其成也，無得於身，而身亦不失；無緣於人，而人終不得而干之。陰且憚以思止，陽因止而猶存。立綱正極，保其性，固其位。是天下之恃有〈艮〉者，功無可建，即無功以止憂患；情有不施，即無情以訖嗜欲。拯衰者德弘而道大，砥俗者嚴氣而危行。量其世，量其才，君子長保〈艮〉以自守，而不敢浮慕于聖人，斯其所以無咎也與![113]

故其成，無得於身，身則不失，無緣於人，人不得而犯之。陰思止，陽猶存，立綱正極，作為典範標準，而保其性，固其位。天下之恃〈艮〉道者，功無可建，即無功以止憂患；情有不施，即無情以終結嗜欲。拯衰世，使德能弘、道能大，砥於流俗，嚴其習氣，而戒慎其行。於外量世，於己量才，君子長久保〈艮〉以自守，而不表面功夫仰慕聖人，而是堅忍貫徹實踐，此其所以無咎的緣由。

　　船山認為，乘消長之會，保亢極之剛，止其功，止其情，專己之成，何可不擇地以自處？地有遠近、險夷、同別、彼己之別。九三之

---

112 〔明〕王夫之：《周易外傳》，《船山全書》，第二冊，頁951。

113 〔明〕王夫之：《周易外傳》，《船山全書》，第二冊，頁951。

地，處四陰之中，密近而蹈險，同異類而失己援，猶且以為所而止焉。不能入俗，不僅群陰怪之，亦群起敵之，笑之而污之。橫絕其類而使不得合，則戈矛夙夜；嶽立其側而形其所短，則簧鼓不絕。四陰之界，豈陽所宜處而無嫌。[114]

　　不知戈矛是否傷己身，不知簧鼓是否移己志。不幸而身傷，君子猶可安於義命；如不幸而志移，則貞士將盡喪其生平。是傷身未若志移之慘。然當此之世，不變者十之有三，變者十之有七，言不變，誠屬不易。儘管如此，〈艮〉卦之身傷、移志皆不以凶悔繫之。船山云：

> 「厲熏心」矣，而不繫之以凶悔者，何也？身傷則凶，而僅免
> 於咎；志移則悔，而苟免於凶。不能保二者之何居，所以危三
> 者愈甚矣。名可聞，身不可得而見，所謂「不獲其身」、「不見
> 其人」者，用此道以自存也。[115]

　　「厲熏心」者，為何不繫之凶悔，在於身傷則凶，而僅免於過咎；志移則悔，而苟免於凶。不能保此二者又何以居，所九三之危愈甚。名可聞，身不可得而見，「不獲其身」、「不見其人」之道理在此，以此道於亂世自存。

　　論者或以為萬物之化，始於陽，而卒於陰，船山不認同這種說法，而認為，始以為生，終以為成，皆陽之為功，此由「敦艮」之「厚終」可知。未有混沌未開闢之日，天地之始，天地之終皆一。特陰中陽外，無初爻中爻乘權之盛，而陽之「凝止於亢極以保萬物之命者，正深藏以需後此之起」，陽於初為生之理，於終亦為將來之生而

114　〔明〕王夫之：《周易外傳》，《船山全書》，第二冊，頁951-952。
115　〔明〕王夫之：《周易外傳》，《船山全書》，第二冊，頁953。

努力。故曰「天地之大德曰生。」天地生於道，物必肖其所生。故道無有不生之德，亦無有卒於陰之理。[116]

於卦象言，船山認為〈艮〉卦有〈否〉卦之象。上九之陽寄而無位，升而不可復，止而不足行。陰之浸盛，則汰〈否〉之相敵。以形勢觀之，無不疑陽之薄弱無基，陰欲減替以為之終。然陽堅植於外，不驚其偏，不決於去，泰然安居，處無用之地自息其生理，養天地之化，而回報道之生，豈可不謂極厚者也。萬物以此終，亦以此始也。終於厚者始於厚，厚者，仁盡義至，故曰：「始終於〈艮〉」。〈艮〉可以終而可以始，造化萬物，無不厚之日。就如舊穀之登，為新穀之母。何疑其有卒乎陰之一日。[117]〈艮〉能為終始，為造化之本，故夏代《連山》以〈艮〉為首。船山云：

> 故〈剝〉消而〈復〉長，人事之休咎也；〈艮〉止而〈震〉起，天理之存存也。商、周盡人以合天：繼〈剝〉而觀息於靜，其《歸藏》首〈坤〉；由〈復〉而備致其盛，故《周易》首〈乾〉。夏后本天以治人，先〈震〉以立始於終，故《連山》首〈艮〉。首〈艮〉者，首其厚終以成始也。
> 人事之利害百變乎後，而天道立於其上，恆止而不遷。陰眾而陽不傷，亂極而治有主，皆天所治人之事，而不屑屑然從既生既盛以致功，乃可以歷百變而不拔。[118]

〈剝〉消而〈復〉長，為人事之休咎；〈艮〉止而〈震〉起，為天理之存在不息。商、周兩代盡人以合天：繼〈剝〉而關息於靜，則《歸

116 〔明〕王夫之：《周易外傳》，《船山全書》，第二冊，頁953。
117 〔明〕王夫之：《周易外傳》，《船山全書》，第二冊，頁953-954。
118 〔明〕王夫之：《周易外傳》，《船山全書》，第二冊，頁954。

藏》首〈坤〉；由〈復〉而備致其盛，故《周易》首〈乾〉。夏代本天以治人，先〈震〉以立始於終，故《連山》之首〈艮〉。首〈艮〉者，首其厚終以成始。人事利害百變於後世，而天道立於其上，恆止之而不遷。陰眾而陽不傷，亂極而治有主，皆本天治人之事，而不屑於生盛以致功，故可歷百變而不拔。船山接著談夏代大禹治水，以證〈艮〉之用，其言云：

> 禹之治水也，以為治其流不如治其源，故先條山而後析水，則
> 夏道固詳於山矣。其建治教之宗，則存乎〈洪範〉。〈洪範〉之
> 疇，建用皇極。極，在上者也；建者，則其止也。《洛書》之
> 數，戴九履一。一為皇極，則〈艮〉之一陽是已。於以成終，
> 故極建在上；於以成始，故一履於下。乃其數則盡乎九而不及
> 十。天德之存存，以陽始，以陽終，不使陰得為之卒焉。[119]

禹之治水，以為治流不如治源，故條山析水，所以夏道固詳於山。其建治教之宗，則存乎〈洪範〉九疇，建用皇極。極，在上者；建，則其止也。《洛書》之數，載九履一。一為皇極，則〈艮〉為一陽。以之成終，故建極在上；以之成始，故一履於下。然其數盡乎九而不及十。天德存而不息，以陽始，以陽終，不使陰得為之卒。船山接著將《歸藏》、《連山》、《周易》等易學彼此關聯起來，論述天道人事之治理，並透過歷史，闡述大禹重〈艮〉之由，並印證其用〈艮〉之效。

　　船山認為，夏代制治之道尚忠。忠者，心之自盡。自盡而不體恤物交之利害，存誠以治情欲之遷流。聖人而修下士之祇敬，天子而躬匹夫之勞苦。功配天地而不矜，名滿萬世而不爭。處於盛而以治衰之

---

119 〔明〕王夫之：《周易外傳》，《船山全書》，第二冊，頁954。

道居之，則極乎衰，盛者非不可復用。大禹行敦厚之道，天道不得薄
之，雖面臨天之災、父之罪，仍治理有成；所以夏之後代，雖經后羿
篡位，亦能中興。此有別於商代、周代憑藉開國盛世之德來延續國祚，
待其衰也，則莫能振之。為何如此？非以終道治始，則變故猝起便難
以應對。所以船山詠嘆：「『敦艮』之『吉』，非大禹孰能當之！有王
者起，建永終之圖，其尚審于擇師哉！」唯大禹能以〈艮〉之戒慎與
節制，終始一貫地落實，於勢無懼，於利無動，一如山般穩重而敦厚，
就算國勢日頹，亦有振起之可能。以陽終之，自能以陽始之。[120]

第七節　論巽

一　彖辭、彖傳、大象傳

　　〈巽〉者，入也，風之象。船山於〈巽〉卦之初，將〈姤〉、
〈遯〉、〈大壯〉、〈夬〉、〈兌〉同〈巽〉卦關連起來論述。其言云：

> 　　〈巽〉陰潛起于陽下，與〈姤〉、〈遯〉同。〈兌〉陽盛於中而
> 陰外，與〈大壯〉、〈夬〉同。而〈姤〉為陰干陽，〈遯〉為陽
> 避陰，〈巽〉則以入為德；〈大壯〉戒陽之壯，〈夬〉獎陽以決
> 陰，〈兌〉則以說為道。[121]

　　〈姤〉、〈遯〉、〈大壯〉、〈夬〉皆有陰陽對立之象，唯〈巽〉能入、

〈兌〉能說，陰陽不相抗。何以如此？船山認為，〈巽〉、〈兌〉本三畫卦，重而為六，不失其本然之象。風於喁相因，澤左右並流，皆無異道相參，其重而為六，而猶三畫之象。船山云：

> 三畫之卦，天之理，物之體，形象之自然者也。相雜而六畫生，則物之變，人之用，得失之或然而不得不然者也。六畫不異於三，則用而仍如其體；〈姤〉、〈遯〉、〈大壯〉、〈夬〉之重而有異也，則體異而用亦異也。[122]

三畫之卦，為天之理，物之體、自然之象，八卦如是。三畫相雜而六畫生，則物之變，人之用，得失之或然而不得不然者也。六畫不異於三畫，則用仍如其體，〈巽〉、〈兌〉如是；而〈姤〉、〈遯〉、〈大壯〉、〈夬〉之重而有異也，則體異而用亦異。船山認為，天之理，物之體，參伍成形象，一唯其自然。自然中，陰陽本不對立，陰不干陽而潛起，陽不畏偪而欲避，陽雖盛而非恃壯決去乎陰，「則體天體之無不善者，以肖其德而嘉與之，故〈巽〉以入為利，〈兌〉以說為貞。」非但不對立，還能彼此相濟。如果陰陽彼此對立，那就表示已非原初天地絪縕之氣、互相屈伸造化之道。所以〈姤〉、〈遯〉無相入之美，〈壯〉、〈夬〉無相說之情，四卦皆已非自然之象。[123]

有意思的是，〈姤〉、〈遯〉、〈大壯〉、〈夬〉與〈巽〉、〈兌〉相異。〈復〉、〈臨〉、〈剝〉、〈觀〉卻又與〈震〉、〈艮〉相類。〈復〉一陽在處於重陰之下而振起，頗類〈震〉卦，〈臨〉卦將初爻二爻、三爻四爻、五爻上爻相連並觀，遠觀亦似〈震〉卦；〈剝〉卦一陽處於卦

---

122 〔明〕王夫之：《周易內傳》，《船山全書》，第一冊，頁453。
123 〔明〕王夫之：《周易內傳》，《船山全書》，第一冊，頁453-454。

末，最為作後底線，類〈艮〉卦，而〈觀〉卦如兩爻相連，遠觀亦如〈艮〉卦。然而不只卦象相類，卦德亦相類。船山云：

> 〈震〉初陽起而動地下之陰，四陽出地而動地上之陰，乃以出入無疾，而相感以〈臨〉。〈艮〉三止陰而不能止，二陰又乘其上，〈剝〉之所以「剝膚」，止之又止而後止焉；〈觀〉之所以必「觀我」「觀民」而恐志之未平，天人體用之義均也。若夫〈姤〉、〈遯〉，陰干陽而逼之，陰皆進而陽皆退；〈巽〉則六四居陰以順乎陽，而陽未相率以之於外；〈大壯〉、〈夬〉陽連類以擯陰，亢而且消，〈兌〉則陽納陰於三，相說而不相拒。〈巽〉、〈兌〉之與〈姤〉、〈遯〉、〈壯〉、〈夬〉，其象異，其德異，固不可以〈震〉、〈艮〉例求也。此讀《易》者之當知變通也。[124]

〈震〉初九震地下之陰，九四又震地上之陰，震之又震，乃以出入無疾，相感以〈臨〉；〈艮〉九三止陰不能止，二陰又乘其上，則〈剝〉之所以六三「剝膚」，而止之又止而後止；〈觀〉九五之「觀我」「觀民」而恐志之未平，此「觀」同〈艮〉上九之審視而止，其天人體用之義均也。與此不同，〈姤〉、〈遯〉，陰干陽而逼之，陰皆進而陽皆退；〈巽〉則六四居陰以順陽，而陽亦未相率離之；〈大壯〉、〈夬〉陽連類以擯陰，亢而且消；〈兌〉則陽納陰於三，相說不相拒。象異、德亦異，而不可以〈震〉、〈艮〉之例求之。由此可見《易》之「不可為典要」，讀《易》者當知變通。

〈彖辭〉：「小亨，利有攸往，利見大人。」〈巽〉二陽在上，一

---

124 〔明〕王夫之：《周易內傳》，《船山全書》，第一冊，頁454。

陰伏下，陰陽相濟，故小亨，利往。船山認為，〈巽〉慎於進則相入，柔順修謹，欲依陽而求相入以成化，此〈巽〉之德，而陽亦樂受，故「小亨」。陰巽入，而剛不失中，剛柔相濟，往能有利。「大人」指九二、九五，守中位，有德有位者。慎以入而相見，陰有亨利。船山並引用伊川看法，來辨〈巽〉、〈兌〉之異。其言云：

> 程子曰：「〈兌〉柔在外，用柔也；〈巽〉柔在內，性柔也。」〈兌〉，陽之為也；〈巽〉，陰之為也。〈兌〉則亨，〈巽〉所以小亨也。然陰固兩儀自然之體而萬物資生之用，得其正而亨而且利，亦孰非天道之正，人事之善者乎！[125]

伊川曰：「〈兌〉陰柔在外，用柔也；〈巽〉柔在內，性柔也。」船山則從陽爻切入，認為〈兌〉，陽之為；〈巽〉陰之為。此之所以〈兌〉亨，而〈巽〉小亨。然陰固兩儀自然之體而萬物資生之用，得其正便能亨且利，亦天道之正，人事之善方能至此。

〈彖傳〉：「重巽以申命。」重巽，巽之又巽。船山認為，〈巽〉有二義，自陰言之，柔順以入合於陽；自陽言之，則剛中而以柔道下施。內卦三爻皆取下順上之義，外三爻皆取上施下之義。重巽，指初六已施柔，六四又申之。承剛中之道，柔能下行，為政者之政令便能深入民間。[126]

〈大象傳〉：「隨風巽，君子以申命行事。」〈巽〉，風之象。船山云：「動氣者陽氣也。陽氣聚於外，薄陰在內，陽不得入，而陰弱不相激，則陽乘動幾，往復飄聚，而鼓蕩以行焉。」陽有動能而行，但

125 〔明〕王夫之：《周易內傳》，《船山全書》，第一冊，頁454-455。

126 〔明〕王夫之：《周易內傳》，《船山全書》，第一冊，頁455。

聚之於外，不能入內；陰處於內，但薄弱無力。陽聚此，則陰至彼，
乘虛而入。入而和，則風雨過後，雨過天晴萬物昌盛之象。「隨風」，
非飄風，而是泠風。君子欲為政於民，「命之，又申命；其始不迫，
其繼不厭，期於入民而事以集；如風之相隨，則艸皆順偃，而寒暄以
漸而成。取法於此，斯無不教、不戒、慢令之三惡矣。」推行政令，
須細心、耐心，逐漸深入民間，凝結民心，自然能達成效果。而這是
就政事而言，非從教化來說，論教化，則當不憤不啟，不悱不發，致
力督促才行，如喋喋多言，反而可能滋生厭惡。[127]

二 六爻

初六，「進退利武人之貞。」船山認為，陰起入陽，進也；在下
而柔，不當位，退也。初六欲入而未果，進退不決之象。陽為文，陰
為武，同〈履〉卦六三爻，皆言「武人」，而勇於進。「貞」，則不怙
其勇而望治，慎進而不妄，故進退得宜而利。[128]

九二，「巽在床下，用史巫紛若，吉無咎。」船山認為，「巽在床
下」指初六，言「史巫」，則言通鬼神之道。敵應之卦，內外卦之間
皆不相應，則以相比者為應求。陰陽相比，求則和，遠則乖。故
〈巽〉九二、九五吉，而九三、上九凶吝。初九進退不決，居於床下
不能起，九二以剛居柔，篤志下求，與之相應，則陰可入，而陽得
耦，故吉。九二不當位疑有咎，然居中道，不失剛中之德則無咎。[129]

九三，「頻巽，吝。」九三當位，但船山認為，其未如九二有剛
中之德，故見〈巽〉入，顰蹙皺眉以受，不能樂受，亦不能止陰之

---

127 〔明〕王夫之：《周易內傳》，《船山全書》，第一冊，頁455-456。

128 〔明〕王夫之：《周易內傳》，《船山全書》，第一冊，頁456。

129 〔明〕王夫之：《周易內傳》，《船山全書》第一冊，頁457。

入，無所作為，徒吝而已。[130]

六四，「悔亡，田獲三品。」田獲甚豐，此即〈象辭〉所言「利有攸往」。船山認為，六四居上卦之下，秉上之政命而行事。國之大事，在祭祀與戰爭，而〈巽〉非征伐之卦，能田獵有獲，在於柔以申命，下順聽之，得民心之故。對於「悔亡」，船山認為本無悔，悔亡當關聯九五爻來解釋。[131]

九五，「貞吉悔亡，無不利，無初有終。先庚三日，後庚三日，吉。」九五，當位，居中，同九二皆有剛中之德，然九五更為申命之主，能發號司令，其正則吉。其位正，不失剛中之德，則無不利。船山云：

> 「悔亡」，蓋下「無初有終」之義。無初疑於悔，有終則悔亡矣。「無不利」者，於位為宜，於德為稱，四之功，蓋五之利也。民不可與慮始；五以剛中之道率民以有為，民將疑憚，故「無初」，而終於有功，則「有終」而無不利。[132]

「悔亡」，即下句「無初有終」之義。無初之疑於悔，有終則悔亡矣。有德有位故「無不利」，四之功，蓋五之利。然民不可與慮始，九五雖德位兼備，欲有作為，但民心未必諒解，民有疑心，故「無初」。然終將有功，則「有終」而無不利。「庚」者，更新行事之義。先告之，後警之，反覆申命，事無不立，故古。

上九，「巽在床下，喪其資斧，貞凶。」上九，陽居陰位，不當位。言「巽在床下」亦指初六。「資斧」則為工具。船山認為，初六

130 〔明〕王夫之：《周易內傳》，《船山全書》，第一冊，頁457。
131 〔明〕王夫之：《周易內傳》，《船山全書》，第一冊，頁458。
132 〔明〕王夫之：《周易內傳》，《船山全書》，第一冊，頁458-459。

求入，而上九絕之，陰陽隔絕而不通。於六四亦拒之，上既亢，又無
能體於民情，喪其所行之具，又過恃其剛，故凶。[133]

三　外傳

　　船山認為，進者〈巽〉之才，退者〈巽〉之德。才乘乎時，德敦
乎位。以時論，陽消陰方入，以位論，居下承上而德不淫。〈巽〉之
入，關鍵在信。初六進退不決，志不信之故。志不信，則無以信天下。
船山云：「才若可信，而非可信者也，因以用才則亂；德若不可信，而
固可信者也，果於修德則治。」才能看似可信，其實不可信，恃才以
信則亂；德似不可信，而實可信，果於修德則治。治理民生政事，應
以德性為要。故爻辭強調初六之利，在貞，不在武。貞既利，則武無
疑。絕其窺侵，責以重任，則初六得用武之地，而天下亦可釋疑。[134]
　　然信人，亦當自信，不自信者，何以寄望。「督之以威而益其忮
也，獎之以福而增其驕也。」不能自信，督之獎之，都適得其反。故
〈巽〉之入，誠於人，亦誠於己。理解他人，亦當理解自己，理解本
性本能，而拾得自信。[135]
　　船山認為，文武不能偏廢，陰陽理當相濟。是威脅，抑或助緣，
關乎其位分之守。時者天也，位者人也。天時非己可恃，然素位而
安，人莫我尤。故〈巽〉陰下起，陰陽之會，疑戰之府。位可居，情
可諧，不欲逼陽，志能明之，俯思退聽，能保其志。[136]陰當求明志，
而容之受之，亦當謹慎。船山云：

133　〔明〕王夫之：《周易內傳》，《船山全書》，第一冊，頁459。
134　〔明〕王夫之：《周易外傳》，《船山全書》，第二冊，頁962。
135　〔明〕王夫之：《周易外傳》，《船山全書》，第二冊，頁962。
136　〔明〕王夫之：《周易外傳》，《船山全書》，第二冊，頁962-963。

> 及乎六四，重申以陰殺而有功矣。有功之可恃，不如無位之能
> 貞也。故二紛「史巫」之求，以起初於側陋；五秉「先庚」之
> 令，以警四於居功。甚哉！擇位而居，能消時之險阻而平之，
> 陽有所自全，陰有所自正。故曰「利見大人」，以榮陰之善下
> 也。[137]

對於六四，重申政令，有其功效。然有功可恃，未如初之無位能貞。
是故九二能感通於初六，而九五則秉「先庚」之令，警惕六四之居
功。擇位而居，面對險阻能即時平定，陽有所自全，陰有所自正。故
〈象傳〉曰「利見大人」，陰能自正而虛受於陽，居上之陽能善待居
下之陰以任政事，非拒陰而遠之，陰陽終能相通相濟而成就事業。

第八節　論兌

一　彖辭、象傳、大象傳

　　〈兌〉者，說也，澤之象，一陰在上，二陽潛行於下。說，為
「欣說」、為「言說」，二義相通。能言善道，具感通之能，使人樂聽
之。能言則暢，不能言者則鬱，故說，非僅說人，亦在說己。〈兌〉
陽剛居中，柔見於外。於外，故能宣洩其鬱，與人相得。〈兌〉有
「亨，利貞」三德，而獨缺「元」，船山云：「元者，陽剛資始之德，
外發以施化。〈兌〉卦陽德不著見而隱於中，未足以始也。」認為
〈兌〉，能亨，但起始之動能未足。以說為始，則其志不堅，務相隨
順，而道先自枉，事必不成。然而，其道本無不正，具三德，自無不

137　〔明〕王夫之：《周易外傳》，《船山全書》，第二冊，頁963。

亨,利者皆正,正而得益。船山又云:「〈兌〉有二義,一為下順乎
正,以事上而獲上,則下亨而上利,內卦以之。一為上得其正,以勸
下而得民,則上亨而下利,外卦以之。要其以剛中之貞為本,則一
也。」〈兌〉之內卦,九二居中,能孚初九而利,又能與六三亨而悔
亡;其外卦,九五當位居中,與上爻相亨,遇險境,又得九四之赴險
犯難。內外卦皆以剛中為本而亨。

〈彖傳〉:「兌,說也。剛中而柔外,說以利貞。」船山認為
〈兌〉非利誘害人之手段,而是合義利物,守正永固之原則。〈兌〉
之德,惟在剛中,缺此,則小人之說,不利不貞,不足以亨。[138]

〈彖傳〉:「是以順乎天而應乎人。說以先民,民忘其勞;說以犯
難,民忘其死。說之大,民勸矣哉!」〈兌〉能勸慰百姓,忘其辛
勞;亦能激勵百姓,捨身赴難,言說,於政事有莫大功效。然欲達功
效,說者當憑藉剛中之德以順天之正,柔外則應乎眾人之所利。天順
人應,則事莫不成。上說下而下自貞,下說上而上自利也,上下皆
說,則亨利貞。[139]

〈大象傳〉:「麗澤兌。君子以朋友講習。」〈兌〉為澤,是有封
限的靜態之水,不同於〈坎〉,是動態之水持續流動,故〈兌〉亦有
潤澤灌溉之象。澤不以上下言,而取象於左右並行之麗澤。兩澤並
流,有相競以勸於行之象,然其歸則同注大川以致於海。於人事,則
如同儕之相互勸勉,相互競爭,雖然彼此方法、思考有別,然皆致力
於求道,當如百川匯海,殊途而同歸。所以〈兌〉之道,是同門論學
之求真,而非外交辭令之機巧。[140]

---

138 〔明〕王夫之:《周易內傳》,《船山全書》,第一冊,頁461。

139 〔明〕王夫之:《周易內傳》,《船山全書》,第一冊,頁461。

140 〔明〕王夫之:《周易內傳》,《船山全書》,第一冊,頁462。

二 六爻

　　初九，「和兌，吉。」船山認為，〈兌〉以六三、上六為主，然剛中柔外，相因以說，故六爻皆有〈兌〉德，異於〈巽〉之陰入陽而陽受其入，亦異於〈震〉之陽動止於陰，陰為〈艮〉之動所止。〈兌〉之初九，當位，處于潛，未與天下相感，與物無爭，無求而自得貌。[141]

　　九二，「孚兌，吉，悔亡。」九二，居中，不當位。船山認為，九二孚於初九，合德於剛中，則不忘說。以剛上承乎柔而不亢，與上亦亨。雖不當位，悔亦能亡。[142]

　　六三，「來兌，凶。」六三，不當位，處於進爻。船山認為，「來」，招致之謂。六三居四陽之中，以不正之柔，上下諂諛，隨物而說，小人之道，故凶。至六三而〈兌〉卦成，然三爻獨發動，未麗乎九二之剛中，柔以躁進，而為小人之媚世。〈兌〉之說，本非君子之守，故非全體陰陽之合，得剛之濟，則必流於邪佞。[143]

　　九四，「商兌未寧，介疾有喜。」九四，不當位。船山認為，四與三比鄰，居上卦之下，近乎民。以剛居柔，不受小人之媚，亦不止人之欲，處於斟酌商兌，故未寧。能遠小人，就已能服人。[144]

　　九五，「孚于剝，有厲。」九五，當位，居中，處於君位。船山認為，「剝」，喪亂；「厲」，威嚴，有危意。九五德位皆備，而與九四相孚，雖遇喪亂，與之犯難，然得人心，民且忘死，雖處危地而德威自立。[145]

141　〔明〕王夫之：《周易內傳》，《船山全書》，第一冊，頁462-463。
142　〔明〕王夫之：《周易內傳》，《船山全書》，第一冊，頁463。
143　〔明〕王夫之：《周易內傳》，《船山全書》，第一冊，頁464。
144　〔明〕王夫之：《周易內傳》，《船山全書》，第一冊，頁464-465。
145　〔明〕王夫之：《周易內傳》，《船山全書》，第一冊，頁465。

上六,「引兌。」船山認為,居高以柔待物,引民以說;異於九五之民甘於犯難,而不言吉。然以上說下,當位,異於六三之詔媚,故不言凶。[146]

三　外傳

船山以〈巽〉、〈兌〉做對比。〈巽〉以近陰為美,〈兌〉以遠陰為正。均於正中,而〈兌〉九五「孚于剝」之「厲」,非〈巽〉九五「無初有終」之「吉」;均於無位,而〈兌〉初九之「和兌」之吉,無〈巽〉上九「資斧」之「喪」。〈兌〉遠陰以正志,而情相間而無功;〈巽〉近陰以合交,而勢相親則失己。俯恤其內,仰承其外,兩者無懸絕之貞淫,然而卻得失逕庭。[147]

〈巽〉〈兌〉為何有此落差,船山解釋:陰陽之有長少,則有餘、不足之數因之。陽躁而樂施,陰靜而吝與。故陽始於有餘,終於不足;陰始於不足,終於有餘;此躁靜之效。故陽一索而虓虓以動,為〈震〉,再而險以不盈,為〈坎〉,三則翕然止矣,為〈艮〉;陰一索習習以和,為〈巽〉,再而相附以炎,為〈離〉,三而發氣滿容,肆然以得意於物,為〈兌〉。〈兌〉者,陰之有餘者,用陰之有餘,飾己之方少,欣然行志意於天下,其情為狠。悅以相誘,狠以相制,則陽之宜與遠而不宜與近。[148]筆者製表四,以示〈巽〉〈兌〉之別:

---

146 〔明〕王夫之:《周易內傳》,《船山全書》,第一冊,頁465-466。

147 〔明〕王夫之:《周易外傳》,《船山全書》,第二冊,頁963。

148 〔明〕王夫之:《周易外傳》,《船山全書》,第二冊,頁964。

表四　〈巽〉〈兌〉對比[149]

〈巽〉	〈兌〉
陰之不足。	陰之有餘。
其情為順。	其情為狠。
陽宜於近。	陽宜於遠。
〈巽〉之得中而近柔者，將以正陰而成其順也。因以正之，則因以成之。在外不入而周旋不舍，蕩滌其柔蒙以使物受其潔齊。……〈巽〉之二、五為功於初、四者，要非能爭陰之壘而強以所不聽也。陰之初入，才不勝德。因不足之才，登固有之德，行權之功侔於保合矣。	用陰之有餘，飾己之方少，欣然行志意於天下……悅以相誘，狠以相制……〈兌〉也，陰德窮而才見者也。德窮而怗尊高，才見而飾言笑，而抑相與為緣，則且孰與正之！毋亦僅與成之乎！僅與成之，漸染其柔曼，而隱助其剛狠，亦內顧而可為寒心矣。

〈巽〉為陰之不足，於情為順，陽宜近之，正之而成之。能受九二、九五之正，故其「不足之才，登固有之德，行權之功侔於保合矣」；〈兌〉則為陰之有餘，以其有餘，飾己之方少，而志意於天下。故〈巽〉，陽宜於近陰，守剛中而善陰之用；〈兌〉則悅以相誘，狠以相制，陽宜與遠之。兩卦皆陽居中位，然〈巽〉之陽能據剛中以化陰，具導正效果，於〈兌〉則難矣。船山認為，〈兌〉德窮而才見，德窮而怗其尊高，才見而飾其言笑，此與為緣，孰與正之。僅與成之，然成之，使陽漸染其柔曼，又隱助其剛狠，而使人寒心。船山於此感嘆：

> 赫赫之威，銷於婉笑；堂堂之勢，屈於甘言；狎以相忘，習而
> 益弛。彼陰中之方穉者，盡用其有餘以淫逞其上，始則「孚於

〈兌〉」，繼則「孚于〈剝〉」，尚得謂剛中之足據哉！[150]

不以剛中為本，〈兌〉便成小人之巧言令色，使威赫銷於婉笑，氣勢屈於甘言，狎玩而相忘，習染而益弛。陰中方稚者，盡用其有餘以淫逞其上，故其始「孚於〈兌〉」，繼則「孚于〈剝〉」」終而失剛中之據。然而，何以九二、九五結果不同？船山云：

> 然則二何以免于厲耶？三失據而相就，上居亢以相牽，失據則以得說為幸，居亢則以取必相持，強弱勢殊，而五之剝切矣。二位不當而危，五則正當而安，危則處樂而有戒心，安則遇歡而無固節，敬肆殊情，而五之厲甚矣。故夫時乘盛滿而物感豐盈者，其尤為憂患之歸，愈知所戒也夫！[151]

九二何以免於厲？在於六三失據而相就於九二，上六居亢以牽九五。失據則以得說為幸，居亢則以取必相持，強弱勢殊，而九五孚之剝切矣。此外，九二不當位而危，九五當位居中而安，危則處樂有戒慎之心，安則遇歡而失固有之節，敬肆殊情，故九五厲而九二吉。生於憂患，死於安樂，船山此處與〈豐〉卦君子戒豐之義相合。最後，船山於〈兌〉之九四，頗為關注。其言云：

> 物有宜疾，君子疾之。雖有好音與其令色，遙望之如瀇垢，必芟之如荊棘。「商兌未寧」而後疾焉，不已晚乎？吾懼其商之遲回而疾之荏苒也。乃以恕待人而樂其成者不然。以其時諒其心，略其心序其績，斷然以「有喜」歸之。蓋審知其處此之

---

150 〔明〕王夫之：《周易外傳》，《船山全書》，第二冊，頁964。

151 〔明〕王夫之：《周易外傳》，《船山全書》，第二冊，頁965。

難，而終能貞惡以自全者之未易也。[152]

物宜疾快，君子疾之。雖有好音與其令色，遙望如潘垢，必披荊斬棘以清之。然「商兌未寧」而後疾，似為時已晚。懼其商量之遲回而疾之，時間已蹉跎消逝。然以恕待人而樂其成者不然，以其時體諒其心，或略其心而序其功績，斷然以「有喜」歸之。是深知處此之難，體會其終能貞惡以自全者之不易。

船山認為，耳目不紛，嗜好不起，嶄然以絕不正之感，類有餘地以自息。別有天地，耳目無交，嗜好無授，處山邊、水邊，樂飢忘年，而天下榮之曰「不溜」。九四非無此願，然求所息而不得。其鄰，則六三「來兌」狎之；其體，則上六，「引兌」招之。船山嘆曰：「人欲逃其刑戮，我欲逃其榮澤，俯仰而皆導我以淫豫。避世不可，避人不能，拊心自謀，而盈目無託，誰為餘地以聽其嶄然？」九四之商兌，誠不容已於商也。而九四猶且安其位以自退，與六三殊體，上六隔援，厭彼勞勞，全其皓皓，而保其素。神聽和平，物亦莫能傷之。九四之慶，非其所期，而君子亦樂道其「有喜」，而無容訾其初心之不決。[153]

第九節　對比王弼、程頤

在疏解船山八卦思想後，便可試著對比王弼、程頤之思想，理解三家《易》學，在經典詮釋上之異同與變化。首先，先談王弼。王弼之思想面，有儒道會通之玄色色彩，以無為本，有著復歸虛靜自然之強調。如其於〈乾〉卦言云：

152　〔明〕王夫之：《周易外傳》，《船山全書》，第二冊，頁965。
153　〔明〕王夫之：《周易外傳》，《船山全書》，第二冊，頁966。

> 九，天之德也。能用天德，乃見群龍之義焉。夫以剛健而居人
> 之首，則物之所不與也；以柔順而為不正，則邪佞之道也。故
> 〈乾〉吉在無首，〈坤〉利在永貞。[154]

王弼認為，能用天德，才能體現群龍之義，剛健本身沒問題，但倘若
以剛健之道居人之首，則與物隔閡，很難被接受。同樣地，柔順之道
本身沒問題，但倘若以柔順之道行不正之事，而柔順亦異化為邪佞之
道。所以〈乾〉吉在無首，不以剛健強出頭而吉；〈坤〉利在永貞，
其柔順因為能守正而利。對此，船山批評：

> 王弼附老氏「不敢為天下先」之說，謂「無首」為藏頭縮項之
> 術，則是孤龍而喪其元也。《本義》因之，所不敢從。[155]

批評王弼附會老子「不敢為天下先」，徒知藏頭縮項，反而使龍孤
之，而喪其元。船山認為，群龍無首，並非一龍之倒退，而是群龍之
並進，群龍皆至，則無主從區別，所以剛健之必要的，且是群體之剛
健，使群龍皆得以成就，而吉，其無，非「以無為本」，而是從「區
分相」，進到「無區分相」之無。以此反對王弼之學。有意思的是，
程頤在這地方，詮釋與王弼相近。程頤言云：

> 用九者，處〈乾〉剛之道，以陽居〈乾〉體，純乎剛者也。剛
> 柔相濟為中，而乃以純剛，是過乎剛也。見群龍謂觀諸陽之

---

154 〔魏〕王弼著，樓宇烈校釋：《王弼集校釋》（北京：中華書局，1980年，2009年
　　四刷），頁212。

155 〔明〕王夫之：《周易內傳》，《船山全書》，第一冊，頁50。

義，無為首則吉也。以剛為天下先，凶之道也。[156]

王弼以剛健、柔順作對比思考，而程頤認為剛柔相濟，方為中道，認為「過乎剛」，會出問題。王弼認為，剛健為首，物則不與。程頤則說得更嚴重，認為以剛為天下先，凶之道也。王弼、程頤皆有物極必反之強調，就算是眾卦之首，〈乾〉卦之剛健動能，亦當有所節制。船山與此不同，認為剛健本身沒問題，但視野不當僅關注在一龍之剛健，而當放遠到群龍之剛健，使彼此都有所成就，進到無分別相之眾志成城，而成就天下事業。

王弼儒道會通之詮釋風格，又可見其注〈坤〉卦六二之內容，其言云：

居中得正，極於地質。任其自然，而物自生；不假修營，而功自成，故不習焉，而無不利。[157]

王弼以任自然，而物自生，無人為修營，而功自成，言「不習」，而「無不利」。有意思的是，程頤亦有相似詮釋。程頤云：

不習謂其自然，在坤道則莫之為而為也，在聖人則從容中道也。[158]

以「不習」意謂「自然」，〈坤〉道莫之為而為，無為而為也，意近王

156　〔宋〕程頤著，王孝魚點校：《周易程氏傳》（北京：中華書局，2011年），頁3。

157　〔魏〕王弼著，樓宇烈校釋：《王弼集校釋》（北京：中華書局，1980年，2009年四刷），頁227。

158　〔宋〕程頤著，王孝魚點校：《周易程氏傳》（北京：中華書局，2011年），頁15。

弱。不過，不同在於，程頤認為「自然」即是「理」。程頤言剛柔相
濟，亦言動靜相因，但這都是基於「中道」而立之思考，來避免物極
必反。這樣的詮釋，是功效之調節，而與船山言〈乾〉〈坤〉並建，
兩端實存而有之造化，意義並不相同。當然，程頤與船山還有一些觀
念不相同，甚至對立之地方。例如程頤贊同〈序卦傳〉，船山則反對
〈序卦傳〉，使兩人對卦序、卦變的看法，有著明顯區別。大抵來
說，船山視王弼、程頤皆為無占之學。不過，就《易》學內容言，船
山批評王弼甚為嚴厲，對程頤之批評，就顯得客氣許多，甚至，對程
頤思想還有不少引用，贊同之處。[159] 所以思想上，雖習慣將程頤、朱
子列為同一系，但就《易》學而言，船山對程頤多持肯定，對朱子則
多持否定，這點需留意。本論文第三章〈義理之定位〉，已解釋船山
批評朱子，故不再對此贅述。在這裡，筆者解釋一下，船山為何批評
王弼。

　　船山認為天是象，〈乾〉是德，故《易》不言天，而言〈乾〉。而
對於天，對於象，王弼有一些獨特看法。王弼云：「天也者，形之名
也；健也者，用形者也。夫形也者，物之累也。有天之形，而能永保

---

159 例如：在《周易內傳·復卦》，船山云：「故所貴於靜者，以動之已亟，則流於偏
　　而忘其全，故不如息動而使不流，而動豈可終息者哉！使終息之，而槁木死灰之
　　下，心已喪盡。心喪而形存，莊周所謂『雖謂之不死也，奚益？』，而不知自陷其
　　中也。程子曰：『先儒皆以靜為見天地之心，不知動之端乃天地之心。』非知道孰
　　能識之！卓哉其言之乎！」；在《周易內傳·巽卦》，船山云：「在〈巽〉者，選具
　　而進之謂。能慎於進則相入，故為入也。柔順修謹，欲依陽而求相入以成化，
　　〈巽〉之德也。陽且樂而受之，是以『小亨』。陰雖入，而剛不失其中，剛柔相
　　濟，往斯利矣。『大人』，謂二五剛中，德位並隆者也。選慎以入而相見，見斯利
　　矣，陰之亨利者也。程子曰：『〈兌〉柔在外，用柔也；〈巽〉柔在內，性柔也。』
　　〈兌〉，陽之為也；〈巽〉，陰之為也。〈兌〉則亨，〈巽〉所以小亨也。然陰固兩儀
　　自然之體而萬物資生之用，得其正而亨而且利，亦孰非天道之正，人事之善者
　　乎！」皆可見船山對程頤《易》說之肯定。

無疆，為物之首，統之者豈非至健哉！」[160]認為天為形之名，故有累，形之所以無疆，全賴形之背後，有用形者，即至健之體，而至健之體，實即道體。這樣的區分，源於王弼「崇本息末」之思考，有本末之分，本體現象之別，視形有累，有限制，不夠究竟，能「究竟」者，在於「用形者」，即其背後之本體，其無形而無累，故能無所限制。其言象，亦如此，而有「得意忘象」之旨。在王弼看來，「言」（經文）是通卦「象」（卦象）之媒介，既通於「象」，便無須執著「言」；「象」是通「意」（聖人之意）的媒介，既通其意，便無須執著「象」。就如「筌」是釣魚之具，一但得魚，便可忘「筌」。相反地，如果一味執著媒介，執著「言」，執著「象」，執著作為工具之「筌」，反而有捨本逐末之危險。

　　此般「得意忘象」之旨，重本而輕末，重視本體而輕忽現象，其實是船山所反對的。船山並不以形為累，而主張「道器合一」，即器而言道，「象」即被視為體道之必要條件，豈能捨之。[161]故船山云：

> 「繫」云者，數以生畫，畫積而象成，象成而德著，德立而義起，義可喻而以辭達之，相為屬繫而不相離，故無數外之象，無象外之辭，辭者即理數之藏也。而王弼曰「得意忘言，得言忘象」，不亦舛乎！[162]
>
> 自王弼有「得言忘象」之說，而後之言《易》者以己意測一端之義，不揆諸象，不以象而徵辭，不會通於六爻，不合符於

---

160 〔魏〕王弼著，樓宇烈校釋：《王弼集校釋》（北京：中華書局，1980年，2009年四刷），頁213。

161 對王弼言意之辨與道論思想，筆者另有著文，專門探討，可供參考。林柏宏：〈王弼《老子注》道論詮釋〉，收入洪漢鼎、傅永軍主編：《中國詮釋學》（山東：山東人民出版社，2013年），第十輯，頁255-272。

162 〔明〕王夫之：《周易內傳》，《船山全書》，第一冊，頁505。

〈彖〉〈象〉，不上推於陰陽十二位之往來，六十四卦，三十六
象之錯綜，求以見聖人之意，難矣。[163]

繫辭云者，由卦數生卦畫，卦畫積而成卦象，卦象成而卦德著，卦德
立而卦義起，卦義可以理喻而以辭達之，彼此屬繫而不相離，所以數
不離象，象不離辭，辭即理數之藏。故王弼言「得意忘言，得言忘
象」將意與象、象與言分離，這是錯誤的。[164]不僅難以瞭解卦數、卦
畫、卦象、卦德、卦義、卦辭彼此貫通聯繫之意義，亦將使後人割裂
彼此，各憑已意來臆度卦義，造成詮釋之任意性。船山認為，倘若不
能揆度諸象，依象徵辭，會通六爻，相合〈彖〉〈象〉，上推於陰陽十
二位之往來、六十四卦，三十六象之錯綜，彼此對應聯繫作理解之條
件，那麼聖人之意，便難以明瞭。船山並針對「得魚忘筌」進行批
評。其言云：

嗚呼！君子之道，盡夫器而止矣。辭，所以顯器而鼓天下之
動，使勉於治器也。王弼曰：「筌非魚，蹄非兔。」愚哉，其
言之乎！筌、蹄一器也，魚、兔一器也，兩器不相為通，故可
以相致，而可以相舍。形而上者謂之道，形而下者謂之器，統
之乎一形，非以相致，而何容相舍乎？「得言忘象，得意忘

---

163 〔明〕王夫之：《周易內傳》，《船山全書》，第一冊，頁566。

164 船山言：「得意忘言，得言忘象」，這話出現三次，應非訛誤，應是表示意、言斷
裂，言、象斷裂之意。據王弼思想，理應為「得意在忘象，得象在忘言」為句，
而船山亦有「得象而忘言，得意而忘象」以言王弼。上述引文，下段將逐一提
及，並做解釋。王弼原文：「象生於意而存象焉，則所存者乃非其象也；言生於象
而存言焉，則所存者乃非其言也。然則，忘象者，乃得意者也；忘言者，乃得象
者也。得意在忘象，得象在忘言。故立象以盡意，而象可忘也；重畫以盡情，而
畫可忘也。」〔魏〕王弼著，樓宇烈校釋：《王弼集校釋》（北京：中華書局，1980
年，2009年四刷），頁609。

言」，以辨虞翻之固陋則可矣，而於道則愈遠矣。[165]

君子之道，在於治器用器，故盡乎器而止。道以用器，器以顯道，辭則顯器以鼓動天下，使人勉於治器。王弼以「筌非魚，蹄非兔。」這是愚昧之言。筌、蹄一器，魚、兔一器，皆為器，且兩器未有道器合一般之相通，故可以相互招引，又可以相互捨棄。與此不同，形而上者謂之道，形而下者謂之器，道器統乎一形，並非相互招引，又如何能相互捨棄。「得言忘象，得意忘言」，可用以辯駁虞翻其說之固陋，但就《易》道而言則愈離愈遠。於此，船山言及虞翻，同時也涉及到對漢儒《易》說之評價。認為漢儒拘泥於象數，多有附會。風氣流及虞翻，而言互體、變爻，更使《易》學繁雜瑣碎至極。王弼於此反動，但不免矯枉過正。船山云：

> 王弼反其道而概廢之，曰「得象而忘言，得意而忘象」。乃《傳》固曰：「《易》者，象也。」然則匯象以成《易》，舉《易》而皆象，象即《易》也。何居乎以為兔之蹄、魚之筌也？[166]

王弼反其漢儒《易》道而盡廢之。一方面，主張以簡御繁，以寡御眾之原則，對治漢儒之繁瑣；一方面，則言「得象而忘言，得意而忘象」之詮釋方法，銷解對卦辭與卦象之執著。但船山指出，《易傳》即云「《易》者，象也。」匯「象」以成《易》，舉「象」皆《易》，豈可將「象」視為兔之蹄、魚之筌，用之可棄的工具呢？不僅《易》如此，諸經亦是如此。船山云：「《詩》之比興，《書》之政事，《春

---

165 〔明〕王夫之：《周易內傳》，《船山全書》，第二冊，頁1029。

166 〔明〕王夫之：《周易內傳》，《船山全書》，第二冊，頁1039。

秋》之名分，《禮》之儀，《樂》之律，莫非象也，而《易》統會其理。舍筌蹄而別有得魚得兔之理，捨「象」而別有得《易》之塗耶？」[167]捨去筌蹄之具，還可能有其他得魚得兔之方法，但捨「象」之後，豈有別的通達《易》道之門徑？且不僅如此，「象」很重要，「言」也一樣重要，而云：「道抑因言而生，則言、象、意、道，固合而無畛，而奚以忘耶？」[168]可以留意，船山言「言、象、意、道」之《易》道詮釋進路，正可連結林安梧先生所強調之「道、意、象、構、言」之中哲詮釋方法論。即道（總體的根源）、意（心靈的指向）、象（想像的發揮）構（結構的把握）、言（語句的記憶）五種詮釋層次之方法。林安梧先生多提一「構」，作一結構系統之強調外，與船山所言之「言、象、意、道」之內容皆能相契相通，而可彼此參看。[169]船山言「言、象、意、道」，即在於這是構成《易》道思想之元素，亦是通達《易》道思想之門徑。捨此，《易》道勢必隱而不顯。船山云：

> 形而上之道隱矣，乃必有其形，而後前乎所以成之者之良能著，後乎所以用之者之功效定，故謂之「形而上」，而不離乎形。道與器不相離，故卦也、辭也、象也、皆書之所著也，器

---

167 〔明〕王夫之：《周易內傳》，《船山全書》，第二冊，頁1039。

168 船山：「若夫言以明象，得象以彰，以擬筌蹄，有相似者。而象所由得，言固未可忘已。魚自游于水，兔自窟於山，筌不設而魚非其魚，蹄不設而兔非其兔。非其魚兔，則道在天下而不即人心，於己為長物，而何以云『得象』、『得意』哉？故言未可忘，而奚況於象？況乎言所自出，因體因氣，因動因心，因物因理。道抑因言而生，則言、象、意、道，固合而無畛，而奚以忘耶？」〔明〕王夫之：《周易內傳》，《船山全書》，第二冊，頁1039-1040。

169 關於林安梧先生之「道、意、象、構、言」之詮釋原理，請參看論文第二章〈方法論省思〉第四節〈林安梧先生之存有三態論〉。

也；變通以成象辭者，道也。民用，器也；鼓舞以興事業者，
道也，聖人之意所藏也。合道、器而盡上下之理，則聖人之意
可見矣。[170]

形而上者謂之道，但道是隱的，作為所以然之理，所當然之理，依形
而良能著，因形而功效定，道蘊含於形之中，故謂形而上，而不離乎
形。道器不相離，故卦、辭、象，皆書之所著，是為器；書之內容，
其變通以成象辭之理，則為道。民之用，器也；民之用背後，鼓舞以
興事業之關懷，則為道，聖人之意即蘊藏其中。因道而成其可能，因
器而有跡可循，合道、器而盡上下之理，則聖人蘊藏其中之意，便可
見矣。船山之道器合一論，體現的是現象學之描述，是形式內容之合
一。此亦可用林安梧先生存有三態論解釋，是由存有之根源，由隱至
顯，從而執定之歷程。透過「道、意、象、構、言」以把握卦辭之言
語，卦理之結構，並透過卦象之想像，連結天地古今，會通聖人作
《易》之意義與關懷，以體大道之精微。

　　船山因為對於形、器、象、言之重視，而批評王弼「得意忘象」
之原則，但值得注意的是，王弼之思想有兩個面向。對治現實問題，
王弼強調「崇本息末」，對「末」有貶義，要求克制，以反本。但王

---

170 船山：「『形而上』者：當其未形而隱然有不可踰之天則，天以之化，而人以為心
　　之作用，形之所自生，隱而未見者也。及其形之既成而形可見，形之所可用以效
　　其當然之能者，如車之所以可載，器之所以可盛，乃至父子之有孝慈，君臣之有
　　忠禮，皆隱於形之中而不顯。二者則所謂當然之道也，形而上者也。『形而下』，
　　即形之已成乎物而可見可循者也。形而上之道隱矣，乃必有其形，而後前乎所以
　　成之者之良能著，後乎所以用之者之功效定，故謂之『形而上』，而不離乎形。道
　　與器不相離，故卦也、辭也、象也、皆書之所著，器也；變通以成象辭者道也
　　也。民用，器也；鼓舞以興事業者，道也，聖人之意所藏也。合道、器而盡上下
　　之理，則聖人之意可見矣。」〔明〕王夫之：《周易內傳》，《船山全書》，第一冊，
　　頁568。

弼亦有一理境之面面，即「崇本舉末」。如果與道相繫，「本」亦可保
住「末」之作用。這意謂著，就理境上來，「崇本舉末」未必會與船
山所謂「道器合一」有著必然衝突。區別在於，船山「即象言道」，
道器緊密扣緊，一刻不能相忘；而王弼則主張在達成理解之後，當銷
解執著，「言」不必執著，「象」亦不必執著，在明聖人之意後，當循
以無為本的方向走，往無所限定之根源去追索道之存在。於此，船山
認為王弼道家味太濃，而深感不滿。故云：「蓋王弼者，老、莊之支
子，而假《易》以文之者也。」[171]顯示其非《易》道之正宗。這是繼
批評王弼有學無占後，另一嚴厲之批評。[172]值得留意，船山並不全面
否定道家，甚至認為道家亦有體道之能。船山不滿道家之處，在於道
家能體道、見道，但這種洞燭事態變化幾微之能力，不是用於保身以
避世，就是流於從政以弄權，而相對忽略道統之傳承，與天命之承
擔，這是船山對道家不能諒解的地方。

　　本節，對王弼、程頤、船山《易》學三家進行了一概要之對比。
約略點出，王弼與船山之異同，程頤與船山之異同，以及王弼與程頤
之異同。其立場，雖各為玄學、理學、氣學之代表，但詮釋內容並非

---

171 船山：「蓋王弼者，老、莊之支子，而假《易》以文之者也。老之言曰：「言者不
　　知。」莊之言曰：「言隱於榮華。」而釋氏亦託之以為教外別傳之旨。棄民彝，絕
　　物理，胥此焉耳。」〔明〕王夫之：《周易內傳》，《船山全書》，第二冊，頁1040。
172 船山：「而弼學本老莊虛無之旨，既詭於道，且其言曰「得意忘言，得言忘象」，
　　則不知象中之言，言中之意，為天人之蘊所昭示於天下者，而何可忘耶？然自是
　　以後，《易》乃免於譾技者猥陋之誣，而為學者身心事理之要典。唐、宋之言
　　《易》者，雖與弼異，而所尚略同。蘇氏軾出入於佛、老，敝與弼均，而間引之
　　以言治理，則有合焉。程子之《傳》，純乎理事，固《易》大用之所以行，然有通
　　志成務之理，而無不疾而速、不行而至之神。張子略言之，象言不忘，而神化不
　　遺，其體潔靜精微之妙，以益廣周子《通書》之蘊，允矣至矣。惜乎其言約，而
　　未嘗貫全《易》於一揆也。」〔明〕王夫之：《周易內傳》，《船山全書》，第二冊，
　　頁652-653。

涇渭分明之對立。各有相通之處，相對之處，而值得彼此參看與對
比。讀《易》，由大家入手，能有效把握《易》學原則之要領，而藉
由經典詮釋之比對，一方面，使文意得以獲得更多理解條件，而擴大
自身視域；另一方面，則藉此對比，理解注解者之視域，理解其詮釋
內容，體會其背後之關懷與意義，再將此思想內容與關懷返回自身，
思考現今問題，並讓思想，在當代理解之磨合與激盪中，生生不已，
自強不息。

第六章
結論

　　本書主要分四個部份，來進行船山《易》道之探究。第一部份，就自身習得之方法論，作一切身反省；第二部份，透過心學、理學之駁正，歸宗道論，以確立船山義理之定位。第三部份，充分闡釋船山之《易》例原則，建構船山《易》道之基礎；第四部份，詳實解析船山八卦思想，亦藉由文脈之貼近，徵驗方法論思考、義理定位、與《易》例原則是否有效。以下再作總結。

一　方法論反省部份

　　第二章前兩節是討論文本問題，理解如何可能之問題。後兩節，則討論如何理解中國哲學，如何理解「道」的問題。對方法論，提出評介並作出反省。

　　傅偉勳先生的五謂詮釋學，其特點在於古今之連結。五謂詮釋，是詮釋歷程，亦可說是詮釋方法。儘管五謂詮釋之客觀界定有其困難，是否就依此遞進也未必然。但這種連結主觀客觀，連結讀者與作者（或文本），連結過去與現在，連結理論與實踐之企圖相當明顯，恰恰能呼應伽達默爾辯證性對話結構。對於歷代詮釋著作之參考，對於歷史傳統之連結，與哲學詮釋學也是若合符節地相應。

　　至於劉笑敢先生之思考，則與傳統中文系之治學原則相近，以追尋作者意圖，客觀理解文本為宗旨。不過，劉笑敢過於強調治學態度之區別，而忽略詮釋之效度與差異並非態度如何就能有所決定。「不

同理解」，乃是極其自然之現象。其對於伽達默爾之詮釋理論，顯然未能準確理解。乃至於其雖以詮釋學作專題討論，然兩者問題意識其實並無交集。就詮釋原理而言，劉笑敢之論點，有不進反退之感。

牟宗三先生的兩層存有論，能簡潔扼要地把握本體與現象，共相與殊相之思維，提供了一個理解中國哲學的方向。以心性論作展開，能把握住儒釋道思想的一些要點，然過於強調良知本心，內聖之學的超越，使其思想定位，亦出現一些問題。心性論能否概括中國哲學，中國哲學是否得以儒學為主，道德是否能解決多數問題，還有什麼才是道德，這些都是值得考慮的地方。

對於牟先生之思想，林安梧先生做了相當完整的論述與修正。林安梧先生是氣論言道，場域之哲學。其三態論，以隱顯關係，去梳理人之存在的三種狀態。在存有三態可理解到，人的背後有其根源，人之自身有其限制，所以人需要理解的東西相當多，需克服的東西亦相當多。需理解自身之限制，需理解自身歷史文化傳統之根源，需克服異化之危機，需克服拒絕對話之氛圍。面對種種限制，人依舊可在天地之間，尋出一個定位。

「道生一，一生二，二生三，三生萬物」能分別對應「隱、顯、分、定、執」之詮釋歷程，而這詮釋歷程，又能對應「道、意、象、構、言」五種詮釋層次之方法。如果說傅偉勳先生之五謂詮釋，是讓文本之理解，由古走向今，循序漸進地提出創造性的詮釋，那麼林安梧先生則是更進一步，讓文本走向生命，讓生命走向經典、社群與根源。需穿透語言文字，上通於道，再由道而開顯，作用於這世界。語言文字之層次，與傳統中文系治學原則並不衝突，求道之層次，則能銜接中國哲學之使命，延續道統之傳承。理解中國哲學，同時也是參與中國哲學的實踐與改變。

對於經典文本之研究，哲學內容之考察，這背後有如具備兩種風

之力量。一為向心力之風，不斷地朝向文本、作者，作為歷史原點的還原與追溯；一為離心力之風，不斷地甩開，離開中心，散落並降落到周遭環境而安立。向心力與離心力是同時並存的，兩者形成「詮釋之張力」，詮釋之動能。在理解中國哲學時，其實兩種力都需要，這兩種力也必然存在。如何面對詮釋之張力，使其融貫為一，是作為經典詮釋者必然面對的問題，否則只是不動之風而已。

　　方法論有其效果，亦有其限制，學術研究不當陷入方法論至上之迷思，亦不當陷入本質中心主義之迷思。應以對話取代方法論之獨斷，取代本質中心主義之獨斷，透過重視經典，以及透過歷代經典詮釋，試圖理解那些已經過時間檢驗的東西，為這不確定之年代，給予一個定向。

二　義理定位部份

　　第三章以先破後立之方式，釐清船山義理之性質與定位。首節心學商榷、次節理學商榷，最後進到兩端相濟、道論歸宗。船山言心，但非心學；言理，但非理學。非一元論，亦非二元論，非唯心論，亦非唯物論，而是兩端而一致之辯證思維。此思考，運於船山各脈絡之中，言〈乾〉〈坤〉並建，言錯綜合一，言道器合一、理氣合一、理欲合一、理勢合一。所謂合一，非籠統折衷，而是辯證之合一。合一，故成一連結關係，成此連結，便與道相繫而為善，斷此連結，則斷裂根源而成惡。此連結為一氣之交感流行，此流行者有其體，其體為〈乾〉〈坤〉之實存而有，兩端造化絪縕相盪翕闢成變。把握住道論之旨，〈乾〉〈坤〉並建之化，與兩端而一致辯證思考，才可能避免蔽於一隅限縮船山意涵，曲解船山義理之窘況。

三　《易》例原則部份

　　第四章共七節，分別涉及著述旨趣、〈乾〉〈坤〉並建、四聖一揆、象爻一致、大象別立、卦主之尋、占學合一等七個部份，進行《易》例原則之探究。

　　對船山核心思想，〈乾〉〈坤〉並建思想作出深入介紹。太極生兩儀，是隱顯之生，由根源無分別之渾淪為一，進到兩端分別相之造化，故〈乾〉〈坤〉實存而有，絪縕相盪翕闢成變，六陰六陽居十二位，無時不與，無所不在，而成《易》之體，而眾卦間之錯卦與綜卦關係，則成《易》之用。

　　四聖一揆、象爻一致。論述《周易》之著成過程。以伏羲畫卦，文王作〈彖辭〉、周公作〈爻辭〉，而孔子作〈傳〉。四聖一揆，意謂這不同人不同時著成之《易》學內容，有義理之一致性。《周易》雖非一人一時一地之著作，亦可視為結構完整、理路一致之經典。不應割裂各部份，來研讀《周易》。

　　〈大象〉別立一節，一方面闡明船山之反序卦傳，另一方面，則將〈大象傳〉獨特之哲理地位，標舉出來，而不與〈彖〉〈爻〉思想相混淆。

　　占學一理，則強調《周易》雖卜筮之書，但經四聖一揆而流傳至今，已富涵聖賢教化之理，占學當合一並觀。不當以無占之學，或無學之占來看待《周易》。更重要的，是吉凶悔吝與是非得失共俱，故「易為君子謀，不為小人謀」，以《易》為己之私意爭名逐利，則《易》無所告也。

四　八卦思想部份

第五章言八卦思想。限於篇幅，未能詳述六十四卦之要義，然以〈乾〉〈坤〉與六子卦立論，亦見船山論《易》道之梗概。〈乾〉道健動不息，〈坤〉道承載萬有，〈坎〉道中道而立，〈離〉道附麗光明，〈震〉道震動群陰，〈艮〉道止住群陰，〈巽〉道陰受陽而入，陽得陰以施，〈兌〉道陽遠陰為宜，陰得中不偏。八卦各有其德，卻又能互濟相參，重卦相疊而成眾卦之妙。透過闡析，又可知八卦不同於眾卦之處：

一、八卦為天之理、物之體、自然之形而成的卦，三畫卦變六畫卦，仍維持原初意義。

二、六子卦之重卦，有反覆強調之用意。如〈坎〉卦險之又險，〈離〉卦明之又明，〈震〉卦震之又震，〈艮〉卦止之又止等，皆有意義上之強調。

三、八卦之陰陽，彼此相濟，多過於彼此相抗。或陽須振起而帶動群陰；又或陰須虛中以納陽施。以此顯現絪縕相盪之理。

船山在談六子卦，於陽爻之寄望特深。如〈震〉之一陽振起群陰，〈坎〉之剛中有信以渡險，以及〈艮〉陽氣作為作後底線之堅忍。皆可見，船山對陽氣之期盼與堅持。然而，就算是陰柔作主之卦，陰亦待陽施方有其定準。如〈離〉之陰附麗陽而明，〈巽〉之陰相入於陽而移情，陽善待陰而用之，以及〈兌〉，陽當遠陰，但陰若無剛中之守，則徒為巧言令色之小人。〈乾〉〈坤〉並建，陰陽皆有其用，不可偏廢，於六子卦中，陽爻未必為主爻，但皆有其關鍵之一面。以陰陽

之兩端審視，此亦兩端而一致之辯證思考，而此亦能以兩卦並觀來審
視。〈坎〉〈離〉之兩端、〈震〉〈艮〉之兩端、〈巽〉〈兌〉之兩端，多
有對比互濟之處。八卦相疊形成六十四卦，則將八卦之義蘊，複合而
成更豐富之人事變化。最後，即此八卦思想後，與王弼、程頤之
《易》學進行對比討論。顯現船山氣學與王弼玄學、程頤理學之間，
《易》學之異同、變化與發展。

　　林安梧先生曾呼籲，從牟宗三先生回到熊十力，再從熊十力回到
王船山，這是一復歸經典之呼籲，亦是改變問題意識之呼籲。而筆者
之治船山學，並非依這路子走，而是從牟宗三先生思想，進到林安梧
先生思想，再從林安梧先生思想進到船山學。深切體認到，治中國哲
學不能繞開《易》學，治《易》學不能繞開船山學，治船山學則不能
不反省曾昭旭先生之觀點，反省陳來先生之觀點，並納入唐君毅先生，
林安梧先生之思考，作奠基。故著文，納入方法之比較，納入論點之
比較，納入三家《易》學之比較，由此揭櫫《易》道思想之光明。

參考文獻

· 分王船山相關著作、古籍之屬、易學論著、近現代之屬四大類。
· 船山論著、古籍之屬依四部分法。
· 易學論著略依年代為序。
· 近現代著作之屬,分專書、外國典籍、學位論文與單篇論文四門,
　依姓氏筆劃為序。

一　王船山相關著作

(一) 船山論著

〔明〕王夫之:《周易大象解》。
〔明〕王夫之:《周易內傳》。
〔明〕王夫之:《周易外傳》。
〔明〕王夫之:《周易稗疏》。
〔明〕王夫之:《詩廣傳》。
〔明〕王夫之:《禮記章句》。
〔明〕王夫之:《讀四書大全說》。
〔明〕王夫之:《張子正蒙注》。
〔明〕王夫之:《思問錄》。
〔明〕王夫之:《永曆實錄》。
〔明〕王夫之:《薑齋文集》。

（二）船山研究

王之春撰、汪茂和點校：《船山公年譜》，北京：中華書局，1989年。

王孝魚：《船山學譜》，北京：中華書局，2014年。

王孝魚：《周易外傳選要譯解》，北京：中華書局，2014年。

王孝魚：《老子衍疏證》，北京：中華書局，2014年。

王孝魚：《莊子內篇新解・莊子通疏證》，北京：中華書局，2014年。

王立新：《天地大儒——王船山》，長沙：岳麓書社，2011年。

方紅姣：《現代儒學與船山學》，北京：中國社會科學出版社，2015年。

牟宗三：《生命的學問》，臺北：三民書局，2011年四版。

朱伯崑：《易學哲學史》，北京：崑崙出版社，2009年。

朱迪光：《王船山研究著作述要》，長沙：湖南大學出版社，2010年。

林安梧：《王船山人性史哲學之研究》，臺北：臺灣學生書局，1987年，1991年再版。

侯外廬主編：《中國思想通史・第五卷》，〈清：十七世紀至十九世紀四十年代中國早期啟蒙思想史〉，北京：人民出版社，1958年。

唐君毅：《中國哲學原論・原性篇》，北京：中國社會科學出版社，2005年。

唐君毅：《中國哲學原論・原教篇》，北京：中國社會科學出版社，2006年。

陳　來：《詮釋與重建——王船山哲學精神》，北京：北京大學出版社，2004年。

曾昭旭：《王船山哲學》，臺北：里仁書局，2008年。

張西堂：《王船山學譜》，長沙：商務印書館，1938年。

張立文：《正學與開新——王船山哲學思想》，北京：人民出版社，2001年。

嵇文甫：《船山哲學》，上海：上海開明書店，1936年初版，2007年中國圖書館學會高校分會委託北京中獻拓方電子製印公司複製民國圖書。

嵇文甫：《王船山學術論叢》，北京：三聯書店，1962年，1978年一刷。

劉毓崧：《王船山年譜》，江南書局，清光緒十二年刻本，1886年。原書收於哈佛燕京圖書館，由谷歌圖書，掃描為電子書。

蕭萐父：《蕭萐父選集》，武漢：武漢大學出版社，2013年。

二　易學論著

〔魏〕王弼著，樓宇烈校釋：《王弼集校釋》，北京：中華書局，1980年，2009年四刷。

〔宋〕程頤著，王孝魚點校：《周易程氏傳》，北京：中華書局，2011年。

屈萬里：《先秦漢魏易例述評》，臺北：臺灣學生書局，1975年再版。

錢基博：《周易解題及其讀法》，臺北：臺灣商務印書館，1965年，1995年再版。

戴君仁：《談易》，臺北：臺灣開明書店，1961年，1995年八版。

戴璉璋：《易傳之形成及其思想》，臺北：文津出版社，1989年，1997年二刷。

黃慶萱：《周易縱橫談》，臺北：東大圖書公司，1995年。

三　古籍之屬

（一）經部

〔東漢〕許慎：《說文解字注》，臺北：漢京文化，1985年。

〔宋〕朱熹：《四書章句集注》，臺北：大安出版社，1996年。

（二）史部

〔清〕張廷玉：《明史》，北京：中華書局，2007年重印。

〔清〕徐世昌編纂：《清儒學案》，北京：中華書局，2008年。

〔清〕趙爾巽編：《清史稿》，臺北：新文豐出版公司，1981年。

（三）子部

〔明〕黃宗羲：《明夷待訪錄》，北京：中華書局，2011年。

四　近現代著作之屬

（一）專書

王欣夫：《文獻學講義》，臺北：臺灣商務印書館，1992年。

王叔岷：《斠讎學》，臺北：中央研究院歷史語言研究所，1995年。

王叔岷：《先秦道法思想講稿》，北京：中華書局，2007年。

王叔岷：《莊子校詮》，臺北：中央研究院歷史語言研究所，1988年，
　　　2007年四版。

王邦雄：《中國哲學論集》，臺北：臺灣學生書局，2004年。

牟宗三：《中國哲學的特質》，臺北：臺灣學生書局，1998年。

牟宗三：《中國哲學十九講》，臺北：臺灣學生書局，1983年。

牟宗三：《才性與玄理》，臺北：臺灣學生書局，1983年。

牟宗三：《圓善論》，臺北：臺灣學生書局，1985年。

牟宗三：《宋明理學的問題與發展》，臺北：聯經出版公司，2003年。

屈萬里：《尚書集釋》，臺北：聯經出版公司，2003年。

林安梧：《臺灣·中國邁向世界史》，臺北：唐山出版社，1992年。

林安梧：《存有·意識與實踐》，臺北：東大圖書公司，1993年。

林安梧：《中國近現代思想觀念史論》，臺北：臺灣學生書局，1995年。

林安梧：《問心——我讀孟子》，臺北：漢藝色研文化公司，1996年。

林安梧：《中國宗教與意義治療》，臺北：文海基金會出版，明文書局發行，1996年。

林安梧：《儒學革命論——後新儒家哲學的問題向度》，臺北：臺灣學生書局，1998年。

林安梧：《人文學方法論——詮釋的存有學探源》，臺北：讀冊文化，2003年。

林安梧：《論語——走向生活世界的儒學》，臺北：明文書局，1995年。

林安梧：《儒學轉向——從「新儒學」到「後新儒學」的過渡》，臺北：臺灣學生書局，2006年。

林安梧：《新道家治療學》，臺北：臺灣商務印書館，2006年。

林安梧：《「金剛般若」與「生命療癒」：《金剛經》華山九一講記》，臺北：萬卷樓圖書公司，2014年。

林安梧：《老子道德經新譯暨心靈藥方》，臺北：萬卷樓圖書公司，2014年。

林安梧譯註：《太上老君說常清靜經》，宜蘭：道教總廟三清宮，2015年。

洪漢鼎：《當代哲學詮釋學導論》，臺北：五南圖書公司，2008年。

洪漢鼎：《當代分析哲學導論》，臺北：五南圖書公司，2008年。

唐君毅：《中國哲學原論・原道篇》，北京：北京社會科學出版社，
　　　　2006年。

徐復觀：《中國藝術精神》，臺北：臺灣學生書局，1966年。

徐復觀：《中國人性論史》，臺北：臺灣商務印書館，1969年。

梁啟超：《中國歷史研究法》，臺北：里仁書局，2000年。

黃彰健：《經學理學文存》，臺北：臺灣商務印書館，1976年。

黃俊傑：《東亞文化交流中的儒家經典與理念──互動轉化與融合》，
　　　　臺北：臺灣大學出版中心，2010年。

馬積高：《清代學術思想的變遷與文學》，長沙：湖南出版社，1996年。

張舜徽：《中國古代史籍校讀法》，臺北：里仁書局，1988年。

張君勱著，江日新譯：《王陽明》，臺北：東大圖書公司，1991年。

張　亨：《思文之際論集》，臺北：允晨文化，1997年。

陳榮捷：《王陽明與禪》，臺北：臺灣學生書局，1984年。

陳榮捷：《王陽明傳習錄詳註集評》，臺北：臺灣學生書局，1983年，
　　　　2006年修訂版四刷。

許進雄：《中國古代社會》，臺北：臺灣商務印書館，1988年，1998年
　　　　修訂版二刷。

陳　來：《有無之境：王陽明哲學的精神》，北京：北京大學出版社，
　　　　2006年。

勞思光：《思想方法五講新編》，香港：香港中文大學出版社，2000年。

傅偉勳：《生命的學問》，臺北：生智出版社，1998年。

傅偉勳：《從創造的詮釋學到大乘佛教》，臺北：東大圖書公司，1999
　　　　年。

劉笑敢：《老子》，臺北：東大圖書公司，2005年。

劉笑敢：《莊子哲學及其演變》，北京：中國社會科學出版社，1993年。

劉笑敢：《老子古今》，北京：中國社會科學出版社，2006年。

劉笑敢：《詮釋與定向——中國哲學研究方法之探究》，北京：商務印書館，2009年。

錢　穆：《陽明學述要》，臺北：蘭臺出版社，1900年。

錢　穆：《莊子纂箋》，臺北：東大圖書公司，1993年四版。

錢　穆：《中國近三百年學術史》，臺北：臺灣商務印書館，1995年再版。

錢　穆：《國史大綱》，臺北：臺灣商務印書館，1995年。

錢　穆：《先秦諸子繫年》，臺北：東大圖書公司，1999年三版。

錢　穆：《中國思想通俗講話》，臺北：東大圖書公司，1999年三版。

錢　穆：《莊老通辨》，北京：生活・讀書・新知三聯書店，2005年再版。

錢　穆：《中國歷史研究法》，臺北：東大圖書公司，2005年。

蔡仁厚：《王陽明哲學》，臺北：三民書局，1974年，2009年二版二刷。

戴君仁：《梅園論學續集》，臺北：藝文印書館，1974年。

戴君仁：《梅園論學三集》，臺北：臺灣學生書局，1979年。

嚴耕望：《治史經驗談》，臺北：臺灣商務印書館，2008年。

（二）外國典籍

〔澳〕約翰・巴斯摩爾（John Passmore）著，洪漢鼎、陳波、孫祖培譯：《哲學百年》，北京：商務印書館，1996年。

〔德〕漢斯・格奧爾格・伽達默爾（Hans-Georg Gadamer）著，洪漢鼎譯：《真理與方法》，北京：商務印書館，2007年。

〔日〕丸山真男著，孫歌譯：《日本政治思想史研究》，北京：生活・讀書・新知三聯書店，2000年。

（三）學位論文

林文彬：《船山易學研究》，臺北：臺灣師範大學國文研究所博士論文，1994年。

許育嘉：《實踐的智慧如何可能——以牟宗三為核心的當代儒學實踐問題研究》，臺北：臺灣師範大學國文學系博士論文，2010年。

（四）單篇論文

林安梧：〈「揭諦」發刊詞——「道」與「言」〉，《揭諦學刊》第一期，1997年6月，頁1-14。

林安梧：〈明末清初關於「格物致知」的一些問題——以王船山人性史哲學為核心的宏觀理解〉，《中國文哲研究集刊》第十五期，1999年9月，頁313-335。

林安梧：〈明清之際：從「主體性」、「意象性」到「歷史性」的一個過程——以陽明、蕺山與船山為例的探討〉，《國文學報》第三十八期，2005年12月，頁1-29。

林安梧：〈「繼別為宗」或「橫攝歸縱」：朱子哲學及其詮釋方法論辯疑〉，《嘉大中文學報》第一期，2009年3月，頁1-28。

林安梧：〈關於老子哲學詮釋典範的一些省察——以王弼《老子注》暨牟宗三《才性與玄理》為對比暨進一步的展開〉，《臺北大學中文學報》第五期，2008年9月，頁47-69。

林安梧：〈「內聖」、「外王」之辯：一個「後新儒學」的反思〉，《天府新論》第四期，2013年7月，頁8-16。

林安梧：〈「天地有道」與「迴念一幾」——以「人的素質」之提昇為核心〉，《通識教育》第六期，1999年3月，頁15-32。

林文彬：〈王夫之論《周易》「卦主」〉，《中興大學臺中夜間部學報》第二期，1996年，頁35-54。

林柏宏：〈《莊子》「遊」字析論〉，《世新中文研究期刊》第四期，
　　　2008年6月，頁79-106。

林柏宏：〈王弼《老子注》道論詮釋〉，收入洪漢鼎、傅永軍主編：
　　　《中國詮釋學》，山東：山東人民出版社，第十輯，2013年8
　　　月，頁255-272。

林柏宏：〈試論《天人之際——中國古代思想起源試探》〉，發表於第
　　　三屆「尼山世界文明論壇」博士生論壇，濟南：山東大學，
　　　2014年5月。

林柏宏：〈費直易學考〉，《元亨學刊》第三期，2014年9月，頁118-
　　　135。

林柏宏：〈玄風慶會錄義理演析〉，發表於「宗教的超越性與內在
　　　性」：臺灣宗教學會年會第9屆學術研討會，臺北：政治大學
　　　宗教研究所、華人宗教研究中心、魚籃書坊，2016年12月。

林柏宏：〈談林安梧先生之船山易學〉，楊永明主編、郭萍執行主編：
　　　《當代儒學》，桂林：廣西師範大學出版社，2016年，第十
　　　輯，頁221-244。

林柏宏：〈王船山《周易內傳發例》義理演析〉，收入洪漢鼎、傅永軍
　　　主編：《中國詮釋學》，山東：山東人民出版社，第十三輯，
　　　2016年，頁75-96。

林柏宏：〈談港、臺學者中國哲學方法論〉，《奇萊論衡：東華文哲研
　　　究集刊》第三期，2017年3月，頁41-65。

郭鶴鳴：〈客觀限制與主體自由——「孟子・盡心」首章今詮〉，《人
　　　文及社會學科教學通訊》第十三卷第三期，2002年10月，頁
　　　154-167。

梁韋弦：〈船山先生對邵雍、朱熹易學的批評〉，《船山學刊》第三
　　　期，2004年7月，頁22-25。

莊萬壽：〈明代華夏民族主義與王陽明〉，《國文學報》第二十五期，
　　　1996年6月，頁77-100。

楊儒賓：〈氣質之性的問題〉，《臺大中文學報》第八期，1996年4月，
　　　頁41-103。

楊自平：〈王船山《周易內傳》解經作法析論〉，《鵝湖學誌》第三十
　　　九期，2007年12月，頁111-166。

劉述先：〈從發展觀點看「周易」時間哲學與歷史哲學之形成〉，《臺
　　　大歷史學報》第二十七期，2001年6月，頁1-20。

哲學研究叢書・學術思想叢刊 0701028

船山易道思想研究

作　者　林柏宏
責任編輯　邱蔚程
特約校稿　陳相誼

發 行 人　林慶彰
總 經 理　梁錦興
總 編 輯　張晏瑞
編 輯 所　萬卷樓圖書股份有限公司
　　　　　臺北市羅斯福路二段 41 號 6 樓之 3
　　　　　電話 (02)23216565
　　　　　傳真 (02)23218698

發　　行　萬卷樓圖書股份有限公司
　　　　　臺北市羅斯福路二段 41 號 6 樓之 3
　　　　　電話 (02)23216565
　　　　　傳真 (02)23218698
　　　　　電郵 SERVICE@WANJUAN.COM.TW
香港經銷　香港聯合書刊物流有限公司
　　　　　電話 (852)21502100
　　　　　傳真 (852)23560735

ISBN 978-986-478-962-7
2023 年 11 月初版
定價：新臺幣 380 元

本書為臺灣師範大學國文學系 2023 年
度「出版實務產業實習」課程成果。部
分編輯工作由課程學生參與實習。

如何購買本書：
1. 劃撥購書，請透過以下郵政劃撥帳號：
　　帳號：15624015
　　戶名：萬卷樓圖書股份有限公司
2. 轉帳購書，請透過以下帳戶
　　合作金庫銀行　古亭分行
　　戶名：萬卷樓圖書股份有限公司
　　帳號：0877717092596
3. 網路購書，請透過萬卷樓網站
　　網址 WWW.WANJUAN.COM.TW
大量購書，請直接聯繫我們，將有專人為您
服務。客服：(02)23216565 分機 610

如有缺頁、破損或裝訂錯誤，請寄回更換

國家圖書館出版品預行編目資料

船山易道思想研究 / 林柏宏著.
-- 初版. -- 臺北市：萬卷樓, 2023.11
面；　公分. -- (學術思想叢刊；701028)

ISBN 978-986-478-962-7(平裝)

1. (清)王夫之 2.學術思想 3.易學 4.中國哲學

127.15　　　　　　　　　112015186